Michael Nast

**Weil da irgendetwas fehlt**

Michael Nast

# Weil da irgendetwas fehlt

Von der Liebe, dem Leben und anderen Missverständnissen

PIPER

*Mehr über unsere Autorinnen, Autoren und Bücher:*
*www.piper.de*

Inhalte fremder Webseiten, auf die in diesem Buch (etwa durch Links) hingewiesen wird, macht sich der Verlag nicht zu eigen. Eine Haftung dafür übernimmt der Verlag nicht.
Wir behalten uns eine Nutzung des Werks für Text und Data Mining im Sinne von § 44b UrhG vor.

Unser Versprechen für mehr Nachhaltigkeit
• Klimaneutrales Produkt
• FSC®-zertifiziertes Papier
• Hergestellt in Europa

MIX
Papier | Fördert gute Waldnutzung
FSC® C083411
www.fsc.org

ISBN 978-3-492-06530-6

Satz: Nadine Clemens, München
Gesetzt aus der Dante
Litho: Lorenz & Zeller, Inning am Ammersee
Druck und Bindung: CPI books GmbH
Printed in the EU

# Inhalt

# Bereit für die nächste Sitzung

## Ein Vorwort

Was mich an der Arbeit als Autor schon immer angezogen hat, war die Idee, mich in dem reichhaltigen Rohstoff zu bewegen, aus dem meine Texte entstehen. Teil des Materials zu sein. Ich werde oft gefragt, ob es nicht anstrengend sei, die Welt auf diese Art zu betrachten. Fortwährend alle und alles zu analysieren, zu bewerten oder in Zusammenhänge einzuordnen? Es müsse doch belastend sein, jede Unterhaltung, jedes Date oder jedes Familientreffen zu einer Charakteranalyse zu machen. Nähme mir das nicht jede Ungezwungenheit? Könne ich meinen Alltag durch dieses fortwährende Abtasten und Bewerten überhaupt noch genießen? Solche Fragen stellen sogar gute Freunde, dennoch entstehen sie aus einem Missverständnis.

Es ist ja nicht so, dass ich mich permanent mit einem analytischen Blick durch meinen Alltag bewege. Für mich gibt es zwei Arten, die Welt zu betrachten. Es gibt den Blick des Menschen aus dem Leben, dessen Teil ich bin, und es gibt den Blick des Autors.

Manche Texte sind klüger als der Mensch, der sie geschrieben hat. Das hat der Dramatiker Heiner Müller mal in einem Interview gesagt. Ich glaube, meine Texte sind generell klüger als ich. In ihnen sehe ich mehr als die Person, die ich in meinem Alltag bin. In ihnen beschäftige ich mich mit den Dingen, komme zu Schlüssen, zu denen ich unmittelbar gar nicht kommen würde. Erst unter dem Blick des Autors – wenn ich mich an meinen Schreibtisch setze und mich aus der Welt zurückziehe, um sie mit Abstand zu betrachten –, erst dann wird das Leben zu Material.

Der Blick des Autors ist manchmal gnadenlos. Jemanden mit diesem Blick zu sehen kann für das Gegenüber schnell verletzend, schmerzvoll und enttäuschend sein. Gerade am Anfang, in meinen ersten publizistischen Texten, als ich die Verletzungen, die ich anderen damit zufügte, noch nicht einschätzen konnte, hat er mich nicht wenige Bekanntschaften gekostet, und auch zwei Freundschaften sind über die Jahre dadurch abgekühlt.

»Es gehört ja zu deiner Jobbeschreibung, vor allem das Negative zu sehen«, sagt ein guter Freund gelegentlich, wenn er fürchtet, durch eine unbedachte Äußerung in meinen Texten aufzutauchen.

Seine Feststellung dient der Abwehr. Er möchte meine Arbeitsweise so sehen, um sein Selbstbild nicht zu beschädigen. Aber er hat diese Äußerungen ja getätigt, er will sich nur nicht so sehen. Mein guter Freund übersieht, dass auch seine eigene Sicht verstellt ist. Sie behindert den Blick auf sich selbst. Den Blick auf das Echte.

Das geht mir selbst genauso: Ich stehe zu nah vor meinem Spiegelbild. Ich nehme das Fehlerhafte in meinem Leben gar nicht wahr. Ich neige dazu, alles, was mir widerfährt, in seiner Unmittelbarkeit zu beurteilen. Ich richte meine Aufmerksamkeit vor allem auf die Details, ohne das Gesamtbild zu erfassen.

Während ich mich auf die Einzelheiten stürze, verliere ich das große Ganze aus den Augen. Vielleicht weil etwas in mir nicht das eigentliche Problem sehen will, das unter dem Alltäglichen verborgen liegt.

Mit dem Blick des Autors schaffe ich einen Abstand zu mir selbst, über den ich mich neu zu sehen lerne. Vielleicht sogar, mich besser zu verstehen. Nicht als Methode, eher als Nebeneffekt. Interessanterweise fällt es mir während des Schreibens gar nicht auf. Erst auf Lesungen, wenn ich die Texte laut vortrage, wird mir oft klar, wie gnadenlos dieser Blick beim Schreiben ist.

Ihn wende ich in meinen Texten allerdings vor allem auf mich an. Wenn ich mich dadurch gebrochen anschaue, indem ich mich selbst als Material verstehe, Verhalten und Gefühle sichte, analysiere und einordne, entdecke ich Zusammenhänge zwischen Ereignissen, die scheinbar nichts miteinander zu tun haben, aber auf einer tieferen Ebene wie selbstverständlich miteinander verwoben sind.

Ich nehme keine Rücksichten auf andere, aber vor allem nehme ich keine Rücksichten auf mich. Das Schreiben hilft mir, die Dinge, die ich in meinem Alltag oft nur betrachte, wirklich zu sehen. Auch wenn ich in einen Spiegel blicke. Der Blick des Autors macht meine Texte zu einer gnadenlosen Selbsttherapie.

Die meisten Irrtümer meines Lebens erkenne ich oft erst an ihren Folgen. Das liegt daran, dass ich viele davon gar nicht als Irrtümer erkenne. Wenn ich mich in meinem Alltag bewege, fehlt mir die nötige Distanz, um sie wahrzunehmen. Mir fehlt einfach der Überblick. Mir ist schon klar, dass ich mich immer in den Ergebnissen des Lebens bewege, das ich bisher geführt habe. Eine unübersichtliche Kette von Entscheidungen und Nichtentscheidungen, die mich in meinen gegenwärtigen Alltag geführt haben. Wie ich mich auch entschied, es erschien mir in dem Moment vollkommen schlüssig und gerechtfertigt. Ich stellte meine Entscheidungen nicht infrage. Wenn ich allerdings ihre Folgen betrachte, sieht das schon etwas anders aus.

Als Mensch geht es mir unter anderem darum, Antworten zu finden, mit denen ich gut leben kann. So funktionieren auch die meisten dieser Zitatbilder, mit denen die sozialen Medien überschwemmt werden. Sie geben Antworten, die ein Aha-Erlebnis auslösen, aber letztlich nicht so sehr schmerzen, dass man wirklich etwas ändern würde. Denn darum geht es doch am Ende: dass es nicht wehtut. Aber Antworten, die nicht wehtun, sind nur Schmerzmittel.

Ich habe erst spät begriffen, dass die meisten Probleme in meinem Leben nur Folgen sind. Symptome tiefer liegender Themen.

Wie jemand, der den Fehler macht, die Anzeichen einer Erkrankung für die Erkrankung selbst zu halten, neige ich seit Jahren zu den falschen Schlüssen. Ich beschäftigte mich sehr eingehend mit den Symptomen, wich aber meist der Frage aus, was diese hervorgerufen hat. Ich analysierte sie dann zwar, versuchte sie abzumildern, wurde aber immer ratloser, weil ich trotz aller Maßnahmen zu keinen zufriedenstellenden Resultaten gelangte. Ich steckte in meiner ganz persönlichen Schmerztherapie fest. Mit ihr bewegte ich mich immer nur auf der Oberfläche.

Aber mein Blick als Autor bricht die Oberflächen auf. Er stellt die Frage nach dem »Warum«, das hinter dem »Warum« liegt, um nach dem »Warum« zu fragen, das wiederum dahinterliegt. Man kann das endlos so fortführen und hinter jede

Antwort ein neues Warum setzen. Es ähnelt dem Gespräch mit einem Kind, das immer weiter nachfragt, obwohl man annimmt, längst eine zufriedenstellende Antwort gegeben zu haben. Obwohl man nun seine Ruhe haben will. Bei einem Kind ist es ein Spiel, aber wenn man dieses Spiel ernst nimmt, ist es eine Methode, die Dinge zu Ende zu denken.

Das ist es, was ich mit »Es muss wehtun« meine. Weiterzufragen, obwohl man annimmt, die Antwort schon gefunden zu haben, mit der man eigentlich ganz gut leben kann. Immer weiter. Bis einem die Antworten nicht mehr gefallen. Bis sie wehtun. Erst dann kann man die Schmerzmittel absetzen.

Die Texte in diesem Buch sind voller Symptome. Symptome, die ich lange für die eigentlichen Probleme gehalten habe. Vielleicht geht es Ihnen bei der Lektüre ähnlich. Vielleicht finden Sie sich in Texten dieses Buches wieder, aber erst wenn Sie sich angegriffen fühlen oder Passagen persönlich nehmen, berühren sie den Kern.

Es kann sehr aufschlussreich sein, eigene Gewissheiten zu prüfen, die einem so klar und unverrückbar erscheinen, indem man die Haltung, mit der man sich durchs Leben bewegt, nach ihren Folgen beurteilt. Vielleicht ist das die eigentliche Klammer, die die Texte dieses Buches zusammenhält. Vielleicht ist es das, was mir mein Blick als Autor eigentlich sagen will. Er fordert mich auf, meine Gewissheiten zu prüfen. Vor allem die über mich selbst. Genau darum geht es in diesem Buch.

Ich muss nur bereit sein. Dafür, mein Smartphone auszuschalten, mich an meinen Schreibtisch zurückzuziehen, um mich und mein Leben mit Abstand zu betrachten. Ich muss nur bereit sein.

Bereit für die nächste Sitzung.

# Die To-do-Liste, die man Leben nennt

**Von der Gefahr, ein gefülltes für ein erfülltes Leben zu halten – wenn man das Leben wie eine To-do-Liste behandelt.**

Auf meinem Schreibtisch liegt ein Notizblock, den mir eine Freundin zu einem meiner letzten Geburtstage geschenkt hat. Erst seitdem ich ihn besitze, verstehe ich, wie wertvoll er für jemanden wie mich ist. Ich notiere mir jeden Morgen die Dinge, die ich erledigen muss. Das ist notwendig, weil ich oft vergesse, was ich erledigen muss.

Für Dinge, die ich gern mache, brauche ich keine To-do-Listen. Ich muss mich nicht daran erinnern, mich jeden Morgen an den Schreibtisch zu setzen. Zu schreiben, ist mir ein Bedürfnis, das allgegenwärtig ist. Ich habe mir vor einigen Monaten angewöhnt, ein oder zwei Stunden am Tag zu lesen, aber mir würde nie einfallen, diesen Punkt auf meine To-do-Liste zu setzen. Ich arbeite keine Dinge ab, die mir etwas geben.

Meine tägliche Liste hat allerdings einen ungewöhnlich starken Effekt, der nicht ungefährlich ist. Weil sich durch sie etwas verschiebt. Wenn ich einen der Stichpunkte abstreiche, habe ich tatsächlich das Gefühl, etwas geschafft zu haben, auch wenn es Erledigungen sind, die ich nur in Kauf nehme. Das potenziert sich noch einmal, wenn ich am Abend die Seite mit den geschwärzten Punkten abreiße, um sie mit großer Geste in den Papierkorb zu werfen.

Meine To-do-Liste zerteilt meinen Tag in nützliche Abschnitte. Sie macht Erfolge sichtbar. Auch vermeintliche Erfolge, die mir eigentlich fremd sind.

Ob ich die Belege für meinen Steuerberater zusammentrage oder Anrufe bei Behörden erledige, meine tägliche Liste gibt mir das Gefühl, dem vergangenen Tag einen Sinn gegeben zu haben. Je länger die Liste war, die ich abgearbeitet habe, desto nützlicher scheint der Tag gewesen zu sein. Jede durchgestrichene Erledigung gibt mir das Gefühl, die Zeit ein bisschen besser genutzt zu haben. Sobald ich einen weiteren Stichpunkt streichen kann, denke ich: Wieder was geschafft.

Das macht diese Liste so gefährlich. Sie vermittelt mir Erfolgserlebnisse, die gar keine sind. Es sind künstliche Erfolgserlebnisse, die nichts mit mir zu tun haben. Mein Gefühl, dem vergangenen Tag einen Sinn gegeben zu haben, darf sich einfach nicht aus Erledigungen zusammenfügen, die ich eigentlich nur in Kauf nehme, weil sie mir fremd sind, denke ich dann. Die To-do-Liste darf nicht mein Leben bestimmen.

Erledigungen füllen mein Leben, Erlebnisse erfüllen es. Die Gefahr liegt darin, das nicht zu verwechseln. Meine Familie hilft mir dabei.

In meiner Familie gibt es einen Running Gag, in dem die Formulierung »Wieder was geschafft« eine zentrale Rolle spielt. Ich kann gar nicht mehr sagen, wie genau dieser Scherz entstand, aber inzwischen machen wir ihn pausenlos.

Wir verwenden den Ausspruch universell, vor allem in Zusammenhängen, in denen es eigentlich absurd ist, ihn zu benutzen. Wenn wir zu Mittag gegessen haben, sagt immer irgendjemand: »Wieda wat jeschafft.« Wenn wir von einem gemeinsamen Spaziergang zurückkehren. »Wieda wat jeschafft.« Wenn wir uns verabschieden. »Wieda wat jeschafft.«

Es ist ein Scherz, der sich nicht verbraucht. Weil wir so oft darüber lachen, fällt uns auch kaum noch die Tragik auf, die über dieser Bemerkung liegt, indem wir sie für die Dinge zweckentfremden, die man genießt.

Wir verstehen unseren Running Gag natürlich nicht als Zivilisationskritik, man könnte ihn aber so verstehen. Ich meine, wie viel Tragik würde in einem Alltag liegen, den man jeden Tag aufs Neue nach einer inneren Liste abarbeiten würde. Wenn man ihn in »Wieda wat jeschafft«-Abschnitte unterteilen würde. Was für eine erbärmliche Form von Existenz wäre es, ein gefülltes Leben mit einem erfüllten zu verwechseln, denke ich. Dann fällt mir allerdings ein, dass dieser Satz meinen Alltag eigentlich gut beschreibt. Ein Großteil meines Alltags entspricht diesem Satz. Es fällt mir nur nicht mehr auf, weil ich mich daran gewöhnt habe.

Nicht nur meine handgeschriebene Liste, auch die Technik hilft mir dabei, meine Tage zu zerstückeln. Sie macht die Abschnitte sichtbar, in die ich meinen Alltag zerteile. Sie bilden meine digitale To-do-Liste als fortwährendes Live-Experiment.

Mein Alltag setzt sich aus Countdowns, Stoppuhren und Weckern zusammen. Der Timer meines Smartphones ist meine meistgenutzte App. Er erinnert mich daran, wann die Wäsche fertig, mein Ingwertee durchgezogen ist oder wann ich beim Sport den nächsten Satz machen muss. Das ist ein 50-Sekunden-Countdown. Ich tracke jede Radtour, um die Statistik nicht zu gefährden. Ich nutze mein Smartphone auch als Duschwecker. Weil ich zu Hause arbeite, dusche ich nicht morgens, sondern erst, wenn ich die Wohnung verlasse. Meine Morgenroutine verlagert sich auf den Nachmittag. Mein Duschwecker erinnert mich, wann ich sie beginnen muss, ohne dass es stressig wird.

Manchmal spüre ich das beunruhigende Gefühl, der Technik meine Entscheidungen zu überlassen. Mein Smartphone ist zu einem Sinnesorgan geworden, das mir mein Zeitgefühl abnimmt. Ich würde gar nicht mehr daran denken, dass die Wäsche fertig ist, wenn mein Smartphone mich nicht daran erinnern würde. Ohne mein iPhone wäre ich Michael, der Unbeholfene. Eine hilflose Person. Vollkommen orientierungslos. Auch keine Entwicklung, die für mich spricht.

Aber es gibt dann doch diese befreienden Momente, in denen ich vergesse, dass mein Smartphone existiert. Momente, in denen es keine To-do-Listen gibt, die abgehakt werden müssen. Momente, die mir zeigen, dass es noch Hoffnung gibt.

Es gibt einen wunderbaren, beinahe ausgestorbenen Begriff, den ich liebe. Es ist der Begriff »Flanieren«. Er klingt seltsam antiquiert, sicherlich auch weil er nicht mehr in unsere Gegenwart passt, in der Müßiggang als Untätigkeit empfunden wird. Als verschwendete Lebenszeit.

Ich bin ein Flaneur. Ich genieße stundenlange ziellose Spaziergänge durch die Stadt, während ich in ein langes, ebenfalls zielloses, immer wieder neue Themen berührendes Gespräch vertieft bin. Es sind Spaziergänge, auf denen ich stundenlang meine Gedanken treiben lassen kann, als würden die fest gefügten Gewohnheiten meines Alltags mein Denken nur in einem begrenzten Raum möglich machen.

Als ich einmal meinem Freund Julian von dieser Leidenschaft erzählte, sah er mich verständnislos an. Er erklärte mir, dass er mit dieser Ziellosigkeit nichts anfangen könne. Er erkenne ihren Nutzen nicht.

»Wenn ich die Wohnung verlasse, brauche ich immer ein Ziel«, sagt er.

Tätigkeiten, die sich nicht dafür eignen, sie in seiner To-do-Liste zu erfassen, empfindet Julian als wertlos. Seine Tage sind vollkommen durchgeplant. Jeden Tag geht er seinem überladenen Alltag nach. Es gibt ständig etwas zu tun. Und immer muss es schnell gehen. Alltagsoptimierung im Endstadium.

Den Alltag in Zeitabschnitte zu zerstückeln, die abgearbeitet werden müssen, kann sehr beruhigend sein. Man bewegt sich mit einem Navigationssystem durch die Tage. Ein Navigationssystem aus Erledigungen, das Struktur genannt wird. Auch Struktur gibt den Tagen einen vermeintlichen Sinn. Einen To-do-Listen-Sinn sozusagen.

Diese Struktur ist Julians Halt. Sie nimmt ihm die Entscheidungen ab. Sie sagt ihm, was er wann zu tun hat. Sie organisiert seinen Alltag. Sie hat ihn übernommen. Täglich arbeitet er einen festgelegten Plan ab. Am Ende des Tages liegt er erschöpft im Bett und fühlt sich nützlich, weil er all die Erledigungen hinter sich gebracht hat. Die Dystopie eines Lebens.

»Man sollte nie so viel zu tun haben, dass man zum Nachdenken keine Zeit hat«, wusste der Philosoph Georg Christoph Lichtenberg. Das ist eine tiefe, aber offensichtlich auch aus der Zeit gefallene Wahrheit. Wie Julian sind viele sehr eingehend damit beschäftigt, nicht zur Ruhe zu kommen. Denn das ist die eigentliche Idee. Die vielen Erledigungen sind eine Ablenkung. Sie verdecken das Unbehagen, das unter dem Alltag liegt, als Grundierung sozusagen. Aber sobald sie zur Ruhe kommen, spüren sie es.

Wenn man zur Ruhe kommt, kann das schnell belastend werden. Ich kenne nicht wenige Leute, die nervös werden, sobald es nichts zu tun gibt. Langeweile lähmt sie. Sie brauchen die Bewegung. Sie brauchen Ziele, in deren Richtung man sich bewegen kann. Wenn man sich viel bewegt, kann das zwei Gründe haben. Entweder man ist auf der Suche oder man ist auf der Flucht. Und wenn ich es richtig einschätze, sind die meisten auf der Flucht.

Leider behandeln die meisten nicht nur ihren Alltag wie eine To-do-Liste – sie scheinen ihr Leben nach demselben Prinzip zu führen. Sie arbeiten eine To-do-Liste ab. Die Dinge, die man auf einem Lebensweg abhaken muss, um es zu einem erfolgreichen Leben zu machen. Ihr ganzer Lebensweg ist ein Abbild perfekter Planung. Ein wohldurchdachtes, effizient realisiertes Projekt. Abitur, Bachelor, Beziehung, Eigenheim, Kinder. Man spart sich von einer notwendigen Anschaffung zur nächsten. Und kommt nicht auf den Gedanken, sich zu fragen, wie notwendig die Dinge sind, die man für so notwendig hält. Man hat die Kontrolle abgegeben. Das ist der Eindruck, den ich auch mit Julian verbinde: Er lebt nicht sein Leben. Sein Leben lebt ihn.

Und genau daraus bildet sich das seltsam schale Gefühl in mir, das ich mit dieser Art, sein Leben zu führen, verbinde.

Die Überlegungen, die Erledigungen des Tages abhaken zu können, schieben sich über die Frage, ob man diesen Entwurf als lebenswert empfindet. Man fragt sich nicht mehr, ob dieser Entwurf generell zu einem passt, man fragt sich nur noch, wie man seine Tage am effizientesten abarbeitet. Das ist es, was die To-do-Liste im Leben verschiebt. Man organisiert das Leben wie einen beruflichen Alltag.

Der Journalist Sebastian Haffner schrieb in seinen klugen Erinnerungen *Geschichte eines Deutschen,* »dass unserem Volk das Talent zu persönlichem Glück fehle«. Diesen tragischen Umstand kompensieren wir Menschen mit Erledigungen, die wir für nützlich halten, weil wir sie abhaken können.

Wer sich auf die Erledigungen stürzt, vermeidet damit die Arbeit, auf die es eigentlich ankommt. Seine Persönlichkeit zu erkunden, sich über die eigenen Bedürfnisse klar zu werden, eine gesunde Beziehung zu sich selbst aufzubauen und zu pflegen. All diese Eigenschaften sind die Voraussetzungen, sich der To-do-Liste, die so viele »Leben« nennen, zu entziehen. Es gibt kaum einen steinigeren Weg. Da ist es viel einfacher, den Alltag zu organisieren, wie man einen Job organisiert.

Es erzählt sehr viel über unsere Gesellschaft, dass wir Dinge, die sich im beruflichen Alltag gut bewährt haben, auch in unserem Privatleben anwenden. Aber das Leben ist nun mal kein Unternehmen. Wie viel Tragik liegt doch in dem Umstand, es so zu behandeln. Ich denke, genau dort liegt der Punkt, an dem wir ansetzen sollten.

Um herauszufinden, womit wir unser Leben füllen können, um es zu einem erfüllten Leben zu machen. Um das Leben zu leben – und nicht von diesem gelebt zu werden.

# Mir fiel auf, dass ich lächelte

**In den sozialen Medien zeigen wir der Welt, wie glücklich wir sind – oder wie unendlich traurig. Je tiefer das ausgestellte Gefühl, desto mehr Likes erhält es. Wenn man sich mit der Darstellung von Gefühlen besser auskennt als mit ihnen selbst.**

Im vergangenen Sommer habe ich mal ein Date verpasst, weil ich beinahe starb. Es war ein Samstag im Juni. Wir hatten uns für den späten Nachmittag verabredet, und weil mich der wolkenlose Tag ins Freie zog, beschloss ich, eine morgendliche Fahrradtour zu machen. Ich schaffte 35 Kilometer, bevor ich auf dem asphaltierten Radweg, der sich südlich des Müggelsees durch den Wald zieht, die Kontrolle über mein Rad verlor. Eine Gruppe von Rennradfahrern überholte mich so knapp, dass ich erschrocken auswich und vom Asphalt rutschte. Meine Erinnerungen verließen mich für Sekundenbruchteile, nachdem ich einen Schlag spürte, der mich über den Lenker schleudern ließ. Dann wurde es schwarz.

Eine halbe Stunde später hörte ich mich verzweifelt zu dem Rettungssanitäter, der sich gerade über mich beugte, sagen: »Aber ich hab heute Nachmittag noch ein Date.«

»Dit schaffen Se vielleicht sogar«, entgegnete er. »Dann ham Se ja schon mal wat zu erzähln.«

So konnte man es natürlich auch sehen. Das beruhigte mich. Der Sanitäter half mir, mich aufzurichten, und führte mich behutsam durch den Wald. Nachdem er mir im Krankenwagen eine Halskrause angelegt hatte, begutachtete er fachmännisch die tiefen Kratzer, die der Sturz in meinen Helm geschnitten hatte.

»Ohne Helm wärn Se jetzt schwerstbeschädigt«, sagte er fachmännisch. »Oder tot.«

Schwerstbeschädigt oder tot?, dachte ich und überlegte kurz, was mir lieber wäre. Tot wäre mir lieber. So brutal dieser Gedanke auch war.

Um einige Tests zu machen und innere Verletzungen auszuschließen, fuhren wir ins Krankenhaus Köpenick. Es ist das Krankenhaus, in dem ich geboren wurde. Der Kreis schloss sich, was kein gutes Zeichen war, wenn man es symbolisch sehen wollte.

Im Krankenhaus wurde ein CT von meinem Kopf gemacht, bevor ich auf der fahrbaren Trage in einem der engen Krankenhausflure auf die Diagnose wartete.

Während ich dort lag, hörte ich hinter der halb offenen Tür auf der gegenüberliegenden Seite des Ganges zwei Stimmen, die offensichtlich über mich sprachen. So erhielt ich meine Diagnose ungefiltert. Ich konnte keine vollständigen Sätze verstehen, aber die vereinzelten Worte, die in den Flur drangen, waren schon aufschlussreich genug.

»Mehrere Brüche«, hörte ich sie sagen und: »Unerwartet viele Splitter.« Worte, die ich in Zusammenhängen, die mein Gesicht einschließen, nur ungern höre. Ich ahnte vage, dass wohl nicht mehr damit zu rechnen war, dass ich pünktlich zu meinem Date kommen würde.

Ein Pfleger schob mich in das Zimmer, wo mir von einer

Ärztin mittgeteilt wurde, dass ich es tatsächlich nicht schaffen würde. Mein Jochbein sei doppelt gebrochen, sagte sie. Sie würden mich zwei Tage zur Beobachtung dabehalten. Falls innere Blutungen aufträten. Das war bedauerlich, auch weil das Date seit Wochen geplant war. Die Frau, mit der ich schon mehrere stundenlange Telefonate geführt hatte, war für einige Tage aus Hamburg angereist. Ich hatte mich sehr darauf gefreut. Während mich der Pfleger durch die langen Krankenhausgänge zu meinem Zimmer schob, nahm ich mein Handy und sagte ihr ab. Im Fahrstuhl, der uns in die fünfte Etage brachte, entdeckte ich fasziniert, dass die Decke mit einem abgedunkelten Spiegel verkleidet war. Ich blickte praktisch von oben auf mich herab.

»Die Perspektive ist perfekt«, rief ich begeistert. Der Pfleger trat zur Seite, ich machte ein paar Selfies, von denen ich das Beste auswählen würde, um es auf Instagram zu posten. Gerade war ich beinahe gestorben, jetzt schon wieder im Modus. Es ist erschreckend, wie tief diese Mechanismen in einem verankert sind.

Im Zimmer begann ich, die Farben des Fahrstuhlfotos zu korrigieren. Dann schrieb ich einen Text, der zu dem Foto passte. Es war ein etwas kitschiger Text, in dem stand, wie sehr mir dieser Unfall klarmachte, wie wenig ich das Geschenk des Lebens nutzte. Mir fiel erst später auf, dass ich den Text mit einem Gefühl verfasste, das gar nicht zu seinem wehmütigen Inhalt passte. Ich schrieb ihn mit wachsender Euphorie. Diese Euphorie betraf nicht den Inhalt des Textes, sie bezog sich auf die zu erwartenden Reaktionen. Es war die Dopaminausschüttung vor dem nächsten Post. Die Freude auf die Likes.

Dieses Gefühl sollte recht behalten. Das Foto erhielt Tausende Likes und Kommentare. Eine Leserin, die als Krankenschwester einige Etagen in dem Gebäude über mir arbeitete, wünschte mir in einem Kommentar unter dem Foto gute Besserung. Meine Schwester schrieb mir schockiert, dass das Foto aussah, als wäre es in der Pathologie gemacht worden. Ganz kurz dachte sie, es wäre mein letztes Bild. Als hätte ich im Angesicht meines nahenden Todes nicht meinen Glauben an Gott entdeckt, sondern meine Instagram-Zugangsdaten rausgegeben. Für den finalen Post. Die letzte große Inszenierung. Einen moderneren Abschluss eines Lebens gibt es momentan wohl nicht.

Ich öffnete in Minutenabständen Instagram, um die wachsenden Zahlen zu überprüfen. Dieser Zustand kann Stunden zu Viertelstunden machen. Ich registrierte erst, dass es bereits später Nachmittag war, als dieser Rausch unterbrochen wurde. Eine der Schwestern betrat den Raum und überreichte mir einen Briefumschlag. Eine Frau habe ihn gerade unten an der Pforte abgegeben, sagte sie. Dann nannte sie den Namen der Frau, mit der ich jetzt eigentlich auf der Terrasse des *Café Schoenbrunn* im Volkspark Friedrichshain sitzen wollte.

»Eine Sarah«, sagte sie.

Es war ein seltsames Gefühl, ihren Namen zu hören. In diesem Krankenhauszimmer, unter diesen Umständen. Als würde etwas nicht zueinanderpassen, aber auf eine schöne Art.

Ich öffnete den Umschlag, in dem sich ein handgeschriebener Brief befand. Ich faltete ihn vorsichtig auseinander und begann zu lesen. Während ich ihn las, entstand in mir ein ungewohntes Gefühl: Ich spürte, dass sich etwas in mir löste. Etwas Verkantetes. Als würde ich etwas wiederentdecken, worauf es ankam, das mir aber jahrelang entfallen war. Es war ein Gefühl, das aus dem wahren Leben entsteht.

Es war ein starkes Gefühl. Es hebelte jene aus, die in der digitalen Wirklichkeit entstanden waren. Mein Blick fiel auf das iPhone, das auf der Bettdecke lag. Es wirkte zurückgelassen, vergessen. Und ich hatte es ja auch vergessen. Durch Sarahs Geste war jedes Like ins Bedeutungslose gefallen. Mit jeder Pushmitteilung leuchtete das Display auf. Es rief nach mir, auf seine Art, aber ich hörte nicht mehr zu.

Mir fiel noch einmal das unangemessen euphorische Gefühl ein, mit dem ich den Post verfasst hatte. Ich hatte die Worte zwar geschrieben, aber ich habe den Inhalt nicht gespürt. Es ging mir auch nicht um die gefühlte Erkenntnis eines Moments, sondern darum, wie ich ein Gefühl in den sozialen Netzwerken am besten ausdrücken konnte. Ich wollte es darstellen.

Ich bin ein Gefühlsdarsteller. Ich stelle Gefühle aus, die ich kreiere, aber nicht mehr empfinde. Denn sobald ich darüber nachdenke, wie ich ein Gefühl online vermitteln kann, spüre ich es nicht mehr. Dann habe ich es bereits in meine Selbstvermarktung eingepasst. Durch den vermeintlich emotionalen Post hatte ich ihre Aufmerksamkeit. Meine Follower lasen ihn und fühlten einen kurzen Moment lang, wie ich litt. Aber ich litt gar nicht. Ich zählte ihre Likes.

Die Streams sozialer Netzwerke, über die mein Blick täglich mehrere Male hetzt, sind mit konkurrierenden Gefühlsauslösern gefüllt. Trauer, Mut, Hoffnung, Humor, Schadenfreude, Kinder, Tiere, Choreografien und Kriegsleid, immer unterlegt mit der passenden Musik. Die Welt soll sehen, dass wir glücklich sind oder unendlich traurig. Je tiefer das ausgestellte Gefühl, desto mehr Applaus erhält es. Vielleicht wird man in einigen Jahren feststellen, dass es eine Langzeitfolge sozialer Medien ist, dass sich ihre Nutzer mit der *Darstellung* von Gefühlen besser auskennen als mit den Gefühlen selbst.

Leider beobachte ich immer häufiger Leute, deren Wesen darauf schließen lässt, dass dieser Prozess bereits begonnen hat. Wenn sie über Glück reden, über ihre seelischen Erkrankungen oder ihr Leid, klingt es eher nach Statement und weniger nach Empfindung. Genauso wie ihre Gesten wirkt auch ihr Lachen aufgesetzt und hinterlässt einen schalen Geschmack von Falschheit. Sie lächeln, als hätten sie es jahrelang vor dem Spiegel geübt. Oder in ihrer Selfie-Kamera.

Vielleicht geht es ihnen wie mir, als ich mich in der verspiegelten Decke des Krankenhausfahrstuhls fotografierte. Ich blickte von außen auf mich. Ich dachte an die richtige Position, die richtige Perspektive, die richtige Wirkung. Ich dachte nicht an mich oder die Situation, in der ich mich befand, ich dachte an mein Publikum.

Mein Blick fiel auf den Brief in meinen Händen. Auf die Worte, die Sarah an mich gerichtet hatte. Es war einer dieser Momente, in denen man etwas über sich selbst begreift.

Was machte ich hier?, dachte ich. Was machte ich seit Jahren? Die vielen Likes und Postings waren keine Verbindung zum wahren Leben. Sie waren ein Ersatz. Eine Kompensation. Seit Jahren konzentrierte ich mich auf Kopien und verstand gar nicht, wie sehr ich das Original aus den Augen verloren hatte. Es gibt so viel zu lesen, zu liken, zu posten und zu streamen. Es ist schon erstaunlich, mit welchen Dingen man sich tagtäglich beschäftigt. Und wie viel man aufgibt, um sich tagtäglich damit beschäftigen zu können.

Ich habe heute ein Date verpasst, weil ich beinahe gestorben bin, dachte ich. Aber ich lebte ja auch nur beinahe. Ich verpasste die Dinge, auf die es ankam. Ich verpasste das wirkliche Leben. Und jetzt – genau jetzt – spürte ich, dass ich das nicht mehr wollte.

Ich las Sarahs Brief noch einige Male, um dieses Gefühl so lange wie möglich in mir zu bewahren. Als es abebbte, faltete ich ihn zusammen und schob ihn behutsam in den Umschlag zurück.

Mir fiel auf, dass ich lächelte. Ganz ungeplant.

# Verlassen und Verlassenwerden

**Im eigenen Leben spiele ich die Hauptrolle, missverstehe jedoch oft, welche Rolle ich im Leben anderer spiele. Eine Erinnerung daran, empathischer zu sein.**

Manchmal muss man noch mal zurück. In einen Teil der Vergangenheit, den man für abgeschlossen hielt. Man hat die damaligen Ereignisse geglättet und poliert – und sie in Erinnerungen verpackt, mit denen man gut leben kann. Sie erscheinen festgelegt und plausibel. Sie schimmern sanft in den Farben der eigenen Wahrheit.

Aber manchmal zwingen einen die Umstände, zurückzukehren. Erinnerungen noch einmal freizulegen und neu zu betrachten. Marcel Proust hat das schon ganz richtig gesehen, als er schrieb, dass die eigentlichen Entdeckungsreisen nicht im Kennenlernen neuer Landstriche bestehen, sondern darin, etwas mit anderen Augen zu sehen.

Im vergangenen Juli begab ich mich auf eine dieser Entdeckungsreisen, die Proust so schätzte. Als ich mich mit Max traf. Max war der Ex-Freund von Luise, der Frau, mit der ich vor acht Jahren zusammen war. Ihr Freund, bevor wir zusammenkamen. Gewissermaßen mein Vorgänger. Ich war der Mann, für den sie ihn verließ.

So viel zum Setting.

Ich weiß, wie seltsam das wirkt. Ich meine, warum sollte ich mich mit dem Mann treffen, den meine Ex-Freundin meinetwegen verlassen hatte? Was hatten zwei Ex-Freunde derselben Frau miteinander zu besprechen? Wenn ich mir vorstelle, zwei meiner ehemaligen Freundinnen würden sich zu einem harmlosen Gedankenaustausch treffen, würde ich das nicht nur merkwürdig finden – ich fände das sogar außerordentlich befremdlich. Ich will jetzt nicht egozentrisch klingen, aber ich halte den Gedanken für nicht allzu weit hergeholt, dass es *ein* Thema gäbe, was nicht nur gelegentlich berührt, sondern umfangreich erörtert werden würde. Dieses Thema wäre ich. Und zwar nicht in dem Sinne, was für ein wertvoller Mensch ich wäre. Es würde um meine Defizite gehen.

Vor einigen Jahren war ich auf einer Geburtstagsparty Zeuge einer Begegnung zweier Frauen, die mit demselben Mann geschlafen hatten. Als sich diese Gemeinsamkeit herausgestellt hatte, begannen sie sich sehr detailliert über seine sexuellen Vorlieben auszutauschen. In meiner Anwesenheit.

Sie glichen genau ab, inwieweit sich der Sex zwischen ihnen unterschied, und fanden schnell heraus, dass er bei beiden praktisch deckungsgleich war. Der Mann benutzte dieselben Formulierungen, wenn er ihnen Anweisungen gab, er folgte derselben Reihenfolge der Stellungen und Praktiken, er wandte offenbar eine festgelegte Bedienungsanleitung an, die er abrief. Während die Frauen immer indiskretere Einzelheiten austauschten, suchte mein Blick nach dem Mann, den diese betrafen. Dieser Mann war unser Gastgeber. Er war im hinteren Teil des Raums in ein angeregtes Gespräch vertieft und wirkte viel zu gut gelaunt, aber er ahnte ja auch nicht, dass er das Thema unserer Unterhaltung war. Ich dachte daran, wie unbefangen wir uns bei meiner Ankunft begrüßt hatten. Das hatte sich jetzt verändert, obwohl *er* sich nicht verändert hatte. Die Geschichten der Frauen hatten aus ihm einen anderen Menschen gemacht. Das will man eigentlich nicht. So etwas wollte ich auf gar keinen Fall.

Zwei Ex-Freunde treffen sich zu einem unverfänglichen Gedankenaustausch. Das Wort »unverfänglich« widerspricht dem Rest des Satzes. Das fühlt sich einfach nicht richtig an. Und daran lag es wohl, dass es Jahre gedauert hatte, bis dieses Treffen zustande kam.

Ich hatte mit Luise zusammengearbeitet. Als Kollegen hatten wir kaum Kontakt, aber ein halbes Jahr, nachdem ich die Firma verlassen hatte, meldete sie sich ganz überraschend bei mir. Wir trafen uns und verstanden uns so gut, dass wir uns erneut verabredeten. Die Treffen wurden zu Dates, obwohl wir sie nicht so nannten. Es fühlte sich wie der perfekte Anfang einer Liebesgeschichte an, wenn man ausblendete, dass Luise ja in einer Beziehung war. Mit Max.

Aber so, wie ich das einschätzte, schien es eine in Langeweile erstarrte Beziehung zu sein. Es gab offensichtlich genug Gründe, um aus ihr auszubrechen, jetzt fehlte nur noch ein angemessener Anlass. Dieser Anlass waren die Gefühle, die sich zwischen Luise und mir mit jedem neuen Treffen vertieften. Verglichen mit der Größe dieser Empfindungen war das, was sie über die Jahre mit Max kultiviert hatte, nur ein blasser Ersatz. Davon war ich überzeugt. Luise war nur noch mit ihm zusammen, um ihm einen Gefallen zu tun. Aus Gewohnheit. Aus Vernunft. Ihre Beziehung bestand nur noch aus den Resten einer Beziehung. Das passte alles nicht zu Luise. Sie war schließlich eine Frau, um die es sich zu kämpfen lohnte.

Ich beschloss, sie aus dieser sexlosen Langeweile herauszukämpfen. Es war eine Entscheidung für das Gefühl und gegen die Vernunft.

Als wir dann endlich zusammenkamen, nach Monaten, die uns alle viel Kraft gekostet hatten, hatte die Liebe über die vernünftige Langeweile triumphiert. So empfand ich das. Es war wie in den Filmen. Sie hatten recht. Die klassische Dramaturgie einer romantischen Liebeskomödie. Es war ein wundervolles Gefühl, der Held einer Liebesgeschichte zu sein. Und es war eine dieser Liebesgeschichten, die ein Leben lang halten, davon war ich überzeugt.

Es wurde allerdings dann doch eine dieser lebenslangen Liebesgeschichten, die nur anderthalb Jahre hielt. Mit unserer Trennung verschwand Luise aus meinem Alltag, wie auch ich aus ihrem – allerdings kommt Max seit einigen Jahren hin und wieder in meinem Leben vor.

Wir haben gelegentlich aus beruflichen Gründen miteinander zu tun. Bei jeder Verabschiedung versicherten wir einander, uns demnächst auch mal privat zu treffen. Wir trafen uns nie. Ich empfand diesen Vorsatz auch eher als Höflichkeitsfloskel, mit der wir uns zeigten, dass nichts mehr zwischen uns stand. Aber gelegentlich schrieb Max mir Nachrichten, um mich an unser geplantes Treffen zu erinnern.

Ich habe zwei Jahre gezögert, bevor ich zusagte. Auch wenn unsere Differenzen schon lange zurücklagen, war der Gedanke an ein Treffen mit einem faden Beigeschmack verbunden. Die damaligen Ereignisse waren verarbeitet, die Wunden hatten sich geschlossen, aber trotzdem spürte ich, dass irgendetwas zwischen uns stand. Und auch als wieder einmal eine seiner Nachrichten auf dem Display meines iPhones aufleuchtete, spürte ich diesen inneren Widerstand. Aber etwas zog an mir.

Ich war neugierig, auch wenn es eine Neugier war, die sich nicht richtig anfühlte. Ich las seine Nachricht erneut. Dann sagte ich zu.

Wir trafen uns im Biergarten eines Restaurants in Berlin Friedrichshain, das *Jäger & lustig* heißt.

Max verspätete sich ein wenig, ich bestellte zwei Bier und setzte mich auf eine Bank, über der sich ein großer Sonnenschirm spannte. Als ich Max am Eingang stehen sah, hob ich meine Hand, bis sich unsere Blicke trafen. Er trat an den Tisch, entschuldigte sich für die Verspätung und registrierte angenehm überrascht, dass ich uns bereits Bier bestellt hatte. Er setzte sich, wir stießen an.

Wir sprachen über die Arbeit, Max versicherte mir mehrere Male, dass sich die Wunde, die die Trennung von Luise riss, schon lange geschlossen hatte. Dann bestellte er die nächste Runde.

»Ich hol mal noch zwei Bier«, war ein Satz, der an diesem Abend häufig fiel. Rückblickend kann ich sagen, dass der Alkohol eine Funktion hatte. Mit jedem neuen Bier umkreisten wir ein ganz spezielles Thema enger. Dieses Thema war Luise.

»Ich hab das ja alles schon verarbeitet«, wiederholte Max, als er sein viertes Halbliterglas geleert hatte. »Aber die Dinge müssen jetzt mal auf den Tisch.«

Sein Blick hatte sich verändert. Offensichtlich war das alles noch nicht genug verarbeitet.

Etwas war aufgebrochen, alles schwappte wieder hoch. Die Vergangenheit floss in die Gegenwart. Ich spürte, wie ich mich verspannte. Ich war nicht sicher, ob ich mich auf eine Reise durch Max' Erinnerungen begeben wollte, aber sein Blick machte klar, dass ich da jetzt durchmusste. Dann begann er detailliert die damaligen Ereignisse zu schildern. Aus seiner Sicht.

Im »Literarischen Quartett« hat Marcel Reich-Ranicki mal gesagt, gute Bücher erkenne man daran, dass sich Menschen darüber unterhalten können, als hätten sie verschiedene Bücher gelesen. Gute Bücher haben die Gabe, in jedes Leben anders zu strahlen. Ich weiß nicht, ob das auch auf das zutraf, was uns verband, aber es gab eine Ähnlichkeit, die mir auffiel: Max schilderte dieselben Geschehnisse, aber es war eine vollkommen andere Geschichte. Zwei unterschiedliche Erzählungen, die sich aus denselben Ereignissen ergaben.

Ich finde es immer interessant, zu sehen, wie sich eine Situation verändert, wenn man sie aus den Blickwinkeln verschiedener Personen betrachtet. Das kann allerdings schnell unangenehm werden, wenn man selbst eine dieser Personen ist.

Wie ich.

Ich habe oft den Fehler gemacht, vergangene Geschehnisse ausschließlich als Teil *meiner* Vergangenheit zu sehen. Der Vergangenheit, in der *ich* die Hauptrolle spielte. Dass ich auch Teil anderer Vergangenheiten bin, in denen ich eine andere Rolle einnehme, habe ich stets ausgeblendet. Meiner Erfahrung nach sieht man ausschließlich den eigenen Schmerz, übersieht jedoch schnell die Verletzungen, die man anderen zufügt.

Wir alle spielen in der Geschichte unseres Lebens die Hauptrolle und halten unsere Version der Wahrheit für die Wirklichkeit. In der Wirklichkeit unserer eigenen Geschichte sind wir die Helden. Diese Haltung bildet sich aus dem Bedürfnis, das eigene Dasein als Erfolgsgeschichte zu erleben. Und Max nahm mich auf eine Reise mit, in der *er* der Held war.

Dieser Abend war eine Trainingseinheit. Eine Lehrstunde in

Empathie. Max' Schilderungen gaben mir die Möglichkeit, meine verklärten Erinnerungen, in denen ich mich so sicher fühlte, mit denen von Max abzugleichen.

Es ist erstaunlich, wie sich die Rollen ändern. Max hatte nicht nur die Charakterzeichnungen vollständig geändert, auch das Genre hatte gewechselt. Die romantische Komödie wurde zu einem verstörenden Psychothriller. Ohne Happy End.

Meine Erinnerungen verzerrten sich. Der sensible Romantiker, der die Hauptfigur in meinen Erinnerungen war, verwandelte sich in Max' Version unserer Geschichte in eine gewissenlose Nebenfigur. Berechnend, kalt und manipulativ. Ein intriganter Verführer.

Max beschrieb eine zutiefst gestörte Persönlichkeit. Einen Soziopathen, dem die hilflose Hauptfigur in Max' Geschichte nur seine Moral entgegenstellen konnte. Und natürlich hatte Max keine Chance. Das Böse siegt schließlich immer.

Max' Wahrheit schnitt sich in meine Erinnerung. Er erklärte mir, wie es wirklich gewesen war. Aus seiner Sicht, in der der Betrogene der Held der Geschichte war. Der moralische Held. Der Gewinner der Herzen sozusagen. Ich wurde zu einer dieser Figuren, gegen die das Publikum schon in der ersten Szene war, in der sie auftauchte. Ich war das Monstrum, das diese heile, wohlgeordnete Welt zertrümmerte.

Es war ganz seltsam, Max sprach über mich, als hätte er sich mich ausgedacht. Und in gewisser Weise hatte er das ja auch. Aber umgekehrt ging es mir genauso. Auch ich sah nur die Beweise, die den Blick auf meine Geschichte untermauerten. Auch ich hatte mir Max ausgedacht. Er war ein langweiliger Mensch in einer langweiligen Welt, aus der Luise gerettet werden musste.

»Ich hab sie wirklich geliebt«, schloss Max vorwurfsvoll und leerte sein sechstes Glas. Ich warf ihm einen mitfühlenden Blick zu. Dieser Blick war echt. Ich fühlte mich tatsächlich, als wäre ich an allem schuld.

Unvermittelt fragte ich mich, wie Luises Version der Geschichte aussah, die, in der sie die Heldin war. Inwieweit sich ihre Erinnerungen über unsere legen würden. Was sie verzerren, entzaubern und entstellen würde. Dieser dritte Blick würde uns eine vollständigere Wahrheit zeigen. Ich fragte mich, inwieweit Max bereit wäre, diese vollständigere Wahrheit zuzulassen. Ob er sie überhaupt wissen will. Oder ich.

Ich könnte jetzt sagen, dass die Michael-Nast-Version, die Max beschrieb, nie existiert hat. Ich könnte seine entstellte Darstellung entrüstet ablehnen. Ich könnte sagen, dass Max alles vollkommen falsch verstanden hat. Der Impuls ist da, aber ich glaube, so einfach ist es dann doch nicht.

Verschiedene Sichtweisen auf Geschehnisse sind immer auch verschiedene Versionen der Wahrheit. Max und ich nahmen an, im Besitz der endgültigen Wahrheit zu sein. Das ist ein Fehler, den nicht wenige machen. Die meisten Zerwürfnisse beruhen auf diesem Prinzip. In Familien, in Freundschaften, unter Kollegen. Unter Ex-Freunden.

»Es gibt das eigene Leben, wie man es selbst kennt, und dann jenes, wie es andere kennen, vielleicht fehlerhaft, aber man muss dem Bedeutung beimessen«, schreibt der Schriftsteller James Salter in seinen Lebenserinnerungen. »Es fällt schwer, sich klarzumachen, dass man immer von mehreren Seiten betrachtet wird und dass diese zusammengenommen Gültigkeit besitzen.«

Das ist ein interessanter Gedanke. Der Mensch, für den ich mich halte, wird durch den Menschen ergänzt, für den andere mich halten. Zusammengenommen beschreibt er mich vollständig.

Man kann viel über sich selbst lernen, wenn man erfährt, wie man auf andere wirkt. Es gibt einem die Möglichkeit, sich von außen zu betrachten. Es ist eine Art Bewusstseinserweiterung. Man ergänzt den Blick auf sich selbst mit den Blicken anderer. Der Psychologe Pablo Hagemeyer hat mir mal gesagt, dass ich drei Arten von Menschen fragen soll, wie sie mich sehen, um ein möglichst realistisches Bild zu erhalten.

»Erst einmal gute Freunde«, sagte er. »Aber nicht zu enge. In der Psychologie gilt die Regel, dass sich Gleiches anzieht. Sehr gute Freunde würden also Eigenschaften als positiv bewerten, weil sie sie selbst haben. Sie sind dir mit hoher Wahrscheinlichkeit psychologisch zu nah.«

»Also eher gute Bekannte?«, fragte ich.

»Auch. Aber noch wichtiger ist die Einschätzung von Menschen, die dich nicht mögen«, sagte er. »Auch wenn dir das Bild, das sie von dir haben, nicht gefällt.«

Nicht ganz so gute Freunde, Bekannte und Leute, die mich nicht ausstehen können, dachte ich. Aus diesen drei Wahrheiten fügt sich ein Bild zusammen, das mich am realistischsten beschreibt. Das mir zeigt, wo ich Änderungen vornehmen kann, um dem eigenen Selbstbild näher zu sein.

Als wir den Biergarten verließen, hatte Max mich abgefüllt. Und sich auch. Wir hatten das Ende des Abends erreicht. Wir versicherten einander, uns unbedingt wiederzusehen. Uns beiden war klar, dass es eine Höflichkeitsfloskel war. Wir hatten alles besprochen. Ein letztes klärendes Gespräch, das für Max notwendig war, um mir die Dinge zu sagen, die gesagt werden mussten.

Ich lief durch den Tunnel des U-Bahnhofs Weberwiese wie durch eine Zeitschleuse, an deren Ende ich die Gegenwart erreichen würde. Sobald ich den Tunnel verließ, wäre ich wieder im Jetzt.

Dieser Abend im Juli war eine Therapiesitzung, das verstand ich jetzt. Max schärfte meinen Blick. Prüfte meine Gewissheiten. Damit ich weniger urteile und mehr frage. Um mir klarzumachen, dass jeder aus seiner Perspektive erst einmal recht haben kann.

Manchmal muss man noch mal zurück. In einen Teil der Vergangenheit, den man für abgeschlossen hielt. Manchmal lässt einen diese Rückkehr auf eine Entdeckungsreise gehen, auf der man die Dinge mit anderen Augen sieht.

Und manchmal sogar sich selbst.

# »Wie es sich anfühlt, der andere zu sein«

**Wie blickt man auf das eigene Leben, wenn man es an seinen Konsequenzen misst – für sich selbst, für andere und für den Planeten? Eine Ermunterung, den Blick darauf zu öffnen, wie man sich wirklich verhält.**

Ich besitze eine Pinnwand der Firma »ferm living«, an der ich Dinge aufbewahre, die eine Spur in meinem Leben hinterlassen haben. Es ist eine elegante Pinnwand, gefüllt mit Fotos, Postkarten von Personen, die mir wichtig sind, Konzert- und Kinokarten, Getränkebons von Orten, an denen ich Lesungen gehalten habe, und Rechnungen von Restaurant- oder Barbesuchen, guten Abenden, die mir etwas bedeutet haben. Alles Anhaltspunkte, die mich zu Erinnerungen führen, die ich bewahren will. Sie verbinden mich mit Zeitpunkten, an die ich nicht mehr zurückkehren kann. Manchmal denke ich, ohne den gelegentlichen Blick auf meine Pinnwand würde ich wohl viel seltener an Menschen oder Ereignisse in meinem Leben denken, die Spuren in ihm hinterlassen haben. Spuren, die mein Leben lebenswert machen.

Aber es gibt natürlich auch andere Erinnerungen. Tragische Erinnerungen. Sie finden sich nicht auf meiner Pinnwand. Die angepinnten Objekte sind schließlich keine Zusammenstellung meiner Misserfolge, Versäumnisse oder Nachlässigkeiten. Manchmal denke ich jedoch, dass es notwendiger wäre, sich an diese zu erinnern, nicht nur, um mir klarzumachen, was ich aus ihnen gelernt habe, ob ich überhaupt etwas aus ihnen gelernt habe oder wie notwendig es wäre, aus ihnen zu lernen. Auch sie sind bewahrenswert. Wenn man nicht aus seinen Fehlern lernt, wiederholt man sie immer wieder.

Wir werden durch unsere Beziehungen zu anderen geformt. Jede Begegnung hinterlässt eine Spur, man wird auf irgendeine Weise verändert. Jede Verletzung macht uns zu einem anderen Menschen. Leider hinterlassen die tragischen Ereignisse meines Lebens tiefere Spuren als die glücklichen. Es ist ziemlich unfair, aber vor allem die tragischen Momente haben mich zu der Person gemacht, die ich heute bin.

So gesehen gäbe es nicht wenige Argumente, die einen Erinnerungsplatz solcher Anhaltspunkte rechtfertigen würden. Aber so funktioniere ich nicht. So funktioniert kaum jemand. Es sind die schönen Momente, die ich bewahren will, die schlechten blende ich aus, als wären sie nie geschehen. Sie stören die Ordnung. Sie machen mich traurig. Die Erinnerung daran ist unangenehm. Sie müssen weg. Ich verdränge sie. Wenn man diese Dinge ausblendet, sieht man jedoch nur die Folgen, ohne den Ursprung zu erkennen. Und Probleme sind oft nur zu lösen, wenn man sich mit ihrem Ursprung auseinandersetzt.

Gerade stelle ich mir vor, wie eine Pinnwand aussähe, die mit Erinnerungen an diese Ursprünge gefüllt wäre. Eine Galerie meiner Misserfolge. Restaurantrechnungen von Horror-Dates oder Fotos, auf denen Personen zu sehen sind, die mich enttäuscht oder verletzt haben. Diese Version meiner Pinnwand erinnert an die Serie »Stranger Things«, in der eine dunkle Parallelwelt immer mal wieder in unsere Wirklichkeit schwappt. Das wirkt alles nicht gesund. Die beklemmende Atmosphäre eines David-Lynch-Films.

Bevor ich das verstörende Bild ausblenden kann, um die Ordnung wiederherzustellen, bildet sich jedoch eine Frage: Ich frage mich, wie viele dieser Verletzungen unbeabsichtigt waren. Wie vielen gar nicht klar ist, wie weitreichend die Folgen der Spuren sind, die sie hinterlassen.

Mit diesen Überlegungen meine ich auch mich.

Auch wenn es seltsam klingt, ich frage mich manchmal, was mein Müll über mich erzählt. Oder seine Menge. Wenn ich beispielsweise Essen zubereite, erstaunt mich jedes Mal aufs Neue, wie viel Verpackungsmüll die Zubereitung einer Mahlzeit so hinterlassen kann. Das entspricht nicht meinem umweltbewussten Selbstbild. Es hat schon gute Gründe, warum FBI-Agenten in den Filmen und Serien erst einmal den Müll Verdächtiger nach Anhaltspunkten durchsuchen, um sie überführen zu können. Bei mir würden sie fündig werden. Ich bilde mir ein bewusstes Leben ein, aber in der Praxis setze ich das nicht um. Ich registriere es allerdings nicht. Ein befreundeter Psychologe hat mir erzählt, dass das ein bekannter psychologischer Effekt ist: Wenn ich mir sage, dass ich bewusst lebe, glaube ich mir. Auch wenn ich mich nicht so verhalte.

Es kann ein aufschlussreicher Perspektivwechsel sein, das eigene Leben danach zu beurteilen, wenn man es an den Spuren misst, die man hinterlässt. Er zeigt mir die Folgen meines Lebens. Vor allem die uneingestandenen. Es sind solche Umwege, die mir viel über mich selbst erzählen. Ich frage mich, welche Person durch die Spuren entsteht, die ich hinterlasse. Und inwieweit diese mit meinem Selbstbild übereinstimmt.

Dieses Umkehrspiel ist wie ein Persönlichkeitstest, bei dem die Fragen so beantwortet werden, dass einem die Antworten nicht gefallen. Die Spuren, die ich hinterlasse, erzählen mir, welche Art Mensch ich bin. Es sind nicht meine Worte, die zeigen, wer ich bin, es sind meine Handlungen. Und das trifft nicht nur auf meinen Müll zu.

Vielleicht lässt sich die Frage danach, wer ich bin, abseits aller philosophischen Theorien anhand aller Spuren beantworten, die ich hinterlasse. Zum Beispiel frage ich mich nicht selten, welche Person durch die Spuren entsteht, die ich durch meine Bewegungen im Internet hinterlasse. Wie ähnlich sie mir ist. Ob sie zu meinem Selbstbild passt. Vor allem seitdem mir praktisch jede Website, die ich besuche, zuruft, wie wichtig deren Betreibern meine Privatsphäre ist. Man muss viele Checkboxen anklicken, wenn man sich heutzutage im Internet bewegt. Man muss ständig Dinge bestätigen, annehmen oder freigeben. Das ist meiner Erfahrung nach selten ein gutes Zeichen. Ich bestätige trotzdem, ich nehme an und gebe frei, damit an irgendeinem verborgenen Ort von Algorithmen ein Charakterprofil erstellt werden darf.

Es ist erschütternd, welche Michael-Nast-Version sich da anhand meiner digitalen Spuren zusammenfügt. Nach den Mails in meinem Spamordner zu urteilen, haben die Algorithmen eine Person erkannt, die hauptsächlich von Komplexen zerfressen ist.

Eine Person, die, obwohl sie mit Erektionsproblemen zu kämpfen hat, erwägt, penisverlängernde Eingriffe in Entwicklungsländern durchführen zu lassen, und annimmt, nur bei osteuropäischen Frauen, die in Deutschland einen Ehepartner suchen, die Chance auf etwas Zärtlichkeit zu haben. Es ist schon ein auffallend tragisches Bild, das in diesen Spammails von mir gezeichnet wird. Für die Algorithmen bin ich offensichtlich nicht Michael Nast, sie sehen in mir eher eine Art Porno-Michi. Eine entstellte Version, sabbernd, notgeil und einsam, die dringend mal das Display ihres Laptops reinigen und sich unbedingt mal eine dieser Kameraabdeckungen besorgen sollte.

Im Zuge solcher Einsichten beginne ich mir Grundsatzfragen zu stellen. Ich frage mich, wie gut ich mich überhaupt kenne. Natürlich ist das eigene Selbstbild immer eine Illusion, aber vielleicht ist mein Blick auf mich selbst besonders abwegig.

Ich meine, solche E-Mails werden ja nicht grundlos versandt. Irgendetwas an meinem Surfverhalten muss plausibel machen, sie mir zu schicken. Vielleicht begann mit diesem Schritt endlich meine große Selbstauseinandersetzung, die ich schon seit Jahren aufschob.

Beginnen konnte ich damit, die Seiten zu sichten, die ich im Internet besucht habe. Ich glaube, es gibt kaum etwas Intimeres als den eigenen Browserverlauf. Er kann einem viel Überraschendes über sich selbst erzählen. Wenn mein Internetanbieter meine Suchverläufe von einem Psychologen auswerten lassen würde, wäre es interessant, was für ein Mensch da gezeichnet würde.

Ich habe bereits einige Male versucht, mich meinem Chrome-Gesamtverlauf zu stellen. Mein Blick scannt die endlose Liste mit einem seltsamen Gefühl, als wäre es der Verlauf eines anderen. Gravierende Selbstzweifel entstehen allerdings erst, wenn ich versuche, anhand der Dinge, die ich bei Google suche, mehr über mich selbst herauszufinden. Gerade habe ich es ausprobiert. Meine letzten vier Suchanfragen lauteten:

*So gefährlich ist es, Sport mit Restalkohol zu machen.*

*Love Bombing: Wie du es erkennst und richtig reagierst*

*Wie Sie in 5 Schritten zu Ihrem Traumkörper gelangen*
*Helene Fischer Karriereende*

Helene Fischer Karriereende?, dachte ich hilflos. Das war verstörend. Wer – um Gottes willen – war dieser Mensch? Offensichtlich nicht der, für den ich mich halte. Oder für den ich gehalten werden will. Google-Suchverläufe zeigen mir die tatsächlichen Fragen, die sich mir in meinem Leben stellen. Sie zeigen mir den Menschen, der ich wirklich bin. Ungeschönt.

Ich weiß natürlich, dass die digitalen Details nicht ausreichen, um sich ein vollständiges Bild zu machen. Aber der generelle Ansatz ist schon richtig, seinen Blick auf die Spuren zu richten, die ich hinterlasse. Zum Beispiel im Leben anderer.

»Jede Beziehung ist ein Experiment, dessen Teilnehmer nicht wissen, was der Gegenstand des Experiments ist.« Das hat der britische Psychologe Adam Philips einmal in einem seiner Bücher geschrieben. Ein aufschlussreicher Satz, an den ich oft denke.

Vor allem, als ich mit einer Frau zusammen war, die es drei Monate zuvor geschafft hatte, sich aus einer achtjährigen toxischen Beziehung zu lösen. Drei Monate sind eigentlich eine zu kurze Zeit, um nach einem solchen Ereignis eine neue Beziehung zu beginnen. Ihr Experiment war ja nicht beendet, als sie ihn verließ. Die Trennung war nur ein Symptom. Das eigentliche Ergebnis beurteilte man nach der Wirkung, mit der die Beziehung in das weitere Leben strahlt. Wie diese einen geformt und verändert hat.

Sobald wir zusammengekommen waren, begannen die Jahre mit ihrem Ex-Freund ihre Wirkung zu entfalten. Wenn ich Sarah fragte, ob ich etwas auf ihrem Handy googeln dürfe, unterstellte sie mir, ihr Handy kontrollieren zu wollen. Wenn ich einige Stunden lang nicht die Zeit fand, auf eine ihrer Nachrichten zu antworten, unterstellte sie mir, sie zu ignorieren, um sie zu bestrafen. Obwohl sie es nicht wollte, schloss sie von ihrem Ex-Freund auf mich. Ihr Unterbewusstsein verband mit meinem Verhalten dieselben Absichten, die es von ihm gelernt hatte. Verletzungen, die ihr in dieser Beziehung zugefügt wurden, hatten ihren Blick auf Männer geformt. Sie interpretierte so viele Eigenschaften ihres Ex-Freundes auf mein Verhalten, dass ich verstand, dass ich nur ein Stellvertreter war. Eine Projektionsfläche, an der sich ihr Unterbewusstsein abarbeitete. Glücklicherweise kannte ich mich dank ihrer Schilderungen in der Beziehung mit dem Original ziemlich gut aus. Das half mir, ihre Spitzen und Missverständnisse nicht persönlich zu nehmen.

Einmal sagte sie mir, wie dankbar sie mir war. Ohne mich hätte sie die Monate nach der Trennung nicht verkraftet. Obwohl es ein Kompliment war, sah ich sie traurig an. Denn ich verstand, dass das meine Rolle in dem Experiment unserer Beziehung beschrieb. Ich war in einer Zeit für sie da, in der es ihr schlecht ging. Ich war ihr Halt. Eine Ablenkung. Ein Schmerzmittel, das half, die Symptome zu überdecken, deren Ursache Sarah noch nicht verarbeitet hatte. Ungefähr einen Monat darauf wirkte ich nicht mehr. Sarah ging es immer schlechter, sie stand neben sich, zerdachte die Dinge. Ich konnte nichts tun, was das änderte. Unsere Beziehung hatte nur verzögert, was unvermeidlich gewesen war. Dass Sarah jetzt keine Beziehung brauchte, sondern eine Therapie.

Seit unserer Trennung frage ich mich immer häufiger, welche Spuren ich im Leben meiner Ex-Freundinnen hinterlassen habe. Welche Auswirkungen mein Verhalten in unseren Beziehungen auf ihr Verhalten in späteren Beziehungen gehabt hat.

Welche Verletzungen ich zugefügt habe, ohne es registriert zu haben. Durch unbedachte Äußerungen, weil ich mich angegriffen fühlte, gerade einfach nur genervt war oder durch die Art, wie wir uns getrennt hatten. Jede Verletzung hinterlässt eine Spur, aber wie weitreichend sie ist, das ist uns oft gar nicht klar.

Es ist schon Jahre her, da konvertierte eine meiner Ex-Freundinnen zum Islam. Zum strenggläubigen Islam. Man darf mich jetzt nicht falsch verstehen. Wäre meine Freundin zum Katholizismus oder zu Scientology konvertiert, um deren Philosophien orthodox auszulegen, hätte mich das genauso irritiert. In unserer Beziehung war Religion nie ein Thema gewesen. Wir sind beide atheistisch aufgewachsen. Irgendetwas musste in dem Jahr nach unserer Trennung passiert sein, das eine gottlose Heidin zu einer tiefreligiösen Muslimin gemacht hatte.

Ich erfuhr es von einer gemeinsamen Bekannten, als ich sie zufällig auf der Straße traf. Sie erzählte mir bestürzt, dass meine Ex-Freundin jetzt Kopftuch trug.

»Aber sie trägt es ganz stylish«, sagte sie schnell. Eine Beobachtung, die ihre Bestürzung wahrscheinlich abmildern sollte. Es schien nicht zu funktionieren.

»Sie hat auch keinen Kleiderschrank«, fuhr unsere gemeinsame Bekannte verständnislos fort. »Sie hat nur eine Stange, an der drei Gewänder hängen.« Sie schwieg einige Sekunden, in denen sie mich erschüttert ansah. »Aber nicht drei *verschiedene* Gewänder«, betonte sie. »Es ist drei Mal das gleiche Gewand.«

Oh, dachte ich.

Als wir damals zusammen waren, war ich 21, und sie war 18. Inzwischen sehe ich natürlich, was ich damals nicht gesehen habe. Wir führten eine anstrengende, von Psychospielen durchsetzte Beziehung – und der Grund dafür war ich. Ich trennte mich unzählige Male von ihr, um kurz darauf erbittert darum zu kämpfen, wieder mit ihr zusammenzukommen. Wenn ich an meine Version dieser Zeit denke, wächst in mir ein bedrückendes Gefühl. Dieser Michael Nast ist mir unangenehm und peinlich. Als sie mich verließ, hatte ich es verdient.

Das habe ich damals nicht so gesehen. Heute frage ich mich, ob die Spur, die ich in ihrem Leben hinterließ, eine weitere Bestätigung war, die ihre Entscheidung, eine strenggläubige Muslimin zu werden, plausibel erscheinen ließ.

Viele werden diese Zitatbilder kennen, mit denen das Internet seit Jahren überschwemmt wird. Auch ich verfasse Texte dieser Art, um sie dann auf meinen Social-Media-Kanälen zu veröffentlichen. Natürlich immer neben einem vorteilhaft fotografierten Porträtfoto von mir. Eins dieser Zitatbilder des vergangenen Jahres lautete: *»Leider haben die meisten etwas Wichtiges verlernt: sich vorzustellen, wie es sich anfühlt, der andere zu sein. Behandelt andere, wie ihr selbst behandelt werden wollt. Verletzt niemanden, wenn ihr selbst nicht verletzt werden wollt. Beleidigt oder demütigt keinen, wenn ihr selbst nicht beleidigt oder gedemütigt werden wollt. Dann wäre diese Welt eine bessere. Vielleicht wäre sie sogar perfekt.«*

Es ist ein Zitat, das viele Likes bekommen hat. Aber es ist – wie so oft bei solchen Sätzen – im Alltag kaum anwendbar. Dieses Zitat zeichnet ein Ideal. Um dessen Inhalt zu berücksichtigen, wäre ein Charakter von enormer innerer Reife nötig, außergewöhnlich selbstreflektiert und hochempathisch. Alles Eigenschaften, die so gar nicht zu der Person passen, die sich auf dem Foto befindet, mit dem diese Sätze gepostet wurden. Zu mir.

Meine Defizite zeigen sich schon bei unbeabsichtigten Verletzungen, die ich anderen zufüge, weil ich sie nicht sehe. Oft sind es die unmittelbaren Konsequenzen meines Handelns, die ich schon nicht mehr registriere. Missverständnisse, die ich nicht als solche erkannt und deshalb nie aufgelöst hatte, unbedachte Äußerungen, weil ich mich angegriffen fühlte oder gerade einfach nur genervt war. Es ist erstaunlich, wie wenig mir bewusst ist, wie ich mich tatsächlich verhalte. Solche Nachlässigkeiten können schnell zu absichtsvollen Handlungen werden, indem ich nur mich selbst sehe. Es ist sehr schwer, das zu erkennen.

Wie beschreibt man ein Leben? Misst man es an den Spuren, die man in den Leben anderer hinterlassen hat? Welche Fehler hat man gemacht, die nicht rückgängig zu machen sind? Es sind Fragen, die wir uns alle gelegentlich stellen sollten: Welches Leben würde ich führen, wenn ich es nach seinen Folgen beurteilte? Wie sich mein Verhalten ändern würde, wenn ich die Spuren berücksichtigte, die es hinterließ. Die Antwort darauf erzählt mir, welche Art Mensch ich bin. Wenn ich mir sage, dass ich bewusst lebe, dass ich empathisch bin oder reflektiert, dann glaube ich mir das. Auch wenn ich mich nicht so verhalte. Aber es sind nicht meine Worte, die mich abbilden, es sind meine Handlungen.

Wer bin ich, wenn ich mich an den Spuren messe, die ich hinterlasse? Man könnte ja damit beginnen, herauszufinden, was der eigene Müll einem erzählt.

# Im »Hätte, wäre, wenn«-Leben

**Wie viele sehne auch ich mich danach, mein Leben zu ändern. Aber ich mache es nicht. Es könnte ja mit Einschränkungen verbunden sein. Über die Gefahren eines »Hätte, wäre, wenn«-Lebens.**

Viele Leute spüren den Impuls, ihrem Leben eine neue Richtung zu geben. Aber sie tun es nicht. Meine Freundin Emma, die in einem Einfamilienhausgebiet am nördlichen Rand von Berlin lebt, beklagt sich zum Beispiel seit Jahren darüber, wie einsam sie sich in der Gegend fühlt. Das überrascht mich nicht, denn ihre Gefühle waren abzusehen.

Sie zog vor fünf Jahren mit ihrem Freund dorthin. Vorher lebten sie in Prenzlauer Berg. Mit dem Umzug wechselte sie auch die Welt, in der sie sich bewegt.

Ich kann mich noch an die Zeit davor erinnern. Wenn Gespräche ihren bevorstehenden Ortswechsel berührten, erwähnte sie konsequent, sie zöge nach Weißensee, obwohl das Haus im Ortsteil Hohenschönhausen liegt. Dann wechselte sie schnell das Thema, um Fragen auszuweichen, die diese Irreführung aufdecken konnten. Das hatte gute Gründe. Imagegründe. Wer sich in Berlin nicht so gut auskennt, Hohenschönhausen ist nicht unbedingt einer der Berliner Bezirke, bei denen man denkt: »Da muss ich unbedingt hin.« Der Stadtteil gehört zu einem endlosen Plattenbaugebiet, das sich über den Nordosten Berlins zieht, in dem sich auch hin und wieder kleine Inseln aus Einfamilienhäusern befinden.

Einmal bin ich ganz bewusst mit den öffentlichen Verkehrsmitteln gefahren, um Emma zu besuchen. Es war eine komplizierte Verbindung mit drei Umstiegen, die mich eine Stunde kostete. Als ich aus der Straßenbahn ausstieg, musste ich zwanzig Minuten laufen, um das Grundstück zu erreichen. Das gab mir viel Zeit, um die Gegend zu atmen. Ich sog sie auf, und es wurde immer schlimmer. Die schmalen Straßen haben keine Namen, nur Nummern. Es hat etwas Kafkaeskes, was konsequent ist, denn dieses Gefühl passt zur Atmosphäre der Gegend. Am Horizont von Emmas neuer Heimat schneiden sich die Silhouetten unzähliger Plattenbauten in den Himmel. Man fühlt sich umzingelt. Eingekesselt. Als gäbe es keine Fluchtpunkte mehr. So gesehen war der Umzug eine Verschlechterung. Schon bevor das Umzugsunternehmen bestellt war.

Es gibt keinen Grund, in eine solche Gegend zu ziehen, dachte ich damals. Gar keinen Grund.

Dann fragte mich Emma, ob sie es bereuen werde, das Haus gekauft zu haben. Die Frage war nicht leicht zu beantworten. Ich war der falsche Ansprechpartner. Einfamilienhausgebiete lösen bei mir Fluchtimpulse aus. Ich empfinde sie als perfekte Metapher für das falsche Verständnis von Wohlstand, das wir in unserer Gesellschaft kultivieren. Man spart sich von einer Anschaffung zur nächsten. Jeder schafft sich seine kleine überschaubare Welt, das eigene Grundstück ist nur Kopie der anderen Grundstücke, aber man verklagt seine Nachbarn, wenn ein Ast über den Zaun ragt. Es entsteht kein Gemeinschaftsgefühl. Man muss sich dort sehr einsam fühlen, wenn man aus Prenzlauer Berg kommt. Aber das konnte ich Emma natürlich so nicht sagen.

»Es ist eine Wertanlage«, sagte ich.

»Ich bin eher ein Wohnungstyp«, sagte ich.

Emmas Freund begründete die Entscheidung für den Hauskauf mit einem Argument, über das ich erst mal nachdenken musste. »Ich will mich nicht weiterentwickeln«, sagte er. »Ich will mich vorwärtsentwickeln.« Eine bemerkenswerte Aussage, sogar wenn man keine Ahnung hat, was er genau damit meinte. Inzwischen glaube ich, ihn zu verstehen.

Er will in einem Einfamilienhaus leben, nur um in einem Einfamilienhaus zu leben. Mit dem Grundstück hakt er einen Punkt seines Lebensplans ab. Ein Konzept, das mir vollkommen fremd ist. Ein Umzug ist für mich eine bewusste Entscheidung für eine Gegend und deren Atmosphäre. Auch wenn man einem verordneten Glück folgt, ist es wichtig, auf die Details zu achten.

Ein Einfamilienhaus zu kaufen, um in ein Einfamilienhaus zu ziehen, ist das Gleiche wie eine Beziehung zu führen, nur um eine Beziehung zu führen. Was beides eigentlich ausmacht, steht nicht im Vordergrund. In beidem kann man sich schnell fremd fühlen.

Emma fühlt sich fremd. Als wir das Grundstück vor dem Kauf besichtigt hatten, sagte sie, sie sei sich nicht sicher, ob sie sich dort überhaupt zu Hause fühlen könne. Ihre Intuition sollte recht behalten. Sie vermisst ihre Freundschaften, die die Gegend meiden. Ihr fehlen Nachbarn, mit denen sie sich versteht. Sie sehnt sich danach zu reisen, weil sie zu viel arbeitet. Sie fühlt sich abgeschnitten vom Leben. Sie spürt den Impuls, etwas unternehmen zu müssen. Sie will ausbrechen.

Wir redeten oft über Emmas Problem, aber irgendwann

stellte ich etwas Beunruhigendes fest. Mein Tonfall änderte sich. Ich wurde schnell ungehalten. Ich gab mich zunehmend störrisch, ich wurde ungeduldig, ich war mir selbst nicht mehr sympathisch. Ich verstand nicht gleich, was da mit mir passierte. Es waren die Gespräche. Ihre Dramaturgie. Mit ihnen verband ich ein Gefühl, das nicht zu meinen Empfindungen für Emma passte.

So sehr sich Emma auch beklagt, sobald es konkret wird, findet sie schnell erstaunlich viele Gründe, die gegen jeden Lösungsansatz sprechen. Obwohl sie offensichtlich unter ihrem Alltag leidet.

Sie kann nicht reisen, weil der Garten in ihrer Abwesenheit vernachlässigt werden würde. Sie hat ja niemanden, der sich um ihn kümmert. Sie möchte auch niemanden dafür bezahlen. Sie fühlt sich einsam, aber ihre Prenzlauer-Berg-Freundschaften wohnen zu weit weg. Und mit ihren Nachbarn möchte sie kein zu enges Verhältnis pflegen.

Es ist ein erstaunliches Konzept. Obwohl sie sich selbst immer wieder versichert, ihrem Leben eine neue Richtung geben zu wollen, tut sie alles dafür, um die dafür notwendigen Änderungen zu verhindern. Jedes neue Gegenargument wird mit so viel Bedeutung aufgeladen, bis es sich vor das eigentliche Ziel schiebt und es unerreichbar macht. Je mehr Hindernisse sie sich selbst in den Weg legt, desto mehr beschwert sie sich. So gesehen beschwert sich Emma über ihr eigenes Verhalten. Es ist ein seltsam verdrehtes Selbstverständnis, ein Widerspruch, der ihr nicht aufzufallen scheint.

Emma beklagt etwas, ohne etwas gegen das zu unternehmen, was ihren Kummer verursacht. Das war der Grund für meine Gereiztheit. Unsere Gespräche führten nie in eine Bewegung, sie beschrieben einen Stillstand. Wir drehten uns im

Kreis, und es schien nur darum zu gehen, sich weiter im Kreis zu drehen. Vielleicht war genau das die Idee. Diese Gespräche waren Selbstzweck. Es ging Emma vor allem darum, sich zu beklagen. Ich finde, wer sich beklagt und nichts ändert, braucht sich nicht mehr zu beklagen. So einfach ist das.

Seitdem es mir bei Emma zum ersten Mal auffiel, achte ich bei immer mehr Menschen darauf. Bei Paaren, die unter ihrer Ehe leiden, sich aber nicht trennen, weil sie es gewohnt sind, nicht allein zu sein, oder die auf die Kinder Rücksicht nehmen wollen. Bei denen, die keine Beziehung führen, sondern es nur noch so nennen. Die weitermachen und sich an ihrem Alltag festhalten, dessen Struktur alles zu sein scheint, was sie zusammenhält. Bis sie zu einem dieser Paare geworden sind, die einem in Restaurants durch ihr endloses Schweigen auffallen. Oder bei Leuten, die unglücklich in ihrem Beruf sind und nicht kündigen, obwohl sie seit Jahren davon reden, es demnächst zu tun.

Ich bin sensibilisiert. Wenn ich an einem Sommernachmittag auf der Terrasse des *Spreegold* in der Schönhauser Allee sitze und mein Blick die Gesichter der vorbeieilenden Passanten scannt, frage ich mich, wie viele von ihnen sich danach sehnen, ein neues Leben auszuprobieren. Aus ihrem Alltag auszubrechen, um ihrem Leben eine neue Richtung zu geben. Und wie viele diesem Impuls nicht nachgeben, weil dieser sofort unter unzähligen Gegenargumenten erstickt wird.

»Ich bin eigentlich ganz anders, aber ich komme nur so selten dazu.« Ich denke immer häufiger, der Schriftsteller Ödön von Horváth hat mit diesen tragikomischen Worten vor hundert Jahren die Bedienungsanleitung für viele Leben geschrieben.

Es ist erschreckend, wie viele Leute mit dieser Haltung

durchs Leben gehen. Noch erschreckender ist es, mir einzugestehen, dass auch ich einer von ihnen bin. Man erkennt es an drei Worten, die in den Sätzen solcher Menschen oft auftauchen. Es sind die schlichten Worte »hätte«, »wäre« und »wenn«. Worte können sehr mächtig sein. Das kann scheinbar schlichte Worte gefährlich machen. Je öfter man sie benutzt, desto mehr beginnen sie das eigene Leben zu bestimmen.

Es ist erstaunlich, wie viele Menschen sich im »Hätte, wäre, wenn« eingerichtet haben. Sie scheinen ihr Leben nicht nach Möglichkeiten zu sortieren – eher nach verpassten Gelegenheiten.

*Hätte, wäre, wenn.* Die drei Worte sind allgegenwärtig. Mit ihnen stellt man sich die Erinnerung eines Menschen vor, der man hätte sein können. Denn man hatte doch so viele Träume. Man hatte so viel vor. Aber man war erst mal vernünftig und wartete ab. Die Tage verrinnen, Wochen werden zu Monaten, Monate werden zu Jahren. Je älter man wird, desto schneller löst ein Jahr das andere ab. Noch immer trifft man Vorkehrungen, wartet auf richtige Zeitpunkte. Für Familie, Kinder, Umzüge Trennungen, Kündigungen oder Reisen. Und es finden sich immer neue Gründe, warum es erst einmal vernünftiger oder sicherer ist, die Dinge, die einem so wichtig sind, aufzuschieben. Und mit jedem Jahr korrigiert man seine Träume und gibt ein wenig mehr von ihnen auf. Die großen Pläne reduzieren sich. Man begräbt sie nicht bewusst, man verschiebt sie. Sie existieren noch, aber man entfernt immer mal wieder etwas, bis sie, ganz unbemerkt, kaum noch erkennbar sind. Bis man sie so oft ins »Irgendwann«, »Demnächst«, oder »auf den richtigen Zeitpunkt« verschoben hat, dass sie zu einem »Niemals« geworden sind.

Wenn sich Menschen nach einem Leben sehnen, das sie nicht geführt haben, sollten sie sich fragen, *warum* sie es nicht geführt haben.

Sie wollen das Risiko nicht eingehen, etwas aufzugeben, in dem sie sich eingerichtet haben. Das Risiko, diese Sicherheit zu verlassen, erscheint ihnen zu hoch. Es könnte mit Einschränkungen verbunden sein. Dass Dinge eingeschränkt werden, unter denen sie leiden, verschwindet hinter der Gefahr, diese Sicherheit zu verlassen. Ein Geflecht von Gewohnheiten, die man nicht aufgeben will, weil man sich in ihnen auskennt. An denen man sich festhalten kann. Obwohl sie Unzufriedenheit verursachen, will man sie nicht aufgeben. Etwas Vertrautes ist einem schließlich auch dann vertraut, wenn es Kummer verursacht. Man kann mit Fehlerhaftem wunderbar leben, wenn man sich daran gewöhnt hat.

Man begründet dieses Fehlerhafte mit einem Wort, das unmittelbar mit »Hätte, wäre, wenn«-Sätzen verbunden wird: *vernünftig*. Ein Wort, das offensichtlich seine ursprüngliche Bedeutung verloren hat. Die geistige Fähigkeit des Menschen, Einsichten zu gewinnen, sich ein Urteil zu bilden, die Zusammenhänge und die Ordnung des Wahrgenommenen zu erkennen und sich in seinem Handeln danach zu richten, wurde durch ein reines Sicherheitsdenken ersetzt.

Ich habe das lange verständnislos beobachtet, bis ich begriff, dass ich mit derselben Haltung aufs Leben blicke. Ich war mir selbst nur zu nah, um es sehen zu können. Auch wenn ich das Wort nicht benutze, habe ich mich im Vernünftigsein eingerichtet. Und auch mir fällt es schwer, dessen Impulsen zu widerstehen.

Ich meine, ich will ja Veränderung, solange sie mir nicht das Gefühl gibt, sie könnte mich etwas kosten. Ich leiste mir diese

Haltung, weil der Leidensdruck nicht groß genug ist. Es ist immer ein Leidensdruck, der Menschen zu Veränderung zwingt. Wenn es schmerzvoller ist, nichts zu ändern. Aber Leidensdruck entsteht in den meisten Fällen erst, wenn es zu spät ist. Wenn man das Gefühl hat, das Leben wäre einem durch die Finger geglitten. Wenn man immer auf seine Zukunft gewartet hat, bis man feststellt, dass sie bereits hinter einem liegt. Wenn man immer das Gefühl hatte, noch Zeit zu haben, und plötzlich feststellt, dass es zu spät ist.

Darum bin ich kein Freund von Sätzen, in denen die Worte »hätte«, »wäre« oder »wenn« vorkommen. Mit solchen Sätzen beschreibt man nicht nur verpasste Chancen, sie haben einen wesentlich stärkeren Effekt: Sie machen sie unabänderlich. »Hätte, wäre, wenn«-Gedanken sind immer auch mit dem Eingeständnis verbunden, sie aufgegeben zu haben. Man sortiert sie in die Kategorie der Dinge, die nicht mehr zu korrigieren sind. Man findet sich damit ab.

Ich therapiere mich selbst, indem ich mich bemühe, die Worte »hätte«, »wäre« und »wenn« aus meinem Wortschatz zu streichen. Es fällt mir schwerer, als ich dachte. Seitdem ich darauf achte, fällt mir erst auf, wie inflationär ich sie benutze. Sobald ich mich bei einem dieser Sätze ertappe, versuche ich sie zu ersetzen. Ich formuliere sie neu, und erstaunlicherweise nimmt ihnen das die Endgültigkeit. Plötzlich gibt es wieder Spielraum. Es ist bemerkenswert, wie mächtig ein ersetztes Wort und ein darum neu arrangierter Satz sein können.

Wir können unserem Leben eine neue Richtung geben. Emma, ich, jede und jeder von uns. Auf allen Ebenen und in allen Bereichen des Lebens.

Vielleicht kennen Sie ja dieses Gefühl. Man spürt diese Sehnsucht. Man weiß nicht genau, was man da vermisst, aber man vermisst es schon sehr. Bis man begreift, dass man es selbst ist, den man vermisst.

Und genau das ist es, was es mich kostet, zu »vernünftig« zu sein. Es trennt mich von dem Menschen, der ich sein könnte.

Also: Lasst uns nicht *zu* vernünftig sein.

Bitte!

# Der Gilmore Boy

**Wie ich mich in den Illusionen eines perfekten Lebens verfing – und dabei ganz unbemerkt aufgehört habe, nach etwas Echtem zu suchen.**

Manchmal frage ich mich, wie mein Leben aussehen würde, wenn ich ihm an bestimmten Punkten eine andere Richtung gegeben hätte. Wenn ich andere Entscheidungen getroffen hätte und welche Folgen daraus entstanden wären. Es ist ein reizvolles Gedankenspiel, dem ich mich manchmal hingebe. Ich folge Gedanken, die mich durch eine andere Version meines Lebens führen, und stelle mir den Menschen vor, den diese Version aus mir gemacht hätte. In Gedanken modelliere ich eine Variation meiner Biografie. Ich frage mich, wo genau ich mich in diesem Moment in einer anderen Version meines Lebens befinden würde.

Anfang vorletzten Jahres erreichte mich eine Nachricht aus einem dieser hypothetischen Leben. Die Absenderin war Linda, eine Ex-Freundin, mit der ich vor zehn Jahren zusammen gewesen war. Zehn Jahre, in denen wir uns weder gesehen noch gesprochen hatten.

Wie so oft war auch unsere Trennung nicht harmonisch verlaufen. Wir verschwanden aus dem Leben des anderen, und ich hatte nicht erwartet, dass sich unsere Leben noch einmal berühren würden. Bis Linda mir zehn Jahre später diese Nachricht schrieb. Es war eine lange Nachricht. Die Worte waren sorgfältig gewählt. Ich beantwortete sie, und einige Tage darauf telefonierten wir. Wir sprachen sechs Stunden lang darüber, was die vergangenen zehn Jahre aus uns gemacht hatten.

In Lindas Leben war in den vergangenen Jahren viel passiert. Ihre Entscheidungen hatte sie immer weiter von unserem gemeinsamen Leben entfernt, und zwar auf mehreren Ebenen. Linda lebte inzwischen in München, sie war verheiratet und Mutter dreier Kinder. Alles war geordnet.

Schon während wir sprachen, spürte ich, wie viel unser Telefonat mit mir machte.

Wenn man so wollte, breiteten wir zwei entgegengesetzte Leben voreinander aus. Zwei Entwürfe. Lindas Familienleben traf auf mein Singleleben. Erst in unserem Gespräch begriff ich wirklich, wie wenig ich mich in den vergangenen zehn Jahren eigentlich bewegt hatte. Es gab keinen neuen Lebensabschnitt. Ich lebte nicht einmal in einer anderen Wohnung. Auch wenn sie jetzt anders eingerichtet war, müsste Linda sie mit dem Gefühl betreten, auf Zeitreise zu sein.

Während der Klang ihrer Stimme immer vertrauter wurde, stellte ich mir unwillkürlich eine Version meines Lebens vor, in dem ich verheiratet war und Kinder hatte. Und ich spürte, wie wohl ich mich in dieser Vorstellung fühlte. Ich blickte sozusagen voller Nostalgie auf ein Leben, das es nie gegeben hatte. Auf ein nicht gelebtes Leben.

Vor meinem inneren Auge bilden sich gelegentlich diffuse Bilder, die mich in einem Familienleben zeigen. Es sind Bilder in warmen Spätsommerfarbtönen. Bilder, auf denen viel gelacht wird. Wir lachen in Parks, auf Spielplätzen oder an Frühstückstischen. Es sind Bilder, die auch in Kaffee-Werbespots auftauchen könnten oder in Werbespots, die Banken oder Versicherungen menschlich darstellen sollen. Alles Kampagnen, in denen – wie mir gerade auffällt – vor allem alleinerziehende Väter vorkommen.

Alleinerziehende Väter strahlen eine gewisse Tragik aus, die sie sympathisch macht, manchmal sogar verführerisch. Man fragt sich sofort, was passiert ist. Gab es einen tragischen Unfall oder eine Krankheit? Sie strahlen Verantwortung aus. Im Gegensatz zu dem leider häufig verbreiteten Klischee, das man mit alleinerziehenden Müttern verbindet. Hektisch. Überfordert. Man erwartet praktisch, dass sie ihr Abendessen hastig an die Küchenspüle gelehnt zu sich nehmen, um dann mit einer Flasche Weißwein den Tag hinter sich zu lassen. Dieses Image führt dazu, dass alleinerziehende Mütter in der Werbung gar nicht auftauchen. Und vielleicht erzählt ja genau dieser Vergleich mehr über den uneingestandenen Sexismus in unserer Gesellschaft als jede feministische Debatte der letzten Jahre.

Gerade fällt mir auf, dass *mein* Ideal eines Lebens von einer Serie gezeichnet wird, deren Geschehnisse um eine alleinerziehende Mutter und ihre Tochter kreisen. Meine Bilder eines hypothetischen Familienlebens erinnern an Szenen der Serie »Gilmore Girls«. In dieser Serie finde ich die richtige Atmosphäre. Das Glück, das zu mir passt.

Mit anderen Worten: Ich bin der Gilmore Boy.

Wenn ich mir mein Gilmore-Boy-Glück vorstelle, blende ich jedoch erfolgreich aus, dass ich in solchen Bildern ein Leben zeichne, das vom Alltag befreit ist. Eine Collage, die sich aus Illusionen zusammensetzt. Ich muss mich immer wieder zu Links zwingen, die meine Illusionen mit der Wirklichkeit abgleichen. Ich habe inzwischen mehrere entworfen.

Die Vorstellung, wie andere mein eigenes Leben wahrnehmen, ist zum Beispiel eine *sehr* gute Methode, an der ich mich orientieren kann. Als Jonathan Franzens Roman *Crossroads* erschien, habe ich im *Spiegel* ein Porträt über den Autor gelesen. Ein Absatz über Franzens Schreibprozess ist schon sehr nah am Leben. Den Roman hat er »relativ problemlos fertigbekommen«, schreibt der *Spiegel,* »abgesehen von den üblichen Qualen (wochenlanges Feststecken, depressive Verstimmungen, Gereiztheit bei Abendessen mit Freunden)«. Franzen hat vier Jahre an dem Buch geschrieben. Sie müssen für die Menschen, die ihm nahestehen, unerträglich gewesen sein.

Wenn ich die Sätze über Franzen lese, ist er mir so nah, dass ich ihn Johnny nennen möchte.

Es gibt nicht wenige Menschen – erstaunlicherweise auch Menschen, die mir nahestehen und es eigentlich besser wissen müssten, die eine überraschend verklärte Vorstellung meines Arbeitsalltags haben. Das liegt auch daran, dass es Fotos von mir gibt, die das zu beweisen scheinen. Auf einigen dieser Bilder sitze ich auf dem Dach meines Hauses, den Laptop auf meinem Schoß, und schreibe. Ich kann mich noch sehr gut daran erinnern, wie diese Bilder entstanden. Es war sehr quälend. Man sieht nicht, wie unbequem es war, in dieser Haltung zu sitzen, als würde ich mich wohlfühlen. Wir mussten wiederholt abbrechen, weil mir in dieser Position ständig irgendein Körperteil wehtat oder eingeschlafen war.

Diese Erfahrung hilft mir, das inszenierte Glück, von dem die sozialen Medien überschwemmt werden, besser einzuschätzen. Manchmal stelle ich mir vor, wie viel *gelitten* wird, wenn Fotos entstehen, auf denen Influencer ihr Glück darstellen.

Trotz dieser Einsichten neige ich dazu, mich an den Illusionen zu orientieren. Aber ich taste mich heran. Über einen Freund lerne ich das wirkliche Familienleben portioniert kennen. In seinem Familienleben wird weniger gelacht. Es wird vorwiegend gelitten. Vor allem, wenn der Fernseher ausgeschaltet wird, können 30 Minuten langanhaltende markerschütternde Schreie durch die Räume ihrer Wohnung hallen.

»Es ist, als hätte ich mich verwählt und in der geschlossenen Psychiatrie angerufen«, sage ich, als ich meinem Freund Ansgar davon erzähle.

»Ein Alltag mit Kleinkindern ist *immer* wie in der geschlossenen Psychiatrie«, erwidert Ansgar mit mildem Lächeln. Der Mann ist zweifacher Vater. Ich schätze, er weiß, wovon er redet.

Erich Kästner hat einmal geschrieben: »Kinder bauen sich Illusionen, erst die Erwachsenen erkennen, dass man in Illusionen nicht leben kann.« Dieses Zitat ist 90 Jahre alt. Inzwischen wurde es widerlegt. Ich habe den Eindruck, viele können sogar sehr gut in ihren Illusionen leben. Auch mir sind sie offensichtlich lieber als die Wirklichkeit. Ich pflege und kultiviere sie. Zu viel Realität würde da nur stören.

Meine Traumfrau ist da ein sehr gutes Beispiel. In Gedanken zeichne ich das Bild einer Frau, die zu dem Leben passt, das ich über die Jahre in meinen Gedanken entworfen habe. Ich habe eine Szene im Kopf, die diese Frau beschreibt. Ein milder Sommerabend auf meinem Balkon, wir trinken Wein, scherzen, lachen und führen Gespräche, die etwas in mir auslösen. Wir befinden uns über den Dingen. Das Leben findet unter uns statt. Das Rauschen des Verkehrs, der sich über die Karl-Marx-Allee wälzt, die Vögel, die in den Wipfeln der Linden singen, die sich ebenfalls unter uns befinden, die vereinzelten Stimmen, die von den Passanten auf der Promenade zu uns nach oben dringen. Der Himmel und die Fassaden der Gebäude sind in die unwirklichen Rottöne eines endlosen Sonnenuntergangs getaucht. Als würden wir uns in einem in sich geschlossenen Fragment der Zeit befinden. Ein vollendeter, konservierter Augenblick. Ein aus der Zeit gefallener Moment, in dem Vergangenheit und Zukunft bedeutungslos geworden sind. Ein Leben, das vom Alltag befreit ist.

Die Stimmung ist da und auch die Kulisse, nur das Gesicht der Frau ist in dieser Vorstellung verschwommen. Ihre Züge haben etwas Flüchtiges. Meine Traumfrau ist in dieser Vorstellung eher eine Pose als eine Person.

Wenn ich Frauen date, versuche ich sie mir in dieser Szene vorzustellen. Ich frage mich, ob sie sich stimmig in diesen vollendeten Moment einpassen. Ich frage mich, ob sie die Szene mit Leben füllen können. Die meisten können es nicht. Wahrscheinlich muss meine ideale Beziehung an einem milden Sommerabend auf meinem Balkon stattfinden. Es ist kein Zufall, dass diese Balkonszene wirkt, als wäre sie einem Kinofilm entnommen worden. Es ist ein schön fotografiertes Fragment Leben, das sich in meinem Kopf bildet. Der Instagram-Irrtum, Ästhetik mit Lebendigkeit gleichzusetzen.

Manchmal denke ich, dass es mir eigentlich genau darum geht. Ich sehne mich nach der Idee einer Frau. Einer Person, die es nicht geben kann. Vielleicht ist es ja eine meiner verborgensten Ängste, irgendwann die Frau zu finden, die die Balkonszene mit Leben füllt, um dann festzustellen, dass das Bild perfekt wäre, wenn es nicht dieses eine störende Element geben würde, das sich nicht in die Szene einfügt. Mich.

»Ich habe aufgehört, nach etwas Echtem zu suchen«, sagt Neo, die Figur von Keanu Reeves im vierten Teil der »Matrix«-Reihe. Das ist ein Problem, das er mit mir teilt. Auch ich bevorzuge die Illusionen. In sie verpacke ich meine Sehnsüchte.

Illusionen geben Menschen, Ideen oder Dingen eine Bedeutung. Sie sind die Gabe, aus einer Frau etwas Besonderes zu machen, obwohl ich keine Erinnerungen mit ihr verbinde, die diese Bedeutung rechtfertigen könnten. Illusionen machen Fremde zu Personen, mit denen ich mir gemeinsame Erinnerungen wünsche. Zumindest habe ich das angenommen. Das ist offensichtlich gekippt. Ich habe die Funktion geändert. Ich habe mich in ihnen eingerichtet. Wer sich in seinen Illusionen einrichtet, geht keine Risiken ein. In Illusionen gibt es keine Widersprüche, es gibt keine Streitigkeiten, in ihnen herrscht Harmonie. Aber Leben entsteht aus den Disharmonien, sie sind der Link zum wahren Leben. Erst sie geben mir die Möglichkeit, mich weiterzuentwickeln.

Sobald Illusionen meinen Verstand bestimmen, werden sie zu einem Hindernis. Wer sich in seinen Illusionen einrichtet, verpasst das Leben. Wer die Illusionen der Wirklichkeit vorzieht, erstarrt. Wie jemand, der sich in der unverbindlichen Suche nach der Illusion eines Traumpartners einrichtet, weil er nicht bereit ist, etwas für eine Beziehung zu tun. Jemand, der bei der Liebe mitmachen will, ohne verletzt zu werden.

Es ist schon einige Jahre her, da saß ich mit einem Freund vor der *Hausbar* in der Rykestraße in Prenzlauer Berg und hatte plötzlich ein Déjà-vu, das mir fast den Atem nahm. Ich roch ein Parfum, das meine Ex-Freundin immer benutzt hatte. Ein Duft, der mich unvermittelt mit einer Flut von Erinnerungen überschwemmte. Ich wandte mich um in der Erwartung, in das Gesicht der Frau zu blicken, mit der ich immer noch viel verband, aber der Duft gehörte zu dem Gesicht einer Fremden.

Wirkliche Bedeutung entsteht aus Erinnerungen. Wenn ich den Duft eines Parfums zum ersten Mal rieche, genieße ich seine Schönheit, aber wenn ich denselben Geruch mit einer Frau verbinde, in die ich einmal verliebt war, löst er eine sprudelnde Kaskade von Erinnerungen aus. So schön ein Duft auch sein mag, er ist wesentlich schöner und vielschichtiger, wenn ich ihn mit Erinnerungen verknüpfen kann. Sie fügen der Schönheit des Duftes eine tiefere Bedeutung hinzu.

Wenn Illusionen der Duft sind, dessen tieferer Wert erst entsteht, indem ich ihn mit Erinnerungen verknüpfe, betrachte ich nur den Flakon. Mein Blick genießt seine geschwungene Form, seine elegante Schönheit, aber was sich in ihm befindet, findet nur in meinem Kopf statt.

Es sind erst meine Erinnerungen, die etwas oder jemanden mit wirklicher Bedeutung füllen, dachte ich. Das können Illusionen nicht leisten, aber das ist es, worum es geht. Sich Erinnerungen zu schaffen, an die man sich in 20, 40 oder 60 Jahren erinnern kann.

Mit einem Lächeln.

# Mein tägliches Auf-morgen-Verschieben

**Wie ich mich seit Jahren darauf vorbereite, demnächst ein perfektes Leben zu führen – aus dem »Wenn, dann«-Alltag eines Vorbereitungsjunkies.**

Ich habe die Wohnungen, in denen ich lebte, immer als eine Metapher für mein Leben empfunden. Sie symbolisierten die Phasen, in denen ich mich gerade bewegte. Oft fehlte mir allerdings der Blick, um zu erkennen, welche Art Leben sie eigentlich beschrieben.

Dieser Blick änderte sich mit der ersten Wohnung meiner Kölner Jahre. Mit Mitte zwanzig zog ich für vier Jahre ins Rheinland, um in einer Werbeagentur zu arbeiten. Der Umzug war eine Weiterentwicklung. Ich hatte zum ersten Mal die Stadt gewechselt, meine neue Wohnung lag im wunderschönen Agnesviertel, und ich bezog ein Gehalt, über das ich nicht mehr öffentlich sprach. Die besten Voraussetzungen für einen Neubeginn. Der Schritt war eine Weiterentwicklung. Ein knappes Jahr nach meinem Umzug erfuhr ich allerdings, dass meine erste Kölner Wohnung eine andere Geschichte erzählte.

Ein Berliner Freund, der mich für ein Wochenende besuchte, verglich sie entsetzt mit einer dieser Wohnungen, die sich Profikiller in Filmen mieten, um ihre Opfer auszuspähen. Das deckte sich nicht mit meinem Selbstverständnis, aber mein Freund hatte recht: Ich war Single, die Arbeit stand im Mittelpunkt, ein Privatleben war praktisch nicht vorhanden, und genau so sah meine Wohnung auch aus. Sie wirkte, als wäre ich gerade erst eingezogen. Ich konservierte praktisch den Tag nach dem Einzug. Zwei Jahre lang. Eine perfekte Beschreibung dieses Lebensabschnitts.

Durch den Vergleich meines Freundes verstand ich, wie viel meine Wohnung über mein Leben wirklich erzählte. Vor allem über die Teile, die ich mir nicht eingestand. Es war eine aufschlussreiche Methode, sie mit dem zu vergleichen, was ich als mein Leben annahm. Dieser Blick ist auch sehr aufschlussreich, wenn ich ihn auf die Wohnung anwende, in der ich seit 2004 lebe.

Obwohl ich meine Wohnung mag, träume ich seit ungefähr drei Jahren davon, umzuziehen. Anfangs fiel mir gar nicht auf, dass sich Variationen dieses Traumes in immer kürzeren Abständen wiederholten. Als mir auffiel, wie oft diese Träume wiederkehrten, informierte ich mich im Internet darüber, was sie bedeuten konnten. Um Missverständnisse zu vermeiden, muss ich hinzufügen, wie fremd mir der Gedanke ist, dass eine übergeordnete Intelligenz versuchen könnte, mir in meinen Träumen irgendwelche Botschaften zu übermitteln. Ich glaube eher, dass sie mir zeigen, was mein Unterbewusstsein wirklich beschäftigt. Ich träume gewissermaßen von dem reinen Problem. Ein Selbstgespräch, bei dem es grundsätzlich wird. Irgendetwas wollte mir mein Unterbewusstsein offensichtlich mitteilen, und zwar dringend. Es gab eine Botschaft, und ein Umzug schien die geeignete Metapher zu sein.

Im Internet fand ich heraus, dass es keine einfallsreiche Metapher meines Unterbewusstseins war. »Durch das Traumsymbol Umzug setzt sich der Träumende mit Sehnsüchten auseinander, die er im wachen Zustand noch nicht wahrnimmt oder beiseitedrängt«, las ich. »Es weist deutlich auf den Wunsch oder die Notwendigkeit einer Veränderung hin.« Und: »Der Umzug in eine andere Wohnung kann einen Neuanfang bedeuten, der aber dennoch mit dem Loslassen alter Lebenssituationen einhergeht.«

Das trifft meine mentale Situation ziemlich gut. Ich spüre den tiefen Impuls, etwas in meinem Leben zu ändern, ändere aber nichts. Mein Verhältnis zu meiner Wohnung fügt sich nahtlos in dieses Prinzip ein. Ich habe meine aktuelle Wohnung immer als etwas Vorübergehendes gesehen. Als Übergang. Man darf das jetzt nicht falsch verstehen, ich mag meine Wohnung sehr. Ich spüre allerdings seit einigen Jahren, wie weit mein Selbstverständnis nicht mehr zu ihr passt. Das ist bereits weiter. In einer Zukunft, die eine größere Wohnung notwendig macht. In einem hypothetischen Familienleben. Ich empfinde meine Wohnung als coole Singlewohnung, aber sie passt nicht zu einem Leben, in dem Kinder vorkommen. Genauso wie mein Alltag, den ich ebenfalls als eine Art Übergang empfinde. Aus ihm blicke ich in eine Zukunft, in der ich mich einrichten werde.

Wie meine Wohnung empfinde ich auch mein Leben als eine Art Zwischenstation. Ich arbeite viel, mache Pläne, ich bereite mich darauf vor, zu leben. *Demnächst* zu leben. Ich bereite mich darauf vor, glücklich zu sein. Ich will die passende Infrastruktur schaffen, in der mein Glück gedeihen kann. Ohne zu registrieren, dass dieser Übergang zu einem Leben geworden ist.

Wenn ich jetzt so darüber nachdenke, ploppen immer neue

Bereiche meines Lebens auf, die sich nahtlos in dieses Prinzip fügen. Meine Dating-App-Aktivitäten gehören dazu. Aktuell nutze ich drei. Tinder, Bumble und OkCupid. Dort habe ich nicht nur festgestellt, dass außergewöhnlich viele Single-Frauen meditieren, surfen, bouldern oder extremwandern – ich habe auch etwas über mich herausgefunden.

Meine Online-Traumfrausuche ähnelt meiner Online-Wohnungssuche. Als hätte ich unbewusst eine Bedienungsanleitung entworfen, die ich auf verschiedene Bereiche meines Lebens anwende. Mein Blick hastet über die Fotos und Grundrisse der Immobilienportale wie über die Profilbilder in den Dating-Apps. Ich suche nach der einen perfekten Wohnung, die zu dem Leben passt, das ich in Gedanken gezeichnet habe. Wohnungen mit hohen, stuckverzierten Decken in Prenzlauer Berg oder Berlin-Mitte. Ich blättere gewissermaßen durch den Michael-Nast-Katalog für ein perfektes Leben. Die Kosten der Wohnungen, die mein Interesse wecken, sind in den letzten Jahren allerdings in irrsinnige Höhen geschossen. Siebenstellige Kaufpreise für Wohnungen mit zweistelligen Quadratmeterzahlen. Das macht meine Wohnungssuche zu einem Spiel mit dem Unwahrscheinlichen. Ich genieße es, in meinen Sehnsüchten zu baden, bevor ich die Angebote wieder wegklicke.

Ähnlich bewege ich mich auf den Profilen von Dating-Apps. Ich sehe die Fotos der Frauen und denke mir einen Menschen zu ihnen aus. Wenn die Frau mein Typ ist, wird sie schnell zu einer Person, der perfekt zu mir passt. Und wenn wir uns treffen, wird sie schnell zu einer Person, die nicht mehr zu ihren Bildern passt. Mit jedem neuen Date bildet sich die Überzeugung in mir, es wäre zu anstrengend, sich erneut in Situationen zu begeben, in denen ich die Persönlichkeit einer Frau aus einem Foto ableite, um dann enttäuscht zu werden.

Ich traf mich schließlich nicht mehr mit Frauen, ich scannte nur noch die Möglichkeiten. Ich hatte Dating durch Swipen ersetzt. Wie bei meiner Wohnungssuche genügt mir die Suche nach meiner Traumfrau selbst. Es geht ausschließlich darum, mich mit der Suche zu beschäftigen. Es ist nicht vorgesehen, das Ziel zu erreichen. Ich spiele mit den Möglichkeiten, bevor ich die Fenster wieder schließe und alles belasse wie bisher.

Inzwischen habe ich so viele Frauen nach links gewischt, weil ich anhand ihrer Fotos entschied, dass sie mich nicht interessieren, dass sowohl Bumble als auch OkCupid kaum noch in der Lage sind, Frauen zu finden, die in meine Suchkriterien passen. Das wäre nicht erstaunlich, wenn man mit einem 30-Kilometer-Radius um Osnabrück sucht, aber wenn man diese Suchparameter auf Berlin anwendet, ist das schon eine bemerkenswerte Leistung.

Mein Verhältnis zu meinem Körper folgt da einem ähnlichen Prinzip. Das liegt auch an Ryan Gosling. Es gibt bisher drei Filme, in denen er mit Emma Stone ein Liebespaar spielt. Im ersten, »Crazy, Stupid, Love«, gibt es eine Szene, in der er kurz vor dem Sex mit freiem Oberkörper vor ihr steht. Der Anblick seines trainierten Körpers ändert die Atmosphäre. Die Figur von Emma Stone sieht ihn entsetzt an und ruft: »Fuck, ist das dein Ernst? Du siehst aus wie gephotoshoppt.«

Das ist so etwa die Idee, an der sich meine Trainingsziele orientieren.

Ich habe mir aus YouTube-Videos verschiedener Fitness-Influencer ein Trainingsprogramm zusammengestellt, das ich mit stundenlangen Rennradtouren kombiniere. Ich habe meine Ernährung umgestellt. Ich bereite mich vor. Auf meine Emma Stone sozusagen. Ich muss nur noch meine Trainingsziele erreichen. Ich bin fast bereit. Seit Jahren. Irgendetwas ist offenbar gekippt.

Ich habe mich im Auf-später-Verschieben eingerichtet. Auf Instagram habe ich mal einen Satz gelesen, der mich auf seltsame Art berührte: »Man verschiebt so viel auf später«, stand da. »Später muss grandios werden.« Der Satz handelte von mir. Es ist erstaunlich, wie viele Entscheidungen ich in eine nahe, nicht allzu weit entfernte Zukunft verschoben habe. In ein diffuses »Wenn, dann«. Sätze, in denen die beiden Worte vorkamen, schlichen sich allmählich in meinen Alltag – und ganz offensichtlich haben sie ihn inzwischen übernommen.

Ich nehme mir seit Jahren vor, umzuziehen, ziehe aber nicht um, weil ich davon überzeugt bin, dass die Idee, wo ich leben werde, ja auch von der Frau abhängig ist, mit der ich zusammenkommen werde. Wenn wir eine Familie gründen wollten, sollten wir gemeinsam entscheiden, ob unser Familienleben vor dem ruhelosen Hintergrund der Berliner Innenstadt oder dem eines beschaulichen Außenbezirks, umgeben von Wäldern und Wasser, stattfinden sollte. Ich habe seit Jahren keinen Urlaub gemacht, weil ich erst mit einer Freundin zu meinen Sehnsuchtsorten reisen wollte, einer Freundin, die ich noch nicht einmal kenne. Mit ihr wünsche ich mir Kinder, aber zuvor will ich meinem Leben ein finanzielles Fundament geben, damit ich ihnen die besten Voraussetzungen schaffen kann, um sich entfalten zu können. Alles sehr hypothetisch.

Offensichtlich habe ich mich in unzähligen ineinander verschachtelten Vorbereitungsphasen verfangen, die einen größeren Zeitrahmen umfassen. Und begreife jetzt, dass es eine universelle Haltung ist. Meine Vorbereitungsphase bezieht sich nicht nur auf meine Physis, meine Traumfrau oder die perfekte Wohnung. Sie umfasst praktisch alle Bereiche meines Lebens.

Mir fällt noch einmal Ryan Gosling in der Szene ein, in der er nackt und definiert vor der entsetzten Emma Stone steht. Das Licht fällt von oben und wirft harte Schatten, die jede Unebenheit seines Körpers in eine gewölbte Muskelfaser verwandeln. Es kommt auf die Lichtverhältnisse an. Auch bei Ryan Gosling. Und auch als sie ihn bittet, das Licht auszuschalten, bevor sie miteinander schlafen, weil sie sich angesichts seines perfekt definierten Körpers unwohl fühle, lässt mich das nicht an dem Ziel zweifeln, das ich nie erreichen werde. Der Vorbereitungsjunkie in mir lässt offenbar keine Zweifel zu.

Meine Vorbereitungsphase ist zu meinem größten Hindernis geworden. Dieses Aufschieben, die Vorbereitung auf ein Leben, wie ich es mir wünsche, ist ganz unbemerkt zu meinem Leben geworden. Ein Umstand, der dazu geführt hat, dass ich – obwohl ich mir immer Kinder gewünscht habe – mit Ende vierzig immer noch keine Familie gegründet habe.

Ich bin seit Jahren kurz davor. Ein Leben als Dopaminausschüttung. Ich lebe in meinen Erwartungen, ich fühle mich in ihnen wohl. Aber ich übersehe, dass ich mich so von einer hypothetischen Zukunft abhängig mache. Dass ich das Gefühl für die Gegenwart verliere. Ich setze die Dinge nicht um, ich gehe ihnen aus dem Weg, indem ich mich darauf vorbereite.

Ich konzentriere mich auf Nebenschauplätze, ich nutze die vielen Details und Eventualitäten, die noch zu perfektionieren sind, um den wirklich wichtigen Dingen auszuweichen. Vielleicht fürchte ich mich davor, dass diese wichtigen Dinge mich enttäuschen könnten, obwohl ich sie für so wichtig halte. Dass die wirklich wichtigen Dinge für mich gar nicht so wichtig sind. Also bereite ich mich lieber auf Veränderungen oder Entscheidungen vor.

Es ist eine gute Frage, wie mein Leben aussehen würde, wenn ich diese Hindernisse entfernte. Eine Antwort darauf erhielt ich Anfang Februar von Linda. Wir sind uns nur einmal begegnet, auf einem Geschäftstermin, nach dem wir die gleiche U-Bahn nahmen, aber es war eine dieser Begegnungen, die etwas mit einem machen. Wir unterhielten uns nur zwanzig Minuten, aber als unser Gespräch mein Vorbereitungsjunkie-Leben berührte, rief sie: »Genauso war das auch bei mir. Ich hab auch immer alles verschoben, weil ich es von einem Freund abhängig gemacht habe, den ich noch nicht einmal kannte. Und weißt du, was ich gemacht habe? Ich mache jetzt alles, was ich eigentlich erst machen wollte, sobald ich in einer Beziehung wäre, ganz bewusst allein. Ich bin in eine neue Wohnung gezogen, ich bin verreist, ich habe gekündigt und mich selbstständig gemacht.«

Während Linda sprach, spürte ich beinahe physisch, wie sich meine Perspektive änderte.

Manchmal hilft es, die eigenen Fehler im Leben anderer zu sehen. Erst dann erkennt man sie. Vor der Unterhaltung mit Linda erschienen mir meine Fehler vollkommen schlüssig. Auch wenn ich mich falsch verhielt, konnte ich plausibel begründen, warum ich mich genau so verhalten musste.

Als Autor gelte ich als analytisch und selbstreflektiert, aber eine Erkenntnis bedeutet nichts, wenn aus ihr keine Handlung entsteht. Und es gab Handlungsbedarf. In meinen Träumen sprach mein Unterbewusstsein seit Jahren darüber.

Diese Gespräche brauchten einige Jahre, um ihre Wirkung zu entfalten, aber jetzt sind die ersten Folgen zu erkennen.

Mit meiner Wohnung habe ich angefangen. Ich habe die Maler bestellt, das neue Bett wurde im Dezember geliefert, das neue Sofa letzte Woche, die neue Küche kommt im März. Seit

Oktober treffe ich mich alle zwei Wochen mit einem Therapeuten. Und nach der langen Coronaabstinenz gewöhne ich mir wieder ein Sozialleben an, das sich aus Menschen zusammenfügt, die mir guttun und denen ich guttue. Ich räume auf. Innerlich und äußerlich. Ich setze die Dinge in Bewegung. Ich spüre, wie sehr ich das Neue mag, in dem ich gerade beginne, mich zurechtzufinden. Es ist das neue Leben, das meine Sicht auf die Dinge ändert.

Ich träume zwar immer noch davon, umzuziehen. Aber es wird weniger. Und ich weiß auch, warum.

# In der Clickbaiting-Wirklichkeit

**Nachrichtenmeldungen werden immer hysterischer verpackt, um Klickzahlen zu generieren. Das macht natürlich etwas mit uns und unserem Blick auf die Welt. Wieso wir immer aufgeregter werden.**

Im vergangenen Frühling fuhr ich mit dem Rennrad nach Chorin, einem brandenburgischen Ort, der sich ungefähr 60 Kilometer nordöstlich von Berlin befindet. Weil die verschiedenen WhatsApp-Gruppen, in denen ich meine Freundeskreise organisiere, inzwischen einen beträchtlichen Teil meines Lebens einnehmen, war der erste Impuls, dem ich nach meiner Ankunft nachgab, ein Selfie zu machen, um es in einigen der Gruppen zu teilen. Als ich konzentriert auf dem Display meines Handys überprüfte, wie ich mich am besten positionieren konnte, um zum einen möglichst sportlich auszusehen, während zum anderen natürlich auch das Kloster, für das Chorin berühmt ist, auf dem Bild gut erkennbar sein musste, wurde meine Suche nach der perfekten Perspektive von einer Stimme unterbrochen.

»Fotografieren Sie mich?«, rief die Stimme, die zu einer empörten Rentnerin gehörte.

»Ich mach ein Selfie, die Kamera ist doch vorn«, rief ich zurück, um dann nach einer kurzen, irritierten Pause nachzuhaken: »Weshalb sollte ich Sie denn fotografieren?«

Die etwa 70-jährige Dame holte entrüstet Luft, bevor sie entschieden rief: »Um sich darauf einen runterzuholen.«

Wie bitte?, dachte ich. Eigentlich dachte ich nicht einmal »Wie bitte?«. Die Vermutung der Frau überforderte mich vollkommen, ich brauchte einige Sekunden, um die Information überhaupt zuzulassen.

Wir sahen uns einige Sekunden lang schweigend an. Es erinnerte an ein Duell. Dann rief ich atemlos: »Überschätzen Sie sich mal nicht.«

Die Frau wandte sich resolut ab und entfernte sich wortlos. Das Duell war beendet, ich war mir nur nicht sicher, wer gewonnen hatte. Auf dem Heimweg war mir nicht einmal mehr klar, ob es beendet war, denn das Erlebnis verhakte sich in meinem Verstand. Vielleicht muss ich mehr darauf achten, wie ich mich gebe, wenn mich für brandenburgische Rentnerinnen eine Sexualstraftäter-Aura umgab, dachte ich. Ich stellte mir vor, wie die *Bild*-Zeitung das Thema aufbereiten würde. Ihre Leserreporter fanden sich ja überall. Ich sah die plakativen Überschriften des Blattes schon vor mir. Schriftzüge, die sich über ein verwackeltes Foto zogen, auf dem ich in unvorteilhafter Pose zu sehen war. Sie würden mich zum Pornofreak von Brandenburg machen. Jemand, der nicht nur Chorin, sondern praktisch jeden Ort durch seine bloße Anwesenheit zu einem Tatort machte.

Es beschäftigte mich schon sehr.

Inzwischen habe ich allerdings eine andere Theorie. Auf Wikipedia habe ich gelesen, dass der Ort Chorin 2339 Einwohner hat. Eine Zahl, die darauf schließen lässt, dass das kulturelle Leben für Rentnerinnen der Gegend vor allem daraus besteht, den Fernseher einzuschalten. Ich kann mir gut vorstellen, dass die ältere Dame einfach zu viel ferngesehen hat.

Ich besitze seit Jahren keinen Fernseher mehr, aber manchmal, wenn ich meine Eltern besuche, kommt es vor, dass bei meiner Ankunft der Fernseher läuft. Irritierend ist der Eindruck, der in mir nachhallt, wenn er ausgeschaltet wird. Wenn ich Nachrichten oder Reportagen sehe, breitet sich in mir die Überzeugung aus, dass sich die Bevölkerung des Landes vor allem aus kriminellen Flüchtenden, Sexualstraftätern, Querdenkern, Verschwörungstheoretikern oder Neonazis zusammensetzt. Und mir.

Jetzt glaube ich die Frau aus Chorin zu verstehen. Wenn man tagtäglich mit solchen Nachrichten überschüttet wird, ändert das den Blick auf die Wirklichkeit. Man wagt es kaum, sich vorzustellen, wie sich die Frau verhalten hätte, wären ihre Quellen WhatsApp- oder Telegram-Gruppen. Wahrscheinlich hätte sie mich angeschossen.

Es ist keine uninteressante Frage, was es mit mir machen würde, wenn ich einen Monat lang alle Nachrichten aus meinem Alltag entfernen würde. Kein Fernsehen, kein YouTube, kein *Spiegel-Online,* keine Social-Media-Streams. Inwieweit würde es meine Wirklichkeit ändern, wenn ich sie alle aus meinem Alltag löschen würde?

Ich kann diese Frage beantworten.

Wenige Tage, nachdem ich mir bei einem Fahrradunfall vor einigen Jahren mein linkes Jochbein an zwei Stellen gebrochen hatte, beschloss ich, mich während der Genesung in eine Digital-Detox-Phase zu zwingen. Ich rief nur einmal in der Woche meine E-Mails ab, besuchte keine sozialen Netzwerke mehr, ich entzog mich sogar der Tagespresse. Gerade am Anfang zerrte der Instagram- und Facebook-Impuls hartnäckig an mir, aber nach diesen Entzugserscheinungen spürte ich ein immer stärkeres Gefühl der Befreiung. Es war erstaunlich, wie tief die Ruhe war, die sich mit den Wochen in mir ausbreitete. Eine Ruhe, die mir Zeit gab, über Dinge nachzudenken, über die ich in meinem Alltag sonst nicht nachdachte. Ich spürte, wie wenig all die in Krisen verpackten Nachrichtenmeldungen, die fortwährend einander ablösen, mein Leben betreffen.

Aber dann – zwei Monate darauf – öffnete ich zum ersten Mal wieder *Spiegel Online.* Wenn man nach zwei Monaten wieder mit der Normalität, die wir uns online erschaffen haben, überflutet wird, erzeugt das sofort ein Stresslevel. Ich scrollte mich durch die Nachrichtenstreams und vergaß die Zeit, ich konnte nicht mehr aufhören. Die vielen kleinen und großen Krisen, die so gar nicht zu meiner Wahrnehmung der vergangenen Monate passten, erzeugten sofort ein hohes Angstniveau, das auch aufrechterhalten wurde, wenn ich die Apps geschlossen hatte. Ich bin von Krisen umgeben, dachte ich verzweifelt. Alles, was ich in den zwei Monaten über mich selbst erfahren habe, verschwand hinter Angst, Empörung und unzähligen Meinungen, mit denen mein Verstand geflutet wurde. Ich spürte, dass ich nicht mehr *agierte,* ich *reagierte* nur noch.

Diese Erfahrung hat mich irritiert. Und diese Irritation warf so viele Fragen auf, dass ich im Internet in verschiedenen Interviews, die Neurowissenschaftler und Psychologen ernst zu nehmenden Zeitungen gaben, las, welche psychologischen Effekte hier zusammenliefen.

Ich fand heraus, dass Menschen generell viel empfänglicher für schlechte Nachrichten sind. Der Mensch muss sich nicht vor Glück schützen, darum gibt er Gefahren einen viel höheren

Stellenwert. Ich las weiter, dass ein Strom schlechter Nachrichten beeinflusse, wie wir unseren direkten Alltag wahrnehmen. Man fühlt sich immer ohnmächtiger, ausgelieferter. In diesem Overkill aus schlechten Nachrichten bildet sich eine Stimmung, in der die eigenen Alltagssorgen besonders gut gedeihen können. Sie wirken größer als ohne vorherigen Nachrichtenkonsum.

Ukrainekrieg oder Johnny Depps Scheidungsprozess. Tote Zivilisten, häusliche Gewalt, Waffenlieferungen und Sex. Wir klicken am ehesten auf Artikel, deren Überschriften unsere Ängste ansprechen oder unseren Voyeurismus. Beides sind die besten Werkzeuge, damit die Zugriffszahlen stimmen. Sie sind Traffic-Erzeuger. Journalismus bildet die Wirklichkeit nicht ab, er dramatisiert sie. Das passiert, wenn sich Mechanismen des Marktes in Bereiche ausdehnen, in die sie sich nicht ausdehnen sollten.

Darum hört es nie auf. Die Krisen und Skandale fließen ineinander. Unsere Gesellschaft scheint sich in einem permanenten Ausnahmezustand zu befinden. Und wir sind mittendrin. Kriege, Amokläufe und Zugunglücke branden auf mich ein, während sich die nächste Coronawelle ankündigt. Ich springe von einer Hysterie in die nächste, während die Begriffe Inflation, Rezession und Deflation in meinem Kopf umherwirbeln. Darum sehen sich immer mehr Menschen von Feinden umzingelt. Das ist die Nebenwirkung, wenn permanent Ängstlichkeit geschürt wird.

Manchmal frage ich mich, inwieweit diese hysterische Berichterstattung Einfluss darauf hat, wie hysterisch unsere Gesellschaft inzwischen geworden ist. Meine Erfahrung zeigt: Wenn Leute permanent mit Hysterien bombardiert werden, werden sie irgendwann selbst hysterisch. Ihren Alltag ändert es nicht. Aber ihren Blick darauf.

Als das Land 2015 durch die Flüchtlingskrise gespalten war, habe ich gerade die Leute, die sich in Gesprächen am vehementesten gegen die Geflüchteten äußerten, gefragt, inwieweit sich ihr konkreter Alltag seitdem verschlechtert hat. Es ist eine Frage, die immer ein Zögern auslöst.

»Gar nicht«, sagen sie dann ganz überrascht, weil sie ja eigentlich eine andere Antwort erwartet haben. Von sich selbst.

Meine Ex-Freundin Henrike, mit der ich vor einigen Jahren zusammenlebte, erzeugte in mir ein Gefühl, das auch dem meiner Nachrichtenstreams entspricht. Henrike hatte ein sehr problemorientiertes Erleben. Wenn wir abends unsere Tage auswerteten, sprach ich nicht viel. Henrike wertete detailliert die Geschehnisse ihres Tages aus. Seltsam war, dass sie Erlebnisse zu einem Problem stilisierte, die ich gar nicht erwähnt hätte, wenn sie mir passiert wären.

Hätte ich die Erlebnisse *ihres* Tages erlebt, würde es klingen, als hätte ich einen vollkommen anderen Tag hinter mir. Denselben Tag, aber eine andere Wirklichkeit.

Vielleicht war das die Idee. Die Hysterie als Selbstzweck. Das Aufregen ist tief in Henrikes Selbstverständnis verankert. Wichtig ist, sich empören zu können. Mit diesem negativen Blick auf die Dinge ist meine Ex-Freundin nicht allein. Wenn es stimmt, dass wir die Welt nicht sehen, wie sie ist, sondern wie wir sind, sieht es um die inneren Zustände der meisten nicht allzu gut aus.

Alles wird in eine Krise verpackt. Die Überschrift muss stimmen. Eine Herausforderung, vor der auch viele Onlineredakteure stehen. Weil es darum geht, wahrgenommen zu werden, entscheidet die Überschrift eines Onlineartikels alles. Sie ist wichtiger als der Inhalt. Ich habe oft auf Überschriften geklickt, die mir dramatische Entwicklungen versprachen, um dann enttäuscht festzustellen, dass der Inhalt des Artikels die Überschrift aufhob.

Manchmal frage ich mich, wie sich mein Blick ändern würde, hätte ich den Artikel nicht gelesen. Wenn sich meine Meinungen nur aus Clickbaitung-Überschriften zusammensetzten. Welche Weltbilder sich aus ihnen bilden würden.

Die Frage ist gar nicht so hypothetisch, wie sie zunächst klingt. Das entsprechende Experiment läuft ja inzwischen schon seit einigen Jahren. Vor allem während der Coronapandemie schien sich die Argumentation vieler Leute aus solchen Überschriften zusammenzusetzen. Sie haben die Clickbaiting-Welt in die Wirklichkeit übersetzt. Anders als bei den journalistischen Websites gibt es allerdings keinen Artikel zu den Überschriften, die das Thema detaillierter beleuchten. Es geht um den Aufschrei. Um die Parole.

Wir leben in einer Aufmerksamkeitsökonomie. Nur wer am schärfsten polarisiert, wird wahrgenommen. In einem endlosen Krieg um Aufmerksamkeit reiht sich ein Skandal an den nächsten. Eine Breaking News ersetzt die andere.

Man kann sich in diesen Artikeln verlieren. Ich klicke auf die Überschriften, weil mein Verstand in den Texten verzweifelt nach Lösungen sucht. Aber er findet nur neue Stressauslöser, die sich in Enttäuschung auflösen, sobald ich den Artikel gelesen habe. Er hält ja nie, was die Überschrift verspricht. Es ist wie bei einem Streit, der nie zu einem Ende kommt, weil es nicht mehr darum geht, einen Konflikt zu lösen – es geht nur noch darum, zu streiten.

Wenn mein Blick jeden Morgen über die Überschriften hetzt, die sich Onlineredakteure ausgedacht haben, habe ich das Gefühl, durch einen Sumpf aus Tragik zu waten, der mich immer bewegungsunfähiger macht. Ich habe gelesen, dass man das »Erlernte Hilflosigkeit« nennt. Ein psychologisches Phänomen, bei dem das Gefühl überhandnimmt, man könne sowieso nichts ändern. Ein Gefühl, das in Passivität und Ohnmacht mündet.

Mir ist schon klar, dass die Art, in der Nachrichten aufbereitet werden, etwas mit meinem Verstand macht. Viele scheinen nicht damit umgehen zu können, wie sie aufbereitet werden. Auch mir fällt es schwer, den Impulsen zu widerstehen, die solche Überschriften auslösen – ich bin ihnen gnadenlos ausgesetzt. Ich habe nie gelernt, sie zu kontrollieren.

Man muss immer berücksichtigen, dass Nachrichten ein Produkt sind. Sie werden gemacht, um Geld zu verdienen. Ich bin auch ein Konsument, wenn ich mir Nachrichten ansehe. Damit die Zahlen stimmen, muss man Nachrichtenmeldungen in Krisen verpacken. Das Problem, wie Nachrichten aufbereitet werden, damit möglichst viel Geld mit ihnen verdient wird, wird sich nicht ändern. Die Lösung liegt darin, wie man mit Nachrichten umgeht. Ich muss Medienhygiene betreiben. Aber niemand hat mir beigebracht, wie ich Medien auf gesunde Art konsumiere. Ich brauche eine Fortbildung, sonst werden Medien Fast Food für den Verstand. Und darum geht es doch letzten Endes. Um meinen Verstand.

# »Das ist hier Nazizeit und SED und alles zusammen«

**Der Erfolg der AfD verstört mich, genauso wie wachsender Antisemitismus oder der Glaube an Verschwörungstheorien. Wie meine Toleranz seit einigen Jahren auf eine harte Probe gestellt wird – und an ihre Grenzen stößt.**

Meine Sehnsucht war es immer, anzukommen in einem Leben, in dem ich mich wohlfühle. In der Michael-Nast-Blase gewissermaßen. Einer Blase, die sich aus Menschen, Philosophien, Wohnungseinrichtungen und Ernährungsweisen zusammensetzt, die sich mit meinem Selbstverständnis decken. In der es zwar unterschiedliche Meinungen gibt, in der man auch an sich und anderen zweifelt, in der Diskussionen und Streitigkeiten existieren, die allerdings vor dem Hintergrund eines Wertesystems ausgetragen werden, das wir teilen.

Das ist die Harmonie, die ich mir wünsche, sozusagen meine Form des Doppelhaushälftenglücks. Manchmal fühle ich mich tatsächlich angekommen. Manchmal fühle ich mich sicher. Ich weiß natürlich, dass das eine trügerische Sicherheit ist. Wie die meisten neige ich dazu, die Blase, in der ich mich bewege, für die Welt zu halten.

Meine Eltern machen seit einigen Jahren eine Erfahrung, mit der sie immer noch umzugehen lernen. In ihrer Blase tauchen vermehrt AfD-Wähler auf. Die Sympathie für die Partei wird ganz selbstverständlich in Nebensätzen fallen gelassen. Als wären meine Eltern derselben Auffassung. Sie wird vorausgesetzt. Ihre Art, damit umzugehen, ist es, solche Themen auszuklammern.

»Keine Krankheiten, keine Politik«, sagt meine Mutter und legt damit den Gesprächsrahmen fest.

Ich könnte das nicht. Ich fühle mich nicht in der Lage, eine Person von ihren Ansichten zu trennen. Ich kann mir diese Haltung leisten, weil die AfD in meiner Blase nicht vorkommt. Das nahm ich zumindest an.

Anderthalb Wochen vor dem zweiten Versuch, in Berlin eine Wahl durchzuführen, die nicht wiederholt werden muss, lag ein Brief in meinem Briefkasten, der keinen Absender trug. Als ich ihn aufriss, leuchtete mir das Logo der AfD entgegen, einer Partei, zu der ich seit ihrer Gründung einen Sicherheitsabstand eingenommen habe. Dieser war jetzt durchbrochen worden. Ich wurde ganz nervös. Hektisch überprüfte ich den Umschlag. Er war nicht »An alle Bewohner des Hauses« adressiert, da stand tatsächlich mein Name. Scheiße, dachte ich, sie wussten von meiner Existenz. Ein Gedanke, der mich noch nervöser machte. Ich zerriss den Brief schnell und warf ihn in den für Werbung vorgesehenen Papierkorb im Hausflur. Es war eine fast schon rituelle Geste, mit der ich die Partei aus meiner Blase entfernte – bevor sich ein Fluch auf sie legen konnte. Ich hatte sie erfolgreich gelöscht. Ganz so einfach ist das allerdings nicht immer.

Nur einige Wochen nach der Wahl erzählte mir eine Frau während eines zweiten Dates, dass bei ihr die AfD an erster Stelle stand, nachdem sie den Wahl-O-Mat ausgefüllt hatte.

»Ach«, sagte ich und hob meinen Blick. Ich spürte schon jetzt, wie sich etwas verschob. Seit unserem ersten Tag schrieben wir täglich, da war schon eine gewisse Vertrautheit entstanden, wie sie nur in WhatsApp-Chats so schnell entstehen kann. Diese Vertrautheit war gerade gerissen.

»Die Fragen sind ja intelligent gemacht«, sagte mein Date. »Sie überlisten einen.«

Das konnte natürlich auch eine Möglichkeit sein, dachte ich hoffnungsvoll.

Jetzt fiel mir auch ein, dass der Wahl-O-Mat ja generell für ein sensibles Thema in meinem Leben steht. Wenn ich mich durch die Fragen des Wahl-O-Mats klicke, um herauszufinden, welches Parteiprogramm meine Idee unseres gesellschaftlichen Miteinanders am besten abbildet, spüre ich schnell eine Nervosität. Mit jeder Frage erhöht sie sich, bis sie in den Sekunden ihren Höhepunkt erreicht, unmittelbar, bevor sich die Seite aufbaut, auf der mir gezeigt wird, welche Partei am besten zu mir passt.

Bloß nicht CDU, denke ich verzweifelt. Bloß nicht FDP. Bloß nicht konservativ.

Es fällt nicht leicht, hinter der sorgsam modellierten Person, für die man sich hält, den Menschen sichtbar zu machen, der man ist. Der Wahl-O-Mat ist einer meiner Erfahrungswerte in dieser Selbstauseinandersetzung. Man kann seine tatsächlichen Ansichten davon ableiten, zu welchen Schlüssen sie einen führen. Jetzt verstand ich auch mein erleichtertes Aufatmen, wenn nach meinen Antworten nicht CDU oder Schlimmeres herauskam. Ich wollte so sein, wie ich mich selbst sah.

Auf *Spiegel Online* habe ich mal einen Test gemacht, durch den man herausfinden kann, wie konservativ man denn nun wirklich ist. Wie viele meiner mittelalten Freunde halte ich mich für jung und links. Im *Spiegel-Online*-Test erfuhr ich jedoch, dass ich ein Konservativer bin, der sich für einen Linken hält. Ich war schockiert. Ich habe mein Leben lang SPD, Grüne oder Die Linke gewählt. Das konnte nicht stimmen. Aber der Test des *Spiegel* kannte mich offenbar besser als ich mich selbst. »Wahrscheinlich wählen Sie sogar links«, stand da. Es war wohl viel komplizierter, als ich dachte.

Auf dem Heimweg von dem Date überprüfte ich noch einmal, welche Parteien mir angezeigt wurden. Vielleicht wurde sein Konzept geändert. Vielleicht überlistete mich der Wahl-O-Mat jetzt auch. Sie hatten nichts geändert. Die AfD hatte in meinem Wahlverhalten keinerlei Relevanz. Sie existierte nicht. Bei meinem Date sah das offensichtlich anders aus.

Scheiße, dachte ich. Meine Bindungsangst schlug aus. Ich erkenne sie inzwischen, was mir hilft, mit ihr umzugehen, aber jetzt erkannte ich sie als das, was sie ist: eine Schutzfunktion. Etwas in mir hatte bereits während des Dates einen Sicherheitsabstand zu meinem Gegenüber eingenommen. Ich kann eine Person einfach nicht von ihren Ansichten trennen, auch wenn sie optisch mein Typ ist. Wir schrieben weniger, bis irgendwann einer nicht mehr schrieb. Wir ließen es ohne Erklärung auslaufen. Eine beliebte Trennungsmethode, mit der man sich sogar von Menschen trennt, mit denen man gar nicht zusammen war.

Das seltsame Gefühl, etwas Bedrohliches hätte meinen persönlichsten Bereich berührt, begleitete mich noch einige Tage, was seltsam war, schließlich war ich doch seit Jahren im Training. Die Umstände zwangen mich dazu. Ich versuchte, damit umzugehen. Offensichtlich gelingt es mir aber immer noch nicht. Die Coronapandemie machte diese Trainingseinheiten zu einem hochintensiven Intervalltraining. Durch sie schwappten immer mehr Meinungen in meine Blase, die Menschen, die ich zu kennen glaubte, zu Leuten machten, die ich bisher nur aus dem Fernsehen kannte. Sie offenbarten eine neue Seite an sich, die sie umgehend zu Fremden machte. Ihre Stimmen sind mir vertraut, wir sprechen auch dieselbe Sprache, aber ich verstehe sie nicht mehr.

Durch die Einschränkungen der Coronapandemie haben sich die Deutschen besser kennengelernt. Besser, als vielen von uns lieb war. Plötzlich wurden Überzeugungen freigelegt, die zuvor nicht erwähnt worden waren, weil dazu keine Notwendigkeit bestanden hatte. Wie an einem Freitagabend gegen Ende 2021, an dem meiner Bekannten Annekatrin und mir die Gesprächsthemen ausgingen.

Die Einschränkungen für Ungeimpfte waren einige Wochen zuvor in Kraft getreten. Annekatrin war ungeimpft, aus Überzeugung, und sie litt unter den Einschränkungen. Dementsprechend bestimmte dieses Thema auch ihre Gespräche. Täglich. Nur ein Funke reichte, um den Brandbeschleuniger in ihr zu zünden. In endlosen Monologen sprach Annekatrin von Lagern, in die die Ungeimpften deportiert wurden, von Zehntausenden, die allein in Berlin durch die Impfung gestorben wären, und davon, dass ausschließlich Geboosterte Corona bekämen, während Ungeimpfte verschont blieben.

»Also, was hier praktiziert wird, das ist Nazizeit und SED und alles zusammen«, rief Annekatrin.

Anfangs habe ich noch hilflos Psychogramme entworfen, wie es dazu kommen konnte. Ich analysierte ihre Kindheit, ihre Prägungen, die tieferliegenden Probleme, die dazu geführt haben könnten, dass sie zu einer weiblichen Version von Ken Jebsen geworden war.

Ich informierte mich. Las Bücher und Artikel, sah mir stundenlange Dokumentationen an, um die Impfgegner zu verstehen. Um mich in sie einfühlen und die Dinge mit ihren Augen sehen zu können. Die Informationen, die ich fand, hatten allerdings einen Effekt, den ich so nicht erwartet hatte. Es entstand eine Abneigung, die vorher gar nicht existiert hatte. Mit jedem neuen Artikel verfestigte sich diese Haltung. Bisher hatte ich Impfgegner als besorgte Eltern empfunden, die sich um das Wohl ihrer Kinder ängstigten. Aber was ich hier las und was diese Leute von sich gaben, erinnerte mich an eine Sekte. Ich verstand nicht, wie unreflektiert und angstgesteuert man in die Welt blicken und wie man solchen Leuten die Erziehung von Kindern anvertrauen konnte. Jede weitere Recherche zurrte diese Überzeugungen nur fester.

Dann kam der Freitagabend, an dem uns die Gesprächsthemen ausgingen. Annekatrin saß mit ihrem Freund und ihrem minderjährigen Sohn am Küchentisch. Ich war über Facetime zugeschaltet. Auf dem Display meines Smartphones war nur ihr Sohn zu sehen. Der Junge sah verschreckt zu seiner Mutter hinauf, die ein Selbstgespräch führte, das schon vor zehn Minuten ins Fanatische gekippt war. Annekatrin befand sich in einem Zustand, in dem sie offensichtlich vergessen hatte, dass ein Kind anwesend war. *Ihr* Kind.

Ihr Freund saß still leidend am Tisch. Wenn die Vorwürfe zu absurd wurden, unterbrach er sie, um nach ihren Quellen zu fragen. »Du weißt doch, dass ich mir so was nicht merken kann«, rief sie dann. Ein kurzes Schlingern, bevor sie ihre aufgepeitschte Rede fortführte. Es war klar, dass es hier nicht mehr um Quellen ging. Schon lange nicht mehr. Sie war im Überzeugungsmodus, der sich mit Verzweiflung mischte. Sie trat um sich. Mit allen ihr zur Verfügung stehenden Mitteln.

Und Quellenangaben gehörten nicht dazu. Annekatrin befand sich im Widerstand – in ihren Augen waren sowohl ihr Freund als auch ich nur bemitleidenswerte Lämmer, die sich bereitwillig zur Schlachtbank führen ließen.

Ich traf mich mit ihrem Freund und bat ihn, Annekatrin davon zu überzeugen, diese Themen künftig zu meiden, wenn ich anwesend war. Sie war im Überzeugungsmodus, und mit jedem neuen Versuch, mich auf ihre Seite zu ziehen, entfernte sie sich weiter von mir. Ihr Freund versuchte es zu relativieren, aber er wirkte immer hilfloser. Offensichtlich wollte er sich mit seinen Argumenten vor allem selbst überzeugen. Mich erreichte er mit ihnen ohnehin nicht mehr.

Toleranz ist ein interessantes Wort. Heutzutage ist es durchaus positiv besetzt. Wer tolerant ist, ist weltoffen, akzeptiert andere und erkennt sie an. Klingt alles sehr aufgeschlossen. »Tolerare« in seiner ursprünglichen lateinischen Bedeutung ist mir allerdings wesentlich näher. Es bedeutet ertragen, aushalten, erdulden. Wenn ich jemanden toleriere, ertrage ich ihn. Ich leide unter ihm, aber halte diese Person aus. Irgendwann ist jedoch eine Grenze erreicht.

Diese Grenze erreichte Annekatrin, als sie an diesem Freitagabend an ihrem Küchentisch mit schriller Stimme rief: »Jeder ist für seine Gesundheit selbst verantwortlich. Ich lass mich doch nicht impfen, um die Gesundheit anderer zu schützen.«

Gott, dachte ich hilflos.

Es gibt einfach Grenzen, die meine Toleranz nicht zu überschreiten bereit ist. Das war eine. Ich verstand in diesem Moment, dass uns die Gesprächsthemen ausgegangen waren. Ich habe mich impfen lassen, um meine Eltern nicht zu gefährden. Annekatrin hatte sich soeben mit einem chirurgisch präzisen Schnitt aus der Michael-Nast-Blase entfernt. Hier hatten sich gerade Charakterzüge an ihr offenbart, die nicht nur auf die Pandemie beschränkt sind. Annekathrins Verhalten erzählte mir etwas über sie als Mensch. Sie hat praktisch ihr Wertesystem offengelegt. Und das ist es, worum es hier eigentlich geht: um die Unvereinbarkeit zweier Wertesysteme.

In der Krise habe ich auch mich selbst neu kennengelernt. Mit meinen Defiziten, meiner Intoleranz und meinen Uneinsichtigkeiten. Gerade die Jahre der Pandemie haben mir gezeigt, wie ich mit Menschen umgehe, die wirklich anders denken. Ich meide sie. Ich gehe ihnen aus dem Weg. Ich rede über sie anstatt mit ihnen.

Ich habe Annekatrin nie gesagt, dass sie für mich eine Frau ist, der es nur um ihren Lebensstandard geht und die dabei annimmt, sie würde sich um ihre Bürgerrechte sorgen. Dass sie für mich eine Egoistin ist, die sich als die *eine* Ausnahme sieht. Die umgehen darf, woran sich die meisten halten, weil sie sich als Teil einer Gemeinschaft sehen. Für Heinrich Mann war »Demokratie die Anerkennung, dass wir, sozial genommen, alle füreinander verantwortlich sind«. Das entspricht auch meinem Demokratieverständnis. Annekatrin hat ganz offensichtlich eine vollkommen andere Definition.

Annekatrins Freund sagte einmal zu mir, dass man ja nach dem Ende der Coronamaßnahmen wieder normal miteinander reden könne.

»Nein«, sagte ich entschieden. »Dafür habe ich Annekatrin in den letzten Monaten ein bisschen zu gut kennengelernt.«

Seitdem Annekatrin diese Facetten ihrer Persönlichkeit offengelegt hat, bin ich nicht mehr in der Lage, mit ihr ein Gespräch zu führen. In allen Themenbereichen. Diese neue Facette ist zu einem Teil ihrer Identität geworden. Aus vergangenem Verhalten lässt sich zukünftiges Verhalten schließen. Die Facette des Charakters ist da. Sie wird nur durch die Umstände freigelegt. Die Krisen sind egal. Es geht um die Schlüsse, die man aus ihnen zieht.

Ich mag Diskussionen, finde aber, dass sie auf demselben ethischen Fundament geführt werden sollten. Einem humanistischen Fundament. Ich habe mit konservativen Freunden stundenlang über die Enteignung von Immobilienkonzernen gestritten, ich habe in mehreren Folgen des Bild-TV-Formats »Viertel nach acht« mit *sehr* konservativen Leuten über die verschiedensten Themen debattiert. Aber sosehr sich unsere Ansichten auch unterschieden, so lagen unsere Wertesysteme immer noch so weit beieinander, dass wir eine gemeinsame Basis hatten. Wir bewegten uns auf *einem* Fundament, auf dem wir unsere Diskurse austragen konnten. So gegensätzlich unsere Auffassungen auch waren und heute noch sind, so empfinde ich die Diskussionen mit ihnen als eine Bereicherung meiner Blase.

Wenn dieses Fundament allerdings fehlt, habe ich keinen Redebedarf mehr. Dann *verteidige* ich meine Blase. Gegen Egoismus auf Kosten anderer, rechtsradikale und rassistische Gedanken und gegen Einfältigkeit, die sich mit Fanatismus mischt.

Dagegen werde ich sie immer verteidigen.

# 80 Millionen Experten

**Seitdem das Internet immer mehr Leute zu selbst ernannten Experten macht, fühle ich mich, als wäre ich in die Karikatur einer politischen Talkshow geraten.**

Acht Tage, nachdem der Krieg in der Ukraine begonnen hatte, saß ich mit Freunden auf einer kleinen Geburtstagsfeier im *Bangkok Bites* in Prenzlauer Berg. Natürlich entstand keine ausgelassene Geburtstagsfeieratmosphäre. Der gerade ausgebrochene Krieg bestimmte unsere Gespräche.

Es hatte etwas Unwirkliches. Ich war immer noch dabei, den Gedanken überhaupt zuzulassen, dass in Europa ein Krieg begonnen worden war, nur ein Land zu unserem entfernt, aber meine Tischnachbarn waren schon weiter. Sie waren bereits mitten in der Diskussion.

Es war eine dieser Diskussionen, wie sie seit einigen Jahren oft geführt werden. In denen Meinungen leicht wie Fakten klingen und auch so verstanden werden. Ich hatte den Eindruck, in die Karikatur einer politischen Talkshow geraten zu sein. Hier hatte jeder eine Meinung, die er entschieden vertrat, während ich noch dabei war, mir eine zu bilden. Ein Gefühl, das mir seit Jahren immer vertrauter wird.

Es ist *mein* deutsches Thema. Ich fühle mich von Experten umzingelt. Von selbst ernannten Experten. Sie kommen in

Wellen. Coronaexperten, Russlandexperten, Impfstoffexperten, Rüstungsexperten. Jede Krise schwemmt neue Experten mit sich. Mit dem Ukrainekrieg schwappten innerhalb kürzester Zeit Waffen-, Kriegs- und Russlandexperten in mein Leben. Wie an diesem Tisch in Sichtweite des Wasserturms in Prenzlauer Berg.

Ich saß mit am Tisch, ich war ein Teil davon, verstand aber schnell, dass meine Funktion die des Publikums war. Während ich meine Freunde interessiert beobachtete, spürte ich einen gefährlichen Impuls an mir ziehen. Der Blick des Menschen wurde durch den Blick des Autors ersetzt.

Der Blick des Autors kann schnell zu Verletzungen führen, wenn er sich auf Personen bezieht, die ihm als Menschen nah sind. Trotzdem gab ich ihm nach: Meine Freunde wurden zu Material. Zu Beispielen. Leider zu sehr guten Beispielen.

Es war der 4. März 2022. Auch meine Tischnachbarn hatten sich schnell eingearbeitet. Große Teile der Unterhaltung fügten sich aus Namen von Rüstungskonzernen, Waffengattungen und Waffenmodellnamen zusammen. Man kannte sich aus. Ich saß hier mit meinem ganz persönlichen Kompetenzteam. Kompetenzprofil: Aufrüstung.

Die deutschen Medien sind süchtig nach Experten, und ihre Zuschauer sind es auch. Experten sind beruhigend, sie können Dingen eine Ordnung geben, auch wenn sie sich wie Terroranschläge oder Amokläufe eigentlich in keine Ordnung fügen lassen. Experten geben auch mir das Gefühl, das Unbeherrschbare wäre irgendwie beherrschbar. Darum gibt es Experten für alles.

Woraus sich die Expertise meiner Tischnachbarn speiste, ließ sie für meine Begriffe allerdings schnell wackeln. TikTok schien zu ihrer bevorzugten Quelle zu zählen. Auf den Displays ihrer Smartphones leuchteten Kurzvideos, die vom Krieg handelten, das machte es noch unwirklicher. Da war ein Actionfilm zu sehen, der in der Wirklichkeit stattfand. Sie sammelten Fotos, speicherten Videos und Links auf ihren Handys. Ein anhaltender Strom, der nicht versiegte, sondern immer reißender wurde. Und er riss meine Freunde mit.

Manche Sachverhalte halte ich für zu komplex, um sie mir in 15-sekündigen Videos erklären zu lassen. Man muss so viel berücksichtigen, dass man schon sehr vereinfachen müsste, um alles in dieser kurzen Zeitspanne unterzubringen. Aber es ist nun mal die Aufmerksamkeitsspanne, zu der uns die sozialen Medien erzogen haben. Ich beobachtete meine Freunde, die sich gierig gegenseitig immer neue Videoschnipsel auf den Displays ihrer Smartphones zeigten. Ich hatte den Eindruck, in den deutschen Bewusstseinsstrom zu blicken. Ich erlebte hautnah, wie wir ticken. Als Deutsche, deren Blick auf die Welt durch soziale Medien geformt wird. So entstehen viele selbst ernannte Experten unserer Zeit.

Mein Blick glitt über die angestrengten Gesichter meiner Tischnachbarn. Sie beruhigten mich nicht. Plötzlich fiel mir ein, dass tatsächlich eine Person mit am Tisch saß, die als Experte galt. Diese Person war ich. Und auch meine Expertise beruhte auf einem Missverständnis. Ich gelte als Beziehungsexperte, obwohl keine meiner Beziehungen länger als drei Jahre gehalten hat. Singleexperte würde noch gehen oder Singlepapst, wie die *Süddeutsche Zeitung* mich mal genannt hat. Aber wer würde einem Singlepapst zuhören? Es klingt eher beunruhigend. Nach einer Art Sekte. Nach dem Charles Manson der Singles. Ich habe immer an meiner Expertise gezweifelt, und ich zweifle noch immer. Es ist ein wesentlicher Antrieb meines Schreibens. Selbstzweifel sind allerdings ein Prinzip, das meinen Tischnachbarn fremd zu sein scheint. Das macht sie den meisten Talkshowexperten ähnlich.

Manchmal denke ich, viele sehen sich in der Rolle des Experten, um mitreden zu können. Und meiner Erfahrung nach wollen alle mitreden. Ihre Meinung abgeben. Ihre Expertise ausstellen. Und das Internet macht sie alle zu Experten. Laut Selbsteinschätzung. Worauf ihre Expertise beruht, bleibt im Dunkeln. Ich hoffe auf gut recherchierte Bücher, Artikel oder Reportagen, aber oft sind es TikTok-Videos, Click-Baiting-Überschriften oder WhatsApp-Gruppen. Hab ick jehört. Hab ick jelesen. Hab ick recherchiert. Im Internet. Auf Facebook. Bei Telegram. Das sind die bevorzugten Quellenangaben. Ich frage auch nicht mehr nach Quellen. Ich habe herausgefunden, dass diese Art von Experten ohnehin gut erkennbar ist. Sie führen keine Diskussionen, um zu verstehen, sie diskutieren, um ihre Meinung durchzusetzen. Ein Prinzip, das auch die Diskussionen während der Coronajahre so mühsam gemacht hat.

Mit dem Internet haben wir Zugriff auf das größte Informationsarchiv, das es je gab. Allerdings scheint die eigentliche Herausforderung nicht in der Verfügbarkeit des Wissens zu liegen, sondern darin, dieses Wissen einzuordnen, und die richtigen Schlüsse daraus zu ziehen.

»Vielwisserei lehrt nicht, Verstand haben.« Das wusste schon der Philosoph Heraklit vor 2500 Jahren. Seitdem scheint sich nicht viel verändert zu haben, und seit einigen Jahren gelingt es auffallend vielen, das auch zu beweisen. Uns wurde nie beigebracht, wie man das Internet benutzt. Also *richtig* benutzt. Ich meine nicht die Funktionalitäten. Ich rede davon, wie man mit diesen Funktionalitäten umgeht.

Einst wurde mir bei Fußballweltmeisterschaften von Angetrunkenen erklärt, welche Fehler der Bundestrainer machte. Mannschaftsaufstellung, Strategie, offensichtlich alles fehlerhaft. In solchen Momenten fühlte ich mich von 80 Millionen stellvertretenden Bundestrainern umgeben. Von 80 Millionen Ersatzleuten. Sie haben so viel zu sagen, aber niemand hört auf sie. Vielleicht reden sie deshalb so laut.

Was mich in solchen Gesprächen immer verwirrt, ist, dass viele dieser Leute trotz ihrer Expertise nicht aussahen, als würden sie eine Halbzeit auf dem Platz ohne Herzinfarkt überstehen. Ihr Aussehen ließ zumindest keinen Lebensstil vermuten, der gut für ihr Herz, ihre Lunge oder ihre Arterien war. Ihr Selbstbild scheint das nicht zu beschädigen. Wären *sie* für die Entscheidungen zuständig, würden die Dinge anders laufen, sagen sie. Ich nehme an, das stimmt sogar. Ich fürchte allerdings, die Konsequenzen wären verheerend.

Inzwischen bin ich von immer mehr Leuten umgeben, die nicht nur den Job des Bundestrainers besser machen könnten. Anfang 2020 waren sie auf Fortbildung. Oder auf Umschulung. Welche Form der Ausbildung sie auch in Anspruch genommen haben, sie hat nicht lange gedauert. Aus ihnen wurden innerhalb kurzer Zeit Impfstoffexperten, die mich über die Fehler in den Einschätzungen renommierter Wissenschaftler unterrichteten.

Ach, ich vermisse die Zeiten der Beinahe-Bundestrainer schon sehr. Sie sind mir viel lieber als die Infektionsbiologen und Militärexperten, mit denen das Land nun überschwemmt wird. Ich umgebe mich lieber mit Experten, die mir beim Public Viewing angetrunken erklären, wie man angemessenen Weltfußball spielt, als mit Leuten, deren Expertise sich darauf bezieht, wie man besser Krieg führen kann.

Inzwischen hatte die Diskussion meiner Tischnachbarn Russland erreicht, es klang, als würden sie das Land unter sich aufteilen, wenn nicht sogar die ganze Welt.

Mir fiel wieder einmal auf, was mir seit Jahren in Gesprächen dieser Art auffällt. Es ist der Grund, aus dem ich mich nicht mehr an ihnen beteilige. Welches Thema auch behandelt wird, die Konzepte solcher Diskussionen sind sich auffallend ähnlich. Als gäbe es eine Schablone, die auf jedes neue Thema gelegt werden kann. Die Für-und-wider-Diskussionen haben sich in den Details verfangen. Die selbst ernannten Experten haben sich in ihnen verbissen.

Die kontroversesten Diskussionen werden über Masken, Inzidenzen und Panzermodelle geführt. Wie meine Tischnachbarn im *Bangkok Bites* kann Anton Hofreiter von der Friedenspartei Die Grünen endlose Typenbezeichnungen internationaler Rüstungsprodukte aufzählen, und zwar in einer Geschwindigkeit, die bei mir Schwindel verursacht. Als hätte er den Katalog eines internationalen Waffenhändlerrings auswendig gelernt.

Meiner Erfahrung nach verliert man jedoch den Blick fürs Grundsätzliche, wenn man sich in den Details verbeißt. Ich entferne mich lieber von ihnen und trete einen Schritt zurück. Darum beschäftigen mich eher Grundsatzfragen. Wenn ich sie auf solche Diskussionen lege, machen sie einen größeren Zusammenhang sichtbar.

Ich finde, die Frage lautet nicht, wie man bessere Kriege führen kann, sondern wie man sie verhindert. Darum finde ich die Aussage von Olaf Scholz, Pazifismus wäre nicht mehr zeitgemäß, höchst bedenklich. Es ist der Satz eines deutschen Kanzlers. Geschichte wird schnell bedeutungslos, wenn man nicht aus ihr lernt.

Mit jedem neuen Skandal, mit jeder neuen Krise werden die

Themen solcher Diskussionen ausgetauscht. Aber ihr Prinzip bleibt dasselbe. Darum führen sie nicht zu Lösungen. Wir debattieren, wie hoch Inzidenzen sein sollten, wann Masken getragen oder wann welche Waffentypen geliefert werden müssten. Aber solche Diskussionen sind reiner Selbstzweck. Vielleicht beruht ihr Sinn ja auch nur darauf, dass die Leute beschäftigt sind.

Meine Tischnachbarn waren beschäftigt. Ihnen geht es wie den meisten selbst ernannten Experten. Aber gelegentlich muss auch ein Experte daran erinnert werden. Dafür bin ich ja da. Also, liebe Expertinnen und Experten, offenbar ist es bei vielen in Vergessenheit geraten, aber Krieg ist schlecht, Waffen sind schlecht, und Töten ist schlecht. Also hört bitte auf, mir nach einer halben Stunde Internetrecherche zu erklären, wie man bessere Kriege führen kann. Recherchiert lieber, wie man ein besserer Mensch wird.

Danke.

# Eher »Berlin – Tag & Nacht« als »ZDF Magazin Royale«?

**Wie fremd ich mich unter meinen Mitmenschen fühlte, als der Song *Layla* der deutsche Sommerhit des Jahres 2022 geworden war. Das war nicht das erste Mal.**

Im Sommer 1990 machte ich eine Erfahrung, die bis heute in mein Leben strahlt. Ich verlor mein Vertrauen in die deutschen Charts. Der Grund war Matthias Reim, der mit dem Lied *Verdammt, ich lieb dich* an der Spitze der deutschen Singlecharts stand. 39 unbarmherzige Wochen lang. Ich war gerade erst fünfzehn geworden, aber mein Weltbild war bereits gesprungen.

Ich wandte mich enttäuscht ab. Matthias hatte alles versaut. Die deutschen Charts bedeuteten mir nichts mehr. Und das sollte schon etwas heißen, denn als Teenager, der in Ostberlin aufgewachsen war, hielt ich erst mal alles für cool, was aus dem Westen kam.

Mit heutigem Abstand kann ich meine damaligen Gefühle besser einordnen. Es lag gar nicht an Matthias Reim oder diesem grauenvollen Song. Mich enttäuschte, dass *Verdammt, ich lieb dich* so erfolgreich war. Es waren die Deutschen, die mich enttäuschten.

Ich fühlte mich fremd. Fremd im eigenen Land. Es ist ein

Gefühl, das mich über die Jahre begleitet hat. Es ist immer da. Manchmal ist es kaum wahrnehmbar, aber wenn ich fast vergessen habe, dass es existiert, fällt ein grelles Schlaglicht auf die Unterschiede. Ich lerne Personen, die ich zu kennen glaubte, noch einmal neu kennen. Für meine Begriffe etwas zu gut sogar.

Ich weiß natürlich, dass Enttäuschung nichts Schlechtes sein muss. Sie kann eine Befreiung von Illusionen sein. In Illusionen liegt ja immer die Gefahr, dass sie nur wenig mit dem Leben zu tun haben, das tatsächlich geführt wird. Mit jeder neuen Enttäuschung erfuhr ich mehr über das Land, in dem ich lebte, so schwer es mir auch fiel, diese Erkenntnisse zuzulassen.

So gesehen muss ich Matthias Reim dankbar sein. Er hat mich vorbereitet. Auf die Enttäuschungen, die noch kommen würden. Auf die vielen kleinen und großen Momente, in denen ich mich unter meinen Mitmenschen fremd fühlen würde.

Der Song, den die Deutschen 2022 zu ihrem Sommerhit gemacht haben, heißt *Layla*. Und im Gegensatz dazu ist die Poesie von Matthias Reim feinsinnige Hochkultur.

*Layla* ist ein Partyschlager, der für den Ballermann geschrieben wurde. Ich war nie da, kenne aber die Geschichten. Der Ballermann scheint vor allem Leute anzuziehen, die Montage hassen. Die sich aufs Wochenende freuen, weil ihnen nur noch das Wochenendbesäufnis ein Gefühl von Lebendigkeit gibt. Ein Konzept, mit dem sie auch Urlaub machen.

Ich sehe mir die in regelmäßigen Abständen erscheinenden *Spiegel-TV*-Reportagen an, wie andere sich »Bauer sucht Frau« ansehen. Angewidert belustigt schäme ich mich fremd, wenn sich unzurechnungsfähige Volltrunkene um Kopf und Kragen reden. Das ist so in etwa die Klientel, an die sich der Song richtet. Eine prollige Minderheit, die man belächelt. Zumindest habe ich das angenommen.

Aber die Enttäuschung des Sommers 2022 zeichnet ein realistischeres Bild. Im Internet erfuhr ich, dass der Song 60 Millionen Mal gestreamt wurde. Der Ballermann ist wohl vielen näher, als ich gehofft habe. Die Sehnsucht nach dem Wochenendbesäufnis – diese Zahlen haben sie von der Sehnsucht einer Minderheit zu einer deutschen Sehnsucht gemacht. Ich kann mir gut vorstellen, dass vielen Deutschen auch zum Saufen zumute ist, nach all den Entbehrungen der letzten Jahre. Coronapandemie, Ukrainekrieg, Inflation, Energiekrise. Die Krisen reihen sich aneinander, und es sieht auch nicht aus, als würde demnächst mit positiven Wendungen zu rechnen sein. Die Woche war viel zu lang, sie hat Jahre gedauert, die Wochenendeskalation ist überfällig. Und die Provinz liefert den passenden Soundtrack dazu.

Man darf mich jetzt nicht falsch verstehen. Wenn ich von Provinz spreche, ist das keine Frage der Geografie – sondern eine des geistigen Zustands. Layla ist ein provinzieller Song. Ein aus der Zeit gefallener Text, der so ziemlich allen modernen Auffassungen widerspricht. Wenn es nach dem Selbstbild der Deutschen geht, sind wir eigentlich schon viel weiter. Der Erfolg des Liedes hat die Provinz sichtbar gemacht. Die Provinz in unserem Kopf.

Darum kreisten die unzähligen Diskussionen über *Layla* auch um die falschen Themen. Hier ging es nicht um Kunstfreiheit, Sexismus-Kontroverse oder Verbotsdebatte. Eigentlich sollten wir uns fragen, warum ein Lied mit einem solchen Text 60 Millionen Mal von Leuten gestreamt wurde, denen offenbar das Bewusstsein dafür fehlt, man könne mit dessen Inhalt eventuell ein ethisches Problem haben. Das macht *Layla* übrigens

Deutschrap so ähnlich, dessen Vertreter ja zu den erfolgreichsten Interpreten in den Singlecharts zählen. In ihren Texten wird ebenfalls ein bedrückend provinzielles Weltbild gezeichnet – und es scheint niemanden zu stören.

Daran musste ich denken, als ich am letzten Dienstag in der *Buchbox* in der Berliner Kastanienallee stand. In der Buchhandlung stapelten sich Bücher, die *Against white Feminism* oder *Die Transgender-Frage* hießen. Themen, die hier – in der Innenstadt von Berlin – so bedeutsam wirken, aber von einem Großteil der Bevölkerung mit Unverständnis belächelt werden. Alles Nischenthemen, die behandelt werden, als wären sie die Welt. Der Prenzlauer Berg ist nicht Deutschland, dachte ich. Wenn man hier lebt, neigt man nur schnell dazu, das zu vergessen. Wie ich.

Was in unzähligen Artikeln, Talkshow-Folgen oder Büchern debattiert wird, ist der Debattierclub einer Minderheit. Einer Minderheit, die ihre Blase für die Welt hält. Ich stelle ja selbst oft fest, wie sehr ich in einer Blase lebe, in der andere Lebenswelten nicht vorkommen. Genauso wie die Journalisten, Kommentatoren und Talkshow-Gäste bin ich in einer Wunschvorstellung gefangen. In einem idealisierten Selbstbild der Deutschen. Wir sehen nicht die Bevölkerung, sondern nur das Bild, das wir von der Bevölkerung haben wollen. Wir richten uns nicht an die Menschen, sondern an diejenigen, für die wir sie halten. Darum gehen diese Debatten am Bewusstsein der meisten vorbei. Darum haben so viele das Gefühl, dass generell an ihnen vorbeigeredet wird.

Der Erfolg von *Layla* ist ein Blick in den Spiegel. Er gibt den Blick auf ein klares, ungeschöntes Spiegelbild frei. Es zeigt den Deutschen, wer sie sind, und nicht, wie sie sich selbst sehen möchten. Er zeigt den Deutschen, der nicht versteht, warum das, was er gerade gesagt oder gedacht hat, denn um Gottes willen rassistisch, sexistisch, abwertend oder chauvinistisch sein soll. Die meisten sind doch eher »Berlin – Tag & Nacht« statt »ZDF Magazin Royale«.

Mit einem ähnlich verwirrten Gefühl verfolgen viele *Layla*-Hörer wohl auch die Genderdebatte. Sie verstehen nicht, warum Diskussionen, die sie gar nicht betreffen, so geführt werden, als würden sich alle sehr bewusst damit beschäftigen. Wenn man jemanden auf einen Fehler anspricht, der ihm gar nicht als etwas Fehlerhaftes bewusst ist, erzeugt man ein Gefühl der Unzulänglichkeit. Und mit diesem Gefühl geht nahezu jeder in eine Abwehrhaltung. Dann blockiert man. Dann *will* man es nicht mehr verstehen.

Im Spätsommer 2015 machte ich dann eine Erfahrung, nach der ich mein Vertrauen in die deutschen Singlecharts wiederherstellte. Zumindest teilweise, aber oft reicht das ja schon. Als sich ganz unerwartet der bereits 23 Jahre zuvor erschienene Song *Schrei nach Liebe* der Band Die Ärzte auf Platz 1 der deutschen Singlecharts befand. Auf dem Höhepunkt der Flüchtlingskrise. Ein Antinazi-Song. Ein Statement gegen Fremdenhass, das dem verzweifelnden Humanisten in mir Hoffnung gab.

Einige Wochen darauf las ich, dass sich im September unter den meistgesuchten deutschen Google-Suchbegriffen das Wort »Attitüde« befand. Ich war ganz irritiert, als ich das las. Warum suchten denn so viele nach der Bedeutung von Attitüde? Dann fielen mir Die Ärzte ein, die in *Schrei nach Liebe* singen: *Alles muss man dir erklären, weil du wirklich gar nichts weißt, höchstwahrscheinlich nicht einmal, was Attitüde heißt.*

Gott, dachte ich und musste unwillkürlich lachen. So viel zum Thema Allgemeinbildung. Es war eine enttäuschende Erkenntnis, aber über diese kleine Enttäuschung schob sich eine Gewissheit, die viel kostbarer war. Auch wenn sie nicht ganz dem Bild entsprachen, das ich so gern von ihnen hätte, weil ich meine Blase für die Welt halte, gaben sie mir Hoffnung. Sie machten das distanzierte »sie«, mit dem ich sonst an sie dachte, zu einem »wir«.

Und wir – davon war ich plötzlich aus tiefstem Herzen überzeugt –, wir schaffen das.

# McDonald's für den Verstand

**Wie ich mich täglich in Instagram verliere.**

Es ist schon einige Jahre her, da versuchte mich ein mir unbekannter junger Mann an einem Sonntagmorgen gegen 8 Uhr davon zu überzeugen, dass immer noch Freitag wäre.

Wir befanden uns im *Kater Holzig,* einem Club, den es nicht mehr gibt, und weil ich erst Samstagnacht eingetroffen war, war ich mir ziemlich sicher, dass der junge Mann falschlag.

Er wäre seit Donnerstag hier, erzählte er. Irgendetwas schien sein Zeitgefühl beschädigt zu haben. Vermutlich dieselbe Ursache, die auch seine verstörend weit aufgerissenen Augen erklärte.

Er hatte sich um zwei Tage verschätzt, was auf eine groteske Art schon beeindruckend war. Ich hätte mit ihm diskutieren können, allerdings ließ sein Zustand darauf schließen, dass er keine Einwände zulassen würde. Sie würden ihn nicht erreichen. Er empfand seine Wirklichkeit, so verzerrt sie auch gerade war, als die eigentliche Wirklichkeit, aber so geht es ja allen.

Zweieinhalb Tage, dachte ich, während der Mann auf mich einredete. Ich fragte mich, wovon er sich seitdem ernährt hatte. Mir fiel ein, dass der Schriftsteller Bret Easton Ellis einmal wegen der Mangelernährung, mit der sein Drogenkonsum verbunden war, einen Schneidezahn verloren hatte. Während einer Lesung. Er löste sich einfach, während er vorlas. Live. Vor Publikum. Eine entsetzliche Vorstellung. So was träumt man eigentlich, wenn einem sein Unterbewusstsein etwas mitteilen will. Aber wenn sich jemand beim Feiern um zwei Tage verschätzt, ist davon auszugehen, dass sein Unterbewusstsein ihm ganz dringend etwas mitzuteilen hat.

Aber ganz abgesehen davon verstand ich den jungen Mann. Der *Kater Holzig* war ein Ort, an dem man nicht nur das Gefühl für sich selbst verlieren konnte, sondern auch das Gefühl für die Zeit. Ich habe ihn mal an einem Sonntagmittag gegen 15 Uhr verlassen, um nach dem Blick auf mein Handy festzustellen, dass es bereits 21 Uhr war. Wenn man das Gelände am Spreeufer betrat, befand man sich praktisch außerhalb der Zeit. Sie wurde unscharf. Sie verschwamm.

Das ist jetzt schon einige Jahre her und inzwischen gehe ich in solche Clubs nicht mehr. Einen ähnlichen Effekt gibt es in meinem Leben allerdings immer noch.

Jeden Montagmorgen leuchtet auf dem Display meines iPhones eine App auf, die mir zeigt, wie viel Zeit ich in der vergangenen Woche damit verbracht habe, auf das Display meines Smartphones zu blicken. Pünktlich um 9:24 Uhr lässt sie es vibrieren. In Statistiken schlüsselt sie detailliert auf, welche Programme ich wie oft genutzt habe. Sie zeigt mir mein digitales Leben in Zahlen.

Um es gleich vorwegzunehmen: Die App muss einen Funktionsfehler haben, denn diese Zahlen überraschen mich. Jede Woche erneut. Gerade habe ich die Statistik meiner letzten sieben Tage gesehen und weiß jetzt, dass ich vier Stunden an meinem Smartphone verbracht habe. Das sind 20 Minuten weniger als in der Woche zuvor, versucht mir die App Hoffnung zu machen, aber irgendwie funktioniert es nicht. Vier Stunden! Ich kann mich nicht daran erinnern, so viel Zeit am Smartphone verbracht zu haben. Ich kann es mir nicht einmal vorstellen. Meine Zeit am Handy erscheint mir seltsam unscharf. Wie damals im *Kater Holzig*.

Dann fallen mir allerdings die Anfänge meiner Tage ein, und das Bild wird langsam klarer. Der Beginn meiner Tage folgt einem Plan. Jeder Morgen fügt sich aus einer Folge fest gefügter Konstanten zusammen. Ich brauche das. Es gibt den Dingen eine Ordnung, die mir hilft, in diese ganz spezielle Stimmung zu kommen, die sich in mir ausbreiten muss, damit ich überhaupt schreiben kann.

Sobald ich das Bett verlassen habe, öffne ich erst einmal alle Fenster meiner Wohnung, um sie durchzulüften, während ich in der Küche Wasser aufkoche, um mir eine Kanne Ingwertee zu machen, einen Kaffee und ein Glas Wasser, in das ich eine Zitrone presse. Während der Ingwertee durchzieht, mache ich mein Bett und dusche, bevor ich die Fenster schließe. Dann überprüfe ich kurz die Neuigkeiten, die sich auf meinem Smartphone angesammelt haben, bevor ich meinen iMac einschalte. Während er hochfährt, hole ich die Getränke aus der Küche, um sie auf meinen Schreibtisch zu stellen. Ich setze mich, um nach dem ersten Schluck Ingwertee etwas Überraschendes zu bemerken. Der gerade noch dampfende Inhalt der Anderthalbliterkanne ist unerklärlicherweise nicht mehr heiß. Eher ein Beinahelauwarm, das mit kalten Schlieren durchzogen ist.

Nach einem Blick auf die Uhr in der rechten oberen Ecke meines Bildschirms fällt mir auf, dass ich offenbar 45 Minuten lang jegliches Zeitgefühl verloren hatte. Ein schwarzes Loch, das keine Erinnerungen hinterließ.

Offenbar hatte ich Phasen ernst zu nehmender Ausfallerscheinungen. Ich hatte Wahrnehmungsstörungen, dachte ich panisch. Oder eine Art Demenzzustand. Meine Selbstdiagnosen überschlugen sich. Den Fehler, nach Krankheitssymptomen zu googeln, hatte ich inzwischen offenbar so tief verinnerlicht, dass ich dasselbe hoffnungslose Gefühl in mir auslösen konnte, ohne Google überhaupt einzusetzen. Ich musste mich jetzt zusammenreißen.

In Gedanken ging ich die Tätigkeiten des Morgens noch einmal danach durch, an welche mir die wenigsten Erinnerungen geblieben waren. Und jetzt fiel mir auf, wo mir die Zeit abhandengekommen war. Es war die Zeit, in der ich Instagram geöffnet hatte, um es *kurz* darauf wieder zu schließen. Ein »nur mal kurz«, das 45 Minuten gedauert hatte.

Jetzt erklärte sich auch der Funktionsfehler meiner Wochenrückblick-App. Sie hatte keinen. Offensichtlich hatte ich eine Fehlfunktion, die eine meiner morgendlichen Konstanten zu einer unberechenbaren Variablen machte.

Ich versuchte, mich an die Dreiviertelstunde zu erinnern, aber da waren nur ungeordnete Fragmente. Vor allem tauchten immer wieder Menschen auf, die Choreografien zu Songs tanzten. Oder Personen, die mit dem Blick in die Selfie-Kamera Filmszenen nachsprachen. Obwohl ich nicht zur Zielgruppe dieser Art von Unterhaltung gehöre, scheine ich viel Zeit damit zu verbringen.

Ich spürte, wie sich eine Art *Kater-Holzig*-Gefühl in mir ausbreitete. Zumindest ein Gefühl, das übrig blieb, wenn man den damit verbundenen Kater entfernte. Wie damals fragte ich mich ernsthaft, was ich in den vergangenen 45 Minuten gemacht hatte. Aber ich komme nur zu dem Schluss, dass sie irgendwie verloren vergangen waren. Informationen, die sich meiner Erinnerung bereits entzogen haben. Leere Informationen, die schnell versiegen, nichts, was bleibt.

Mir fiel noch einmal der sich lösende Schneidezahn des mangelernährten Bret Easton Ellis ein, und ich fragte mich, inwieweit leere Informationen ähnliche Effekte auf meinen Verstand haben, wie es leere Kohlenhydrate auf den Körper haben. Ich meine, niemand käme auf die fatale Idee, sich täglich von McDonald's zu ernähren. Es ist ja allgemein bekannt, was diese Ernährungsweise mit dem Körper anrichten kann. Die Langzeitschäden sind verheerend. Offensichtlich gilt dasselbe auch für meinen Verstand. Die tägliche Reizüberflutung aus unzähligen Kurzvideos ist ebenfalls Fast Food. Digitales Fast Food. McDonald's für den Verstand.

Einen ähnlichen, allerdings viel abgeschwächteren Effekt spüre ich schon, wenn ich in eins dieser Scripted-Reality-Formate auf RTL oder Sat1 schalte. Ich besitze keinen Fernseher. Solche Erlebnisse kommen in meinem Leben also nur vor, wenn ich auf Lesereisen bin und in Hotelzimmern gedankenlos den Fernseher einschalte. Sobald ich sehe, wie sich die Protagonisten solcher Sendungen in ihrer Welt bewegen, fühle ich mich nicht mehr dazu in der Lage, den Sender zu wechseln. Etwas hält mich fest. Eine Faszination, die meinen Verstand fest umklammert. Sie besteht aus Bestürzung, Fremdscham und Voyeurismus. Die Fernbedienung liegt in Reichweite, aber ein innerer Widerstand hindert meine Hand daran, sich in ihre Richtung zu bewegen.

Und dann spüre ich den Effekt. Er stellt sich nach nur wenigen Minuten ein. Mein Verstand wird träge, irgendwie zähflüssig. Das ist der Moment der Überdosis, der Moment, in dem es mir gerade noch gelingt, die Fernbedienung zu greifen, um den Sender zu wechseln. Ein rettender Impuls, der vermutlich aus dem Überlebensinstinkt meines Verstandes entsteht. Ich frage mich allerdings, was es mit Menschen macht, die sich täglich solche Sendungen ansehen. Ohne umzuschalten. Wenn der Verstand so abgestumpft ist, dass er die Gefahr nicht mehr identifizieren kann.

Aber eigentlich weiß ich es schon. Denn dieser Effekt wird noch verstärkt, wenn ich mir TikTok-Videos ansehe. Ich bin dann ferngesteuert, Sklave meiner Instinkte. Mein Verstand versucht verzweifelt, meinen Dopaminpegel zu halten. Ich habe gelesen, dass Dopamin nicht ausgeschüttet wird, wenn sich ein Erfolgserlebnis einstellt, es ist das erregende Gefühl kurz davor, wenn der Erfolg in Reichweite erscheint. Das aufregende Gefühl, kurz davor zu sein.

Ich wische weiter, wenn der Scherz eines Comedy-Videos nicht gut ist. Ich wische weiter, wenn die Choreografie nicht aufsehenerregend genug ist. Ich wische weiter, wenn ein Film meine Erwartungen nicht erfüllt. Wie das Onlinespiel »woody«, das ich sofort wieder zu spielen beginne, sobald ich eine Runde verloren habe. Allerdings skippe ich auch im umgekehrten Fall weiter: wenn der Scherz gut war oder die Choreografie. Ich will das nächste erlösende Erlebnis. Ich habe die Kontrolle abgegeben. Ich muss mich zwingen, das Smartphone wegzulegen, es funktioniert erst nach mehreren inneren Anläufen, aber sobald es geschieht, ist es mit einem befreienden Gefühl verbunden. Wenn ich mir vorstelle, dass die Menschen in U-Bahnen, auf Parkbänken, in Cafés oder an Küchentischen im selben Strudel gefangen sind, finde ich das alles höchst beunruhigend.

Ich kenne Leute, die zwanghaft auf ihre körperliche Gesundheit achten. Sie ernähren sich bewusst, joggen, wiegen Nudeln ab, bevor sie sie verzehren. Sie fahren Rad, nehmen täglich Collagenpulver oder stemmen Gewichte. Aber wenn es um ihre innere Gesundheit geht, werden sie zu einer anderen Person, sie sind smartphoneabhängig, sehen sich stundenlang TikTok-Videos an.

Gesunde Menschen pflegen auch ihren Verstand. Das scheint ein Konzept zu sein, das vielen unverständlich ist.

Die schädlichen Folgen leerer Kohlenhydrate sind Fettleibigkeit und Herz-Kreislauf-Erkrankungen, die Langzeitschäden leerer Informationen sind noch weitestgehend unerforscht. Wir befinden uns praktisch in der Feldstudie. Live. Wenn die unmittelbaren Schäden allerdings große Teile meines Kurzzeitgedächtnisses löschen, finde ich das schon besorgniserregend genug.

Jenseits aller Analysen gibt es jedoch einen Gedanken, der mir zeigt, womit ich da eigentlich einen Großteil meiner Zeit verbringe. Es ist ein unscheinbar klingender Gedanke, aber er verändert meinen Blick auf die Dinge: Man erinnert sich nur an Dinge, die einem wichtig sind.

Gemessen an diesem Satz bin ich einen Großteil des Tages damit beschäftigt, mich im Bedeutungslosen zu verlieren. Dinge von Bedeutung passieren im echten Leben. Immer. Dort entstehen Erinnerungen, die ich ein Leben lang abrufen kann, weil mich jede von ihnen ein Stück weit verändert hat.

Man erinnert sich nur an Dinge, die einem wichtig sind. Die anderen können weg.

# Der Blick auf die Versäumnisse

**Seit Jahren perfektioniere ich das gefährliche Talent, aus meinen Fehlern die falschen Schlüsse zu ziehen – und damit bin ich nicht allein.**

Kürzlich fragte mich ein Freund am Telefon, wie es mir gehe. Ich zögerte, denn mit der Frage »Wie geht es dir?« verbindet mich eine lange, sensible Geschichte voller Missverständnisse. Ich halte diese Frage für etwas, was sie nicht ist: für ernst gemeintes Interesse an meinen inneren Zuständen. Seit Jahren trainiere ich, sie als Floskel zu begreifen, die mit einer anderen Floskel beantwortet wird. Und manchmal spüre ich, wie sehr ich mich nach den Menschen sehne, die mich fragen, wie es mir geht, und darauf eine ehrliche Antwort erwarten.

Es hat einige Zeit beansprucht, aber irgendwann fand ich die perfekte Antwort. Sie war immer noch eine Floskel, aber sie wirkte nicht so. Sobald die Frage fiel, zögerte ich, als wäre ich von ihr überrascht worden und würde tatsächlich einige Sekunden darüber nachdenken. Um dann die leichte Spannung, die diese Kunstpause erzeugte, mit einem »Eigentlich sogar richtig gut« aufzulösen. Als würde es mich selbst überraschen, wie ausgezeichnet sich mein Leben gerade anfühlte.

Ich beherrsche das inzwischen ziemlich gut. Trotzdem ist es

mir nie so richtig gelungen, mit dieser Frage wirklich umzugehen. Meine kurzen, gut gelaunten Antworten fühlen sich nie richtig an. So gesehen ist es gerade meine Zeit: Ich kann endlich ehrlich über meine inneren Zustände sprechen. Heute kann man Persönliches nicht mehr von gesellschaftlichen Zusammenhängen trennen. Alles fließt ineinander. Wem es in unserer krisenbehafteten Gegenwart »Sehr gut« oder »Eigentlich sogar richtig gut« geht, der kann schnell als ignorant oder zynisch gelten. Die Gefühlskonventionen haben sich geändert. Endlich dürfen wir ganz offen zugeben, wie besorgt, verunsichert und orientierungslos wir uns fühlen.

Aber man muss sich vorsehen. Als mich mein Freund fragte, wie es mir gehe, machte ich den Fehler, seine Frage nach meinem Zögern mit einem gedankenlosen »Gut« zu beantworten.

»Ist das so?«, fragte er skeptisch. »In diesen Zeiten mit Klimawandel, Krieg, Inflation und Antisemitismus?«

»Also ich muss ganz ehrlich sagen, dass ich das mit einem eher kühlen Blick betrachte«, sagte ich. »Ist doch alles vollkommen plausibel.«

»Ist das nicht ganz schön zynisch?«, fragte mein Freund.

Genauso gut konnte man es zynisch nennen, wenn der Börsenkurs eines Unternehmens steigt, nachdem es Tausende Leute entlassen hat, dachte ich. Aber das ist nicht zynisch, so funktioniert der Markt. Aber die Mechanismen des Marktes stellt man nicht infrage, sie werden als selbstverständlich wahrgenommen. Mit diesem Blick erschüttern mich nur die Folgen. Wer jetzt sagt: *Huch, das erschüttert mich jetzt aber* – das ist zynisch. Die Krisen unserer Zeit sind seit Jahren abzusehen.

In diesem Moment fiel mir meine Ex-Freundin Anna ein. Das war kein Zufall.

Gleichnisse öffnen meinen Blick auf die Dinge. In den Parallelen entdecke ich Wahrheiten, die für mich unsichtbar bleiben, wenn ich sie mit direktem Blick betrachte. Eines dieser augenöffnenden Gleichnisse ist die Beziehung mit Anna.

Wir zogen unverhältnismäßig früh zusammen, nur drei Monate nach unserer ersten Begegnung. Ich empfand unser Zusammenleben als Katalysator. Der gemeinsame Alltag zeigte uns, wie gut wir zusammenpassten. Denn dass wir zusammenpassten, davon war ich überzeugt. Das war ein Fehlschluss, aus heutiger Sicht war es eher ein Brandbeschleuniger. Unsere schönste Zeit als Paar endete unmittelbar, als Anna bei mir einzog.

Es war eine quälende Beziehung, denn unsere bevorzugte Kommunikationsform war der Streit.

Jeder Streit ist eine Krise. So gesehen reihten sich in unserer Beziehung die kleinen, großen und mittleren Krisen aneinander. Wenn mich Freunde fragten, worüber wir gestritten hatten, entgegnete ich: »Keine Ahnung, irgendwas Unwichtiges.«

Ich betrachtete unsere Beziehung wie ein impressionistisches Gemälde, das man erst aus der Distanz erfasst, während einen die Details ratlos zurücklassen. Und als ich mit Anna zusammen war, standen wir beide zu nah davor. Mit unseren Streitigkeiten bewegten wir uns ausschließlich in den Details.

Wenn »irgendwas Unwichtiges« in der Lage war, stundenlange Streitgespräche auszulösen, drängt sich doch der Gedanke auf, dass das eigentliche Thema unserer Streitigkeiten gar nicht berührt wurde. Das Thema, das unter unseren Streitigkeiten lag. Der Zustand unserer Beziehung, der immer neue Auslöser für weitere Streitigkeiten kreierte. Wir haben das allerdings übersehen, wir waren ja ständig mit einer neuen Krise beschäftigt.

Eine Bekannte, die als Paartherapeutin arbeitet, hat mir erst kürzlich erklärt, wie sinnlos es wäre, in einer emotional aufgeladenen Situation wie einem Streit darüber nachzudenken, was man in der Beziehung generell ändern könnte. »Es geht erst mal darum, mit dem unmittelbaren Konflikt umzugehen«, sagte sie. »Erst danach ergibt es Sinn, das eigentliche Problem zu analysieren, das dazu geführt hat. Allerdings sehen viele keinen Bedarf mehr dafür, sobald sich die Wogen geglättet haben.«

Ich sah sie an und spürte beinahe physisch, wie diese Sätze meinen Blick auf meine Beziehung mit Anna änderten. Wir hatten uns nie mit dem Zustand unserer Beziehung auseinandergesetzt. Nur mit den Symptomen dieses Zustands.

Darum musste ich im Gespräch mit meinem Freund an Anna denken. Im belastenden Alltag meiner damaligen Beziehung gab es erstaunlich viele Parallelen zu unserer belastenden Gegenwart. In einer wahnsinnig gewordenen Welt, in der sich eine Krise an die andere reiht, beschäftigen wir uns vor allem mit den Krisen selbst.

Wie Anna und ich, die wir uns fortwährend stritten. Wir agierten nicht mehr in unserer Beziehung, wir hatten die Kontrolle an unsere toxischen Beziehungsdynamiken abgegeben. Wir beschäftigten uns sehr eingehend mit jeder neuen Krise, erforschten jedoch nie, was uns in diese Krisen geführt hatte.

Das erinnert an unsere politischen Entscheider, die seit Jahren nur noch Schadensbegrenzungspolitik zu betreiben scheinen. Mit hastig herbeiimprovisierten Behelfslösungen agieren sie nicht mehr – sie reagieren nur noch. Sie versuchen, Krisenherde zu löschen, und jedes gelöschte Feuer empfinden sie als

Erfolgserlebnis. Aber der Grund, aus dem die Brände entstehen, bleibt unangetastet.

In unseren Streitigkeiten ging es Anna und mir ausschließlich darum, den unmittelbaren Konflikt zu beenden. Aber sobald dieses konkrete Problem behoben wurde, versäumten wir, an dem eigentlichen Konflikt zu arbeiten. Weil wir diese Voraussetzung nicht änderten, führte das zu weiteren Krisen. Und diese hielten wir für ein gänzlich anderes Problem, das mit dem vorherigen Streit nichts zu tun hatte. Um nach jeder beendeten Krise wieder weiterzumachen wie bisher. Die Parallelen zu unserer gesellschaftlichen Wirklichkeit sind frappierend.

Ich muss mir immer wieder klarmachen, dass Krisen, auf welcher Ebene auch immer, Ausbrüche eines unaufgelöst schwelenden Konflikts sind. Krisen sind nur Symptome. In der Medizin sind Symptome Warnsignale, die auf eine Erkrankung hindeuten. Aber wenn man eine Krankheit für selbstverständlich hält, hält man ihre Symptome für die Krankheit.

Es ist aufschlussreich, wie sich die Dinge zueinander verschieben, wenn ich die Krisen unserer Zeit mit diesem korrigierten Blick betrachte.

Als in den Jahren der Pandemie immer mehr Beziehungen in unserem erweiterten Bekanntenkreis zerbrachen, hatte ein guter Freund die Gründe schnell identifiziert.

»Das liegt an Corona«, sagte er. »Die Einschränkungen, die Isolation und der Stress, wenn du Homeoffice, Homeschooling und Privatleben mischst. Diese Belastung, das macht was mit einem.«

Ich machte eine skeptische Geste, denn ich fürchtete, es ist nicht ganz so einfach, auch wenn es auf den ersten Blick schlüssig erscheint. Aber dass eine Beziehung während der Coronaeinschränkungen zerbricht, erzählt doch vor allem etwas über den Zustand der Beziehung. Die Coronaeinschränkungen waren lediglich ein Katalysator. Sie haben einen Prozess beschleunigt, der vorher schon existierte. Wie die gemeinsame Wohnung bei Anna und mir.

Und diese Wirkung hatte Corona nicht nur auf Beziehungen.

In den Monaten der Coronakrise verfolgte ich ein Lehrstück, in dem Mängel unserer Gesellschaft freigelegt wurden. Bisher war mir gar nicht so klar gewesen, wie überlastet die Krankenhäuser schon vor Corona waren, weil sie profitorientiert arbeiten müssen. Zum ersten Mal erschien mir unmittelbar greifbar, welche Folgen es haben kann, wenn sich ein Gesundheitssystem wirtschaftlichen Zwängen unterordnen muss. Wie ein grelles Scheinwerferlicht leuchtete dieses Lehrstück Bereiche aus, die bisher in einer beruhigenden Dunkelheit verborgen lagen. Plötzlich entstand ein klares Bild, auf dem zu sehen war, dass unsere Form der Marktwirtschaft offenbar so anfällig ist, dass sie nur durch eine geringfügige Änderung der Gegebenheiten vollkommen aus den Fugen geraten konnte. Schon ein kleines Ungleichgewicht ließ die soziale Absicherung ganzer Bevölkerungsgruppen wegbrechen.

Das Coronalehrstück zeigte deutlich, wo Verbesserungen vorgenommen werden mussten. Aber ich verfolgte sie nicht wie ein Lehrstück, eher wie eine endlose Netflix-Serie. The Walking Dead als Liveversion. Mein Blick hetzte jeden Morgen über Artikel, Diagramme und immer steilere Kurven. Ich hatte mich in den Details verfangen. Und wenn ich verfolgte, was in Talkshows, auf Social Media und in WhatsApp-Gruppen diskutiert wurde, schien es nicht nur mir so zu gehen. Die Debatten über Maskenpflicht, Inzidenzzahlen und Verschwörungstheorien schoben sich über die wirklichen Versäumnisse. Bis sie unsichtbar geworden waren.

Auch für mich.

Um sie wieder sichtbar zu machen, helfen mir zwei Worte, die Theodor W. Adorno einmal gesagt hat und die inzwischen berühmt geworden sind. Als der *Spiegel* einmal den Philosophen interviewte, stellte der Journalist im Laufe des Gesprächs fest: »Gestern schien die Welt noch in Ordnung.«

Adorno entgegnete: »Mir nicht.«

Aber was sind die wirklichen Versäumnisse?

Seit Jahren beschäftigt es unsere Gesellschaft, warum es immer mehr Menschen protestierend auf die Straße treibt. Man stellte Theorien auf, fand allerdings nur heraus, dass die Gründe vielfältig sind. Aber welche politischen Ansichten die Demonstrierenden auch hatten, es gibt dann doch einen Grund, der die meisten vereint: die Angst, dass man sich das Leben nicht mehr leisten kann – Existenzangst also.

Die Flüchtlingskrise, die Coronakrise und die Energiekrise sind auf einer tieferen Ebene vor allem Existenzangstkrisen. So gesehen ist die eigentliche Frage, die wieder und wieder mit immer neuen Themen behandelt wird, die soziale Frage. Vielleicht wäre es klug, dort anzusetzen.

Manchmal stelle ich mir vor, welche Wirkung beispielsweise ein bedingungsloses Grundeinkommen auf das Selbstverständnis hätte, mit dem ich aufs Leben blicke. Was würde es mit mir machen, wenn ich mich nicht um Altersarmut sorgen müsste? Wie würde ich mein Leben gestalten? Welche Risiken würde ich eingehen? Welche Fragen würde ich mir stellen, wenn die Aspekte meines Lebens nicht vorrangig um Geld kreisen würden? Fehlende Existenzangst würde unser aller Bewusstsein vollständig ändern und damit das Bewusstsein unserer Gesellschaft. Und wenn ich es richtig einschätze, hat eine Gesellschaft, in der seelische Erkrankungen zu einer Epidemie geworden sind, eine Bewusstseinsveränderung ziemlich nötig.

Der Psychologe Holger Kuntze hat mir mal erklärt, dass der Mensch Krisen braucht, um zu wachsen. »Erst dieses Wachstum lässt uns das eigene Leben rückblickend als gelungen empfinden«, sagte er. »Dieses Bewusstsein stellt sich allerdings erst ein, *wenn* wir aus den Krisen lernen.«

Und genau das ist ein Versäumnis, das ich mit den meisten teile, dachte ich. In der Liebe, im Leben und in der Gesellschaft: endlich zu lernen, aus unseren Krisen zu lernen.

Denn wer nicht aus seinen Fehlern lernt, wiederholt sie immer wieder.

# Tinderfrustriert – das Dating-App-Handhabungsproblem

**Der moderne Singlemarkt beruht auf einem großen Missverständnis. Viele nehmen an, dass wir es sind, die unsere Dating-Apps bedienen – dabei benutzen sie uns.**

Der menschliche Fortschritt produziert gelegentlich seltsame Dinge. Dating-Apps zum Beispiel. Meiner Erfahrung nach sind Dating-Apps eine sich selbst widersprechende Erfindung. Aus irgendeinem undurchsichtigen Grund verwende ich sie nämlich konsequent so, dass sich die Sehnsucht nie verwirklicht, aus der ich sie mal heruntergeladen habe.

Ursprünglich ging es mir ja darum, mithilfe der App einer Person zu begegnen, mit der ich in eine tiefe und liebevolle Verbindung treten kann, die mit den Jahren wächst, bis sie zu einer gemeinsamen Heimat geworden ist. Ohne dass ich es registriert habe, versank diese Sehnsucht allerdings schon nach kurzer Zeit im Nachlinkswischen unzähliger Profile. Bis nur noch dieses Wischen da war, verbunden mit der Gefahr, jederzeit eine Sehnenscheidenentzündung auszulösen.

Dieser Effekt fällt mir gerade wieder verstärkt auf, seitdem ich eine Digital-Detox-Phase beendet habe. Kein Social Media, keine E-Mails. Das war sehr befreiend, sobald ich die anfänglichen Entzugserscheinungen überstanden hatte. Trotzdem habe ich meine wiederentdeckte Freiheit aufgegeben. Ich nehme an, ich wollte dem Gefühl entgegenwirken, etwas zu verpassen. Und weil ich auch die Chancen auf mein persönliches Glück nicht verpassen wollte, belebte ich meine Dating-App-Profile wieder. Diesmal hatte ich jedoch aus den Fehlern der Vergangenheit gelernt und nutzte die Premiumversionen der Apps. Ich sah zum ersten Mal in meiner mehrjährigen On-off-Dating-App-Karriere, welche Frauen mich gelikt haben.

Man könnte annehmen, das mache die Dinge einfacher, aber das Gegenteil war der Fall. Als ich sah, dass sich Hunderte Anfragen angesammelt hatten, spürte ich den Druck. Die logistische Herausforderung überforderte mich schon jetzt. Ich sortierte die angesammelten Anfragen über mehrere Abende hinweg, bis noch 50 übrig blieben. Eine Zahl, die zwar überschaubarer war, für meine Begriffe aber immer noch zu hoch.

Als ich einem Freund davon erzählte, rief er: »50? Das ist doch kein Problem. Die kannst du doch relativ schnell abarbeiten.«

»Abarbeiten?«, dachte ich hilflos, ein Wort, das ich eigentlich nicht in Zusammenhängen verwenden möchte, die sich auf mein persönliches Glück beziehen. Ich stellte mir vor, wie ich unzählige erste, zweite und dritte Dates *abarbeitete*. Bei fünfzig Frauen konnte das schnell einen dreistelligen Bereich umfassen. Moderne Fließbandarbeit sozusagen, die mich mit jedem neuen Treffen ein wenig mehr abstumpfen würde. Ich würde mich noch fremder fühlen, als ich es ohnehin schon tat – denn sobald ich mich auf Dating-Apps bewege, werde ich zu einer Person, die mir schnell fremd ist.

Ich werde zu einem Fremden, der mit Frauen matcht, aber zu träge ist, ihnen zu schreiben. Der manchmal mit einer der Frauen schreibt, der Unterhaltungen aber kommentarlos abbricht, sobald er das Interesse verliert. Und er verliert schnell das Interesse. Dieser Fremde empfindet das Singleleben offensichtlich als eine Art Computerspiel. Als befänden sich hinter den unzähligen Profilen keine lebendigen Menschen, die er mit seinem Verhalten verletzen könnte. Wenn er sich dann doch in die Wirklichkeit begibt, um sich mit einer Frau zu treffen, wischt er weiterhin parallel immer neue Profile nach links oder rechts. Der Fremde in mir hat sich im Auswahlprozess verfangen. Ihm scheint es nicht darum zu gehen, eine Person zu finden, um eine tiefgehende Bindung aufzubauen – ihm geht es um das Spiel mit den Möglichkeiten. Mit seiner Hilfe habe ich Dating-Apps jahrelang falsch benutzt, und ich benutze sie immer noch falsch. Offensichtlich habe ich ein Dating-App-Handhabungsproblem.

Ich frage mich gelegentlich, wer mein Leben, das ich für so selbstbestimmt halte, eigentlich steuert. Wer die Entscheidungen trifft, die ich für meine eigenen halte. Dating-Apps sind der perfekte Beweis, wie fremdbestimmt ich bin.

Dating-Apps geben mir die Freiheit, mit Menschen in Kontakt zu treten, denen ich in meinem Alltag nie begegnen würde. Sobald ich jemanden date, hat die App ihre Funktion erfüllt. Eigentlich. Aber Dating-Apps haben natürlich mehr Funktionen. Und zwar viel mehr.

Ich kann mein Profil mit einer Funktion namens Spotlight sichtbarer machen, ich kann Super-Likes vergeben, ich kann Bilder kommentieren, um auf mich aufmerksam zu machen, und ich kann verschiedene Stufen von Premium-Services nutzen, um Zugriff auf mehr Funktionen zu haben. Ich kenne diese Funktionen, ich weiß, wie ich diese nutze – und ich nutze sie umfangreich.

Wenn ich allerdings eine Dating-App benutze, indem ich ihre Funktionalitäten nur noch verwende, *um* sie zu verwenden, bediene ich die App nicht mehr. Dann habe ich die Kontrolle an die Technologie abgegeben. Dann bedient sie mich. Ihre Funktionalitäten treffen meine Entscheidungen. Obwohl ich vom Gegenteil überzeugt bin, ist es die Technologie, die mich steuert. Mit jeder Pushmitteilung, die auf meinem Display leuchtet, mit jeder neuen Mail, die mir eine Auswahl neuer potenzieller Traumpartnerinnen anzeigt, und mit jedem verführerischen neuen Profilbild, das ich nach rechts wische, obwohl ich mich schon mit einer anderen Frau treffe.

Je mehr Funktionen ich nutze, desto weiter entferne ich mich von meinen ursprünglichen Sehnsüchten. Eigentlich müsste ich doch mein Profil löschen, sobald ich mich mit einer Frau treffe, die mich interessiert, um mich darauf konzentrieren zu können, mit ihr eine Verbindung aufzubauen. Aber warum mache ich das nicht? Das ist eine sehr gute Frage.

Ich glaube, dass mein Dating-App-Problem nur ein Aspekt eines viel universelleren Problems ist. Mein Dating-App-Handhabungsproblem ist eigentlich ein Freiheitshandhabungsproblem.

Auf Dating-Apps habe ich alle Freiheiten, aber offensichtlich bin ich nicht so frei, wie ich glaube, denn ich kann mit meiner Freiheit nicht umgehen. Sie überfordert mich. Darum fällt es mir so schwer, mich zu entscheiden. Auf mir lastet die schwerste aller Verantwortungen: für mein Glück selbst verantwortlich zu sein. Jede Fehlentscheidung kann zu einer quälenden Bürde werden, die in den Rest meines Lebens strahlt. Dann entscheide ich mich lieber gar nicht. Und übersehe, dass meine Nichtentscheidungen ja auch Entscheidungen sind.

Mit ihnen habe ich mich sehr komfortabel im Zustand des endlosen Auswählens eingerichtet. Ich habe jede Entscheidung zu einer vorübergehenden Entscheidung gemacht. Man muss nicht konkret werden. Oder sich festlegen. Es ist ja auch angenehmer, weil es mit weniger Anstrengungen verbunden ist. In der Welt des Auswählens gibt es keine Verpflichtungen oder Einschränkungen. Ich muss mich nicht festlegen. Ich kann mich im Unverbindlichen einrichten.

Ich bin überfordert. Mich überfordert die Herausforderung, aus einem immer unübersichtlicheren Angebot die bestmögliche Entscheidung treffen zu müssen. Absolute Freiheit ist auch absolute Verantwortung. Wenn ich alle Möglichkeiten habe, habe ich dementsprechend auch alles zu verlieren, wenn ich mich falsch entscheide. Jederzeit könnte auf meinem Display das Profil der Frau aufploppen, die für mich die richtige ist. Also suche ich weiter, ohne mich entscheiden zu können. Während mein Blick über die Fotos immer neuer Profile hetzt, übersehe ich meinen Denkfehler. Wenn die Möglichkeiten unbegrenzt sind, werde ich nie erreichen, was ich erreichen könnte.

Ich befinde mich in einer allgegenwärtigen Umarmung der Freiheit, die mich bewegungsunfähig macht. Und ich bin da nur ein gutes Beispiel. Die meisten meiner Matches handeln schließlich genauso. Auf Dating-Apps kann man wie in einem groß angelegten Liveexperiment die Orientierungslosigkeit von Menschen beobachten, die mit ihren Freiheiten überfordert sind.

Der Mensch scheitert an zu vielen Möglichkeiten. Was sagt das über Menschen, die in einer Multioptionsgesellschaft aufgewachsen sind? Wie ich mich auf Dating-Apps bewege, ist eine gute Antwort darauf. Dort habe ich alle Freiheiten, bin aber nicht in der Lage, diese auf umsichtige Art zu nutzen. Wenn man so will, fehlt Dating-Apps der ethische Beipackzettel. Die Gebrauchsanweisung hinter der Gebrauchsanweisung, die mir erklärt, wie ich meine Freiheiten nutze, ohne mich in ihnen zu verlieren.

Vor einigen Jahren hat mir ein Bekannter ganz begeistert erzählt, dass er zum ersten Mal ein Profil auf einer Dating-App erstellt hat.

»Es ist fantastisch«, rief er mit leuchtenden Augen. »Du kannst dir ganz einfach deine Traumfrau zusammenklicken.«

Es hat nicht funktioniert, obwohl er bereits viele Versuche unternommen hat. Er justiert seine Traumfraueinstellungen oft neu. Entfernung, Alter, Figur, Kinderwunsch. Aber keine Konfiguration führt zu dem gewünschten Ergebnis. Es kommt oft zu ersten Dates, aber nur selten zu zweiten. Er scheint nicht der Typ seiner Traumfrauen zu sein.

Die Dating-App-Philosophie meines Bekannten erinnert an das Prinzip unserer Konsumgesellschaft, die uns verspricht, dass wir uns ein reiches und erfülltes Leben zusammenkaufen können. Und das funktioniert ja auch nicht so richtig. So viel wir auch kaufen, ein nachhaltiges Glück stellt sich nicht ein. Es ist kein Zufall, dass sich die Probleme in beiden Bereichen ähnlich sind: Sie sind verwandt.

Die Philosophie, mit der ich mich auf Dating-Apps bewege, ähnelt meiner Haltung als Konsument schon sehr.

Dating-Apps scheinen weniger für mich als Mensch entwickelt worden zu sein, sondern eher für den Konsumenten in mir. Sobald ich mich durch die Profile scrolle, übernimmt der Konsument. Dessen Wertesystem richtet sich allerdings an den Gesetzen des Marktes aus, und ich fürchte, es ist kein Zufall, dass sich inzwischen der Begriff Singlemarkt etabliert hat.

Praktisch alles, was ich als Konsument erwerbe, kaufe ich in der Überzeugung, es irgendwann einmal zu ersetzen. Durch ein verbessertes, moderneres Modell, das in meinem Leben einmal mehr Sinn ergeben wird. Offensichtlich habe ich dieses Prinzip so verinnerlicht, dass ich es inzwischen auch auf Menschen anwende.

Offensichtlich habe ich unterschätzt, wie fest die Gedankengänge des Konsumenten in mir verankert sind. Ich brauche Nachschub. Ich folge dem Glücksgefühl des Konsumenten, das nicht anhalten darf, immer wieder aufgeladen werden muss. Mit immer neuen potenziellen Traumpartnern, von denen man sich abwendet, sobald ein neuer potenzieller Traumpartner auftaucht. Ich habe mein Liebesleben in die Prinzipien der Marktwirtschaft eingebettet. Man kann sich auf dem heutigen Datingmarkt ansehen, was passiert, wenn man dem Markt die Entscheidungen in Bereichen überlässt, in die sich seine Gesetzmäßigkeiten nicht ausbreiten sollten.

Sowohl die Marktwirtschaft als auch Dating-Apps sind Werkzeuge. Werkzeuge sind amoralisch. Sie sind die reine, klare Funktion. Die Moral müssen *wir* hinzufügen. Aber wir machen das Gegenteil, wir haben uns an ihre Funktionen angepasst. Genauso wie Dating-Apps hat die Marktwirtschaft uns zu ihrem Werkzeug gemacht. Mit ihr haben wir ein System geschaffen, das unsere Wünsche, Sehnsüchte und Träume bestimmt. Es wäre klug, sich zu fragen, wer denn eigentlich festgelegt hat, dass das neueste iPhone-Modell so begehrenswert ist oder der Kredit, den man aufnimmt, um eine Immobilie finanzieren zu können.

Vielleicht sollte man sich die Frage stellen, wem unsere Sehnsüchte eigentlich nützen. Wenn ich meine Bedürfnisse an die Marktwirtschaft anpasse, nütze ich dem Wachstum der Wirtschaft. Wenn ich meine Bedürfnisse an die Funktionalitäten von Dating-Apps anpasse, nütze ich den Bilanzen des Unternehmens. Es sind immer wirtschaftliche Aspekte, die im Mittelpunkt stehen – und die meine Bedürfnisse steuern. Der Mensch gilt als Meister der Anpassung, aber mitunter wäre es dann doch klug, sich zu fragen, woran man sich da anpasst.

Um meine Handlungen an meinen Sehnsüchten auszurichten, müsste ich die Taktik ändern, mit der ich mich auf Dating-Apps bewege. Ich müsste mich auf eine tiefgehende Beziehung zu einer Frau konzentrieren. Eigentlich. Obwohl ich das weiß, setze ich dieses Wissen nicht ein. Das ist mein eigentliches Dilemma: die Lösung zu kennen, sie aber nicht anzuwenden. Die Möglichkeiten zerren an mir. Und ich weiß, dass es nur *vermeintliche* Möglichkeiten sind. Jedes neue Profilbild wird zur Projektionsfläche, auf die ich meine Sehnsüchte werfe. Ich weiß, dass ich mich damit selbst betrüge, aber ich mache weiter. Man fällt doch schnell in die Muster zurück, schließlich kennt man sich in ihnen gut aus. Ich muss es mir immer wieder aufs Neue sagen: Es liegt weniger am Werkzeug an sich, es liegt vielmehr daran, wie ich es benutze.

Der menschliche Fortschritt produziert gelegentlich seltsame Dinge. Manchmal denke ich, es wäre ein überlegenswerter Gedanke, die Idee davon zu ändern, wie wir menschlichen Fortschritt verstehen. Den Fortschritt wiederzuentdecken, den auch ich vernachlässigt habe.

Ein sinnvoller Weg wäre es, meine Persönlichkeit so zu entwickeln, dass ich imstande bin, neue Technologien so zu nutzen, dass sie meinen wirklichen Bedürfnissen entsprechen.

Ich finde es immer erstaunlich, wie viel ich brauchen soll, um ein glückliches Leben führen zu können. Dabei sind die Bedürfnisse des Menschen eigentlich ganz einfach. Wir wollen geliebt und in einer Gemeinschaft anerkannt werden, wir wollen uns nützlich und sicher fühlen. Mehr brauchen wir nicht. Alles andere dient nur der Kompensation dieser Grundbedürfnisse. Ich versuche, diese mit Ersatzbedürfnissen zu stillen, und bin ganz überrascht, dass sich das Gefühl nie einstellt, das ich erwartet habe.

In einer besseren Welt müsste schon in der Schule gelehrt werden, wie man die eigenen Bedürfnisse von den künstlichen Bedürfnissen unterscheidet, mit denen man täglich überschüttet wird. Wie man die eigene Empathie kultiviert sowie ein liebevolles Verhältnis zu sich selbst und anderen aufbaut. In dieser besseren Welt wäre Persönlichkeitsentwicklung ein eigenes Unterrichtsfach. Das ist der Fortschritt, den wir vernachlässigt haben. Mit einer entwickelten Persönlichkeit würde *ich* eine Dating-App benutzen – und nicht *sie* mich.

Aber wir leben nun mal nicht in einer besseren Welt. Darum liegt es – wie so oft – in unserer Hand, aus ihr eine bessere zu machen. Wir sind alle Teil des Problems, jede und jeder Einzelne von uns. Aber wer Teil des Problems ist, kann auch Teil der Lösung sein – und das ist doch ein vielversprechender Gedanke.

# Empathie gibt's nicht im Appstore

**Wie die meisten bin ich bereit, empathisch, reflektiert und umweltbewusst zu sein – außer es wird teuer. Dann werde ich schnell ignorant, umweltschädigend und egoistisch – aber unter Protest. Ein Blick auf die alltägliche Doppelmoral.**

Meiner Erfahrung nach ist man nur selten der Mensch, für den man sich hält. Die meisten registrieren es nur selten – leider, denn die Folgen dieses Missverständnisses sind nicht zu unterschätzen. Es ist ein Widerspruch, der sich auch durch mein Leben zieht. In einem Vortrag von Vera Birkenbiehl, den ich auf YouTube gesehen habe, erfuhr ich, dass es an meinem Verstand liegt. Seine Funktionsweise verhindert einen klaren Blick auf mich selbst. Wenn ich mir sage, welche Art Mensch ich bin, glaube ich mir das, auch wenn ich vollkommen anders handele. Und so geht es jedem. Es geht darum, sich zu verkaufen, vor allem vor sich selbst.

In meinem sorgsam entworfenen Selbstbild fühle ich mich einfach zu wohl, ich will es vor Beschädigungen schützen. Ein ungewohnter Blick auf sich selbst kann schnell wehtun, aber er ist auch die Voraussetzung, sich als Mensch weiterzuentwickeln. Um aus meinen Fehlern zu lernen, muss ich sie schließlich erst einmal sehen.

Mich zu sehr auf mein Selbstbild zu verlassen kann schnell zu Missverständnissen führen. Manchmal denke ich, es geht in einem Erwachsenenleben vor allem darum, Wege zu finden, die eigenen Gewissheiten über sich selbst zu prüfen, um den Menschen hinter der Person, für die man sich hält, und der Person, für die man gehalten werden möchte, klarer zu sehen. Bevor das eigene Leben zu einem Missverständnis geworden ist. Ein Eindruck, den ich im Übrigen bei nicht wenigen Personen habe, sobald ich sie nur ein wenig besser kennenlerne.

Das Fehlerhafte bei anderen zu entdecken ist natürlich einfacher, als es bei sich selbst zu sehen. Ich habe allerdings festgestellt, dass mir Fehlerhaftes in meinem Leben oft erst auffällt, wenn ich es bei anderen sehe. Wenn mich Eigenschaften bei anderen stören, überprüfe ich, ob dieses Missbehagen aus einem Perspektivwechsel entsteht. Einem uneingestandenen Perspektivwechsel auf mich selbst.

Als das vergangene Jahr begann, fragte mich ein Mann, der sich seit knapp drei Jahren in einer On-off-Beziehung befand, ob er der Beziehung nach acht Anläufen noch eine neunte Chance geben sollte. Er fragte sich laut, inwieweit ein erneuter Versuch etwas bringen würde. Die Frage klang rhetorisch, aber der Mann sah mich abwartend an. Offensichtlich erwartete er eine Antwort. Um Gottes willen, dachte ich, während ich ein beruhigendes Lächeln aufsetzte.

Eine On-off-Beziehung folgt einem Konzept, das ich nie verstanden habe. Sobald es zu Konflikten kommt, deren konstruktive Lösung die Beziehung weiterentwickeln könnte, entscheidet man sich, die Beziehung zu beenden, um nach einer Pause, sobald sich die Wogen geglättet haben, einen neuen Versuch zu wagen.

Ein neuer Versuch ergibt allerdings nur dann Sinn, wenn man aus den Fehlern gelernt hat, die zum Scheitern des ersten Versuchs geführt haben. Wenn man die Konflikte benannt und aufgelöst hat. In einer On-off-Beziehung gibt es diesen Effekt nicht. Man spielt das gleiche Stück mit den gleichen Darstellern immer wieder aufs Neue durch. Eine endlose Wiederholung des gleichen Themas. Eine selbst gebaute Hölle, in die sich niemand freiwillig begeben würde, der halbwegs reflektiert ist.

Ich riet ihm kopfschüttelnd davon ab.

Erst später verstand ich, dass ich mit diesem Rat auch mich selbst meinte. Trotz meiner inneren Entrüstung habe ich jahrelang das Gleiche gemacht. Alle meine Beziehungen entsprachen dem Prinzip einer On-off-Beziehung. Der Unterschied war, dass ich jeden neuen Versuch mit einer *anderen* Frau wagte. Bei mir wechselten die Darstellerinnen, das Thema blieb das gleiche.

Jede Trennung endete mit der vermeintlichen Erkenntnis, dass wir nicht zueinandergepasst hatten. Bei jeder Frau gab es andere Gründe, weshalb es nicht funktioniert hatte. Inkompatible Eigenschaften, ungünstige Umstände, falsche Timings. Die Begründungen, warum meine Beziehungen endeten, bildeten sich für mich aus vollkommen unterschiedlichen Problemen. Sie hatten nichts miteinander zu tun. Das nahm ich zumindest an. Ich übersah allerdings, dass es ein Element gab, das all diese Liebesgeschichten verband. *Mich.* Ich war die Konstante.

Auch jede meiner Beziehungen war eine neue Interpretation des gleichen Stückes. Die Figuren änderten sich, genauso wie die Kulissen, aber das Stück blieb gleich. Ein Stück, das von Ängsten, Zweifeln, fehlendem Vertrauen sowie unerkannten und unerfüllten Bedürfnissen bestimmt wurde.

Man kann die eigenen Überzeugungen prüfen, wenn man sie nach ihren Resultaten beurteilt. In meinen Liebesbeziehungen habe ich jahrelang angenommen, mich nach einer Langzeitbeziehung zu sehnen. Ich tat alles dafür, es war ein Hauptthema meines Lebens. Ich habe mehrere Bücher darüber geschrieben. Die Konsequenzen dieser Traumfrausuche sind allerdings eine schier endlose Aneinanderreihung abgebrochener Anfänge. Offensichtlich tat ich trotz meiner Sehnsucht dann doch alles dafür, eine tiefgehende Bindung zu einer Frau zu verhindern. Ich registrierte es nur nicht. Ich musste dringend meine Gewissheiten hinterfragen.

Bevor ich eine neue Beziehung begann, musste ich an etwas anderem arbeiten. Ich musste mich ändern, ansonsten würde jede neue Beziehung, die ich einging, aus den gleichen Gründen enden.

Wenn sich jemand schon bei ersten Anzeichen von Beziehungsproblemen trennt, hat er ein ganz anderes Beziehungsproblem, an dem er arbeiten sollte, bevor er eine Partnerschaft in Erwägung zieht. Und zwar eins mit sich selbst. Eine unbequeme Wahrheit, die sich gut verbergen lässt, wenn man sich selbst das Image des selbst erklärten Romantikers gibt.

Es ist erstaunlich, wie sehr nur ein scheinbar unbedeutender Perspektivwechsel den Blick auf sich selbst ändern kann.

Ich kenne einen Mann, der seit Monaten in Gesprächen betont, dass er jetzt vegan lebt. Er mache das, um unseren Planeten zu schützen. »Fleischkonsum steht in den Top 3 der Klimakiller«, sagt er überzeugt. Die meisten Leute, die ich kenne, verzichten auf Fleisch, weil sie sich gesund ernähren wollen und nicht, weil ihnen das Wohl der Tiere oder des Planeten am Herzen liegt. Mein Bekannter hatte sich nicht aus egoistischen, sondern aus ethischen Motiven dafür entschieden. Ich war beeindruckt.

Meine Bewunderung fällt allerdings in sich zusammen, wenn

ich weiter nachhake. Dann beginnt er widerstrebend von den Ausnahmen zu sprechen. Bei Besuchen bei den Eltern esse er Fleisch, weil er sie nicht verletzen wolle, auch bei Geburtstagsfeiern, Grillabenden – sowie an Donnerstagen, wie ich erst kürzlich erfuhr.

An einem Freitagmorgen sprachen wir über Facetime miteinander, während er mit seiner Familie gerade frühstückte. Irgendwann fragte er seinen fünfjährigen Sohn: »Willste noch was vom Döner?«

»Döner?«, fragte ich. »Bei euch gibt's Döner zum Frühstück?«

»Gestern war doch Dönerstag«, rief der Kleine gut gelaunt.

Dönerstag, dachte ich. Das klang etabliert. Der Veganismus meines Freundes beinhaltete offenbar eine gewisse moralische Flexibilität. Er war Veganer – aber unter Vorbehalt.

Erstaunlicherweise glaubte er wirklich, dass er vegan lebte. Man muss es sich offenbar nur oft genug sagen.

Wie viele Ausnahmen darf man machen, damit sie noch Ausnahmen sind? Das ist eine sehr gute, aber auch unbequeme Frage. Im Internet las ich, dass man bereits Wege gefunden habe, um sie sich nicht stellen zu müssen. Leute wie meinen Bekannten nenne man nicht Veganer, sondern Flexiganer. Es gebe auch Flexitarier. »Flexi« ist ein Halbwort, in dem man sich wohlfühlen kann, an ihm rutscht jeder Selbstzweifel ab. Jede Ausnahme wird unsichtbar. Das Selbstbild bleibt poliert. So gesehen sind Wladimir Putin oder Donald Trump Flexidemokraten, und wer mit dem SUV zum 800 Meter entfernten Wahllokal fährt, um grün zu wählen, müsste sich dann wohl flexiumweltbewusst nennen.

»Flexi« ist offenbar das Wort, auf das wir uns alle einigen können, dachte ich.

Seitdem bin ich sensibilisiert. Eine gewisse moralische Flexibilität ist eine Eigenschaft, die viele universell anwenden. Ich beobachte sie andauernd. Ich bin von Selbsterklärten umgeben. Und weil Empathie inzwischen zu einem deutschen Sehnsuchtswort geworden ist – gibt es gerade sehr viele Menschen, die mir erklären, wie empathisch sie sind.

Wie die Frau eines Freundes, die mir in regelmäßigen Abständen versichert, wie empathisch sie ist. Die enorme Ausprägung dieser Fähigkeit scheint sie selbst immer wieder aufs Neue zu überraschen.

Auch mich überrascht ihre Feststellung. Allerdings aus anderen Gründen.

Es treibt ihr die Tränen in die Augen, wenn sie das Leid in Kriegsgebieten sieht. Sie beschwert sich aber unmittelbar darauf über die Menschen, die aus denselben Kriegsgebieten in unser Land flüchten. Es ist ja schon eine beeindruckende Leistung, diesen Zusammenhang nicht zu erkennen. Ihre Empathie endet unmittelbar dort, wo sie ihre persönlichen Interessen bedroht sieht. Eine Empathin, die Probleme mit Kriegsflüchtigen hat, ist eine Empathin unter Vorbehalt. Eine Flexipathin.

Daran musste ich denken, als ich vor einigen Tagen im *Stern* gelesen habe, dass eine Mehrheit der Deutschen nicht mehr bereit sei, finanzielle Nachteile für die Sanktionen gegen Russland in Kauf zu nehmen. Wir leiden seit Februar 2022 mit der Bevölkerung der Ukraine, aber dieses Mitgefühl wird umgehend ausradiert, sobald uns die Maßnahmen gegen ihr Leid etwas kosten könnten.

Dass Empathie gerade in den vergangenen Jahren eine Renaissance erlebt, hängt vor allem damit zusammen, dass uns bewusst geworden ist, wie sehr wir diese Eigenschaft in unserem gesellschaftlichen Miteinander vernachlässigt haben. Wir sind den Konsequenzen ausgesetzt. Würden wir unsere Empathie kultivieren, zwischen den Menschen, in der Politik, auch der Weltpolitik, würden wir vollkommen andere Wege sehen, um mit den drängenden Problemen, Verwerfungen und Krisen umzugehen. Aber auf jeder Ebene bleiben die meisten nur so lange empathisch, solange es nicht teuer wird.

Im Sommer habe ich den Roman *Die Brüder Karamasow* gelesen, in dem Dostojewski diesen Wesenszug bereits beschreibt. »Wir folgen den edelsten Idealen«, schreibt er, »aber nur unter der Bedingung, dass sie, und das ist die Hauptsache, uns gar nichts kosten. Gegen das Zahlen haben wir nämlich eine schreckliche Abneigung, das Nehmen dagegen lieben wir sehr.«

Das Buch erschien 1879. Viel scheint sich seitdem nicht geändert zu haben.

Es ist ein menschlicher Makel, der gerade selbstreflektierten, empathischen Weltbürgern, für die sich so viele halten, eigentlich bewusst sein sollte. Eine gestörte Selbstwahrnehmung, aus der sich eine Doppelmoral bildet, die man gar nicht wahrnimmt. Solange sie unsichtbar bleibt, wird es Veganer geben, die dann doch immer mal Fleisch essen – aber unter Protest. Bis dahin kaufen viele weiterhin Fleisch, dessen Preis unterhalb dem von Tomaten liegt, um Geld zu sparen. Bis dahin bleiben wir Empathiker, deren Mitgefühl umgehend entfernt wird, sobald wir das Gefühl haben, unseren Lebensstil einschränken zu müssen. Und bis dahin bleiben wir Umweltbewusste, deren Umweltbewusstsein sofort gelöscht wird, sobald es teuer wird.

Es ist ein Selbstbetrug auf Kosten anderer. Die Grenze ist erreicht, wenn andere geschädigt werden, aber man sieht nur, welche Verletzungen man anderen zufügt, wenn man die Welt nicht nur durch das Objektiv der eigenen Bedürfnisse wahrnimmt.

Es ist schon aufschlussreich, wie verzerrt wir uns selbst wahrnehmen. Wie weit der Mensch, für den man sich hält, von dem entfernt sein kann, der man wirklich ist. Manchmal ist die Entfernung so groß, dass es eigentlich kaum noch Schnittmengen zwischen Selbstbild und Wirklichkeit gibt.

Manchmal gibt es auch gar keine. Tragisch ist nur, dass es niemandem aufzufallen scheint, wie sehr man sich selbst fortwährend fehldeutet.

Es ist nicht leicht, eigene Überzeugungen mit Handeln abzugleichen. Die Konsequenzen des eigenen Handelns zu beurteilen. So schwer es auch fällt, versuche ich das, was ich in meinem Alltag erlebe, in Beziehung dazu zu setzen, was ich für richtig halte. Meine Überzeugungen mit meinem Handeln abzugleichen. Um mich möglichst weit dem Menschen anzunähern, für den ich mich halte. Und auch entsprechend zu handeln. Die Folgen wären nicht zu unterschätzen.

# Die Dinge, die man nicht kaufen kann

Von den Risiken, in einer Kultur zu leben, in der die meisten vor allem in den Wohlstand investieren, der von außen gut aussieht.

Ich habe noch nie einen Kredit aufgenommen, weil mir der Gedanke missfällt, mich für Jahrzehnte zu binden, vor allem an Institutionen wie eine Bank. Allein der Gedanke daran engt mich ein. Ich hätte das Gefühl, mein Leben wäre für die Dauer der Kreditlaufzeit festgeschrieben. Dass ich schon jetzt genau wüsste, wie mein Leben in 15 oder 20 Jahren aussehen würde. Es ist das Gefühl, etwas aufzugeben, was ich nicht aufgeben will.

Wenn ich mir eine Version meines Lebens vorstelle, in der ich nicht kündigen könnte, wenn mich meine Arbeit unglücklich macht, weil ich Kredite abzuzahlen hätte, könnte ich auch eine Figur des Universums sein, das sich Franz Kafka ausgedacht hat. Eine Figur, die sich fremdbestimmt fühlen würde, ausgeliefert, die aber trotzdem weitermacht. So stelle ich mir die Hölle vor. Ich will mein Leben nicht führen, um einen Kredit abzuzahlen. Ich will dem Geldverdienen nicht alles unterordnen müssen. Wenn das Leben nur noch um Geld kreist, kann man schnell aus den Augen verlieren, worauf es im Leben eigentlich ankommt. Und meiner Erfahrung nach verliere ich das ohnehin viel zu oft, auch ohne an die jahrelange Abzahlung eines Kredits gefesselt zu sein.

Ich kenne einen Mann namens Stephan, der einen sehr hohen Kredit aufgenommen hat, um ein Grundstück in Pankow zu kaufen, auf dem eine Kaufmannsvilla steht, die 1923 gebaut worden war. Er ließ sie renovieren und einrichten, um mit seiner Frau ein perfektes Leben zu führen. Als sie nach anderthalb Jahren Bauarbeiten in das Haus zogen, war er kurz davor, sich vollständig zu fühlen. Die Infrastruktur war da, sie konnten endlich beginnen, das Leben zu leben, das er sich immer gewünscht hatte. Dann passierte etwas Unerwartetes. Seine Frau verließ ihn.

Einige Wochen, nachdem ich von ihrer Trennung erfuhr, habe ich Stephan besucht. Wir schritten die hohen Räume ab. Es war alles da. Von den modernen, maßgeschneiderten Möbeln über die Böden aus Materialien, die man berühren möchte, um zu spüren, wie sie sich anfühlen, bis hin zur chromglänzenden italienischen Espressomaschine.

Es war die perfekte Kulisse, auch wenn ich sie mit den Entwürfen meines idealen Lebens verglich. Aber es fühlte sich alles falsch an. Es war deprimierend, ihn in den leeren Räumen stehen zu sehen. Während Stephan von den Vorzügen des Hauses sprach, fiel mir auf, wie verloren er in der Kulisse eines Lebens wirkte, die er um seine Vorstellung von Glück gebaut hatte. Die unberührte Kulisse eines Kinofilms, die nicht mit Leben gefüllt war, weil es keine Darsteller gab.

Stephan hatte sich auf diese Kulisse eines perfekten Lebens konzentriert. Er arbeitete viel, um die Vorstellung, in der sein Leben stattfinden sollte, Wirklichkeit werden zu lassen. Während er an der Infrastruktur seines Lebens arbeitete, meist bis spät in die Nacht, um es zu finanzieren, vernachlässigte er die

Infrastruktur, auf die es eigentlich ankam. Er war so sehr mit den Kulissen beschäftigt, dass er den Blick dafür verlor, was ihre Ehe eigentlich ausmachte. Er hatte in die falsche Form von Wohlstand investiert. In die, die von außen gut aussieht. Er hat vernachlässigt, in das Wesen seiner Ehe zu investieren.

Nach der Besichtigung des Hauses saßen wir auf seiner Terrasse, tranken Espresso und blickten in den angrenzenden Garten. Das Licht fiel gut. Als ich mich zu meinem Freund drehte, fiel mir zum ersten Mal auf, wie sehr die Trennung Stephans Züge verändert hatte. Jetzt wirkte er tatsächlich wie die Figur in einer Filmszene. Nach der Postproduction sozusagen. Die Farben stimmten, die Perspektive und auch sein abwesender Blick. Er wirkte gecastet. Man musste nur noch ein Foto machen.

Stephan hatte die perfekte Oberfläche geschaffen.

Er könnte die Lücke, die seine zukünftige Ex-Frau in sein Leben riss, durch eine Interieur-Influencer-Karriere ersetzen. Er könnte ein Instagram-Profil anlegen, in dem er das Haus ausstellte. Mit Vorher-Nachher-Bildern, perfekt inszenierten Fotos der Einrichtung, ein Spiel mit den Perspektiven. Er könnte Fans haben. Eine Inspiration sein. Orientierung geben.

Ich könnte sein Follower sein, dachte ich.

Wir Follower würden ihm in Kommentaren versichern, wie sehr wir uns wünschten, was er sich aufgebaut hatte. Er konnte diese Oberfläche inszenieren. Seine Follower würden davon ausgehen, sein Leben wäre perfekt. Ihr Lob, ihre Likes und ihre Anzahl würden seine Seele streicheln und den Schmerz lindern, der ihn hinter der perfekten Oberfläche quälte. Er könnte sie pflegen und polieren. Ihr Funkeln würde andere blenden, und ihre wohlwollenden oder neidischen Blicke könnten ihm helfen, das Leid auszublenden, das sich dahinter verbirgt. Es ist eine Flucht. Ein Kompensieren. Ein Glücksersatz, der sich aus Bestätigungen zusammenschiebt.

Es ist erstaunlich, wie viele Interieur-Influencer sich Life-Influencer nennen. Da fangen die Missverständnisse schon an. Mit dem Wort »Life«. Manchmal durchforste auch ich Pinterest oder Instagram, um zu sehen, wie andere eingerichtet sind. Auch ich kann mich der Überzeugung nicht entziehen, einen intimen Blick in ein Leben zu werfen. Ich neige dazu, anhand sorgsam arrangierter und ausgeleuchteter, aus der perfekten Perspektive fotografierter Einrichtungen auf ein Leben zu schließen.

Dabei betrachte ich nur ästhetische Fotos, in denen kein Leben stattfindet. Sie sind nur eine Leinwand, auf die ich meine Sehnsüchte werfe. So wie ich durch die Straßen von Prenzlauer Berg laufe und hinter den liebevoll sanierten Gründerzeitfassaden ein besseres Leben erwarte. Für die Darstellung von Glück wird Glück nicht benötigt. Es fällt nur schwer, das nicht zu übersehen.

Nach den Überlegungen auf Stephans Terrasse hatte sich der Blick geändert, mit dem ich die Fotos betrachtete. Mir fiel vor allem ein Detail auf, das die meisten Bilder vereinte. Die Ordnung, die etwas Klinisches hat. Möbel und Objekte scheinen millimetergenau aneinander ausgerichtet zu sein. Die Wohnungen, nach denen sich so viele richten, scheinen von Menschen eingerichtet zu werden, die unter massiven Zwangsstörungen leiden. Eigentlich gilt es als Rentnerangewohnheit, wenn jemand Fernbedienung, Fernsehzeitschrift oder Aschenbecher sorgsam an der Tischkante ausrichtet. Früher hat man so etwas belächelt. Heute offensichtlich nicht mehr. Heute legt man Bücherstapel auf Sideboards, die wirken, als wären sie mit dem Maßband positioniert worden. Es ist ästhetischer. Vielleicht liegt es daran, dass es vielen nicht auffällt. Sie klicken sich beeindruckt durch diese Kataloge für ein verbessertes Leben, und übersehen, dass in ihnen ein zwangsneurotisches Glück inszeniert wird.

Man wagt es sich kaum vorzustellen, was ein dem Gesamtkonzept des Raumes widersprechendes Detail anrichten kann. Wenn einer der Bücherstapel durch eine Unachtsamkeit leicht verschoben wird und man erst auf den Fotos erkennt, dass er nicht mehr parallel zur Kante des Sideboards liegt. Aus der Serie »Criminal Minds« weiß ich, dass man das einen Auslöser nennt. Die Serie handelt von Serienmördern und nicht von Interior-Influencern, aber ich kann mir ziemlich gut vorstellen, dass ein falsches Detail, das die perfekt ausgeleuchtete Ordnung stört, solche Wohnungen schnell in den Tatort eines Kapitalverbrechens verwandeln kann.

Vielleicht erklärt das auch die Vorliebe, die die Deutschen für True-Crime-Podcasts und Sonntagabendkrimis entwickelt haben. In einem perfekt zusammengestellten Leben, das mit Lebendigkeit eigentlich gar nichts mehr zu tun hat, sehnt man sich nach einer Grenzüberschreitung. Man braucht ein Ventil.

Es ist noch gar nicht so lange her, da erfuhr ich in einem langen, traurigen Telefonat mit meiner Ex-Freundin Anna, was passieren kann, wenn man sich darauf konzentriert, die perfekte Fassade zu modellieren, während man das vernachlässigt, was sich dahinter verbirgt. Es war ein Telefonat, das mir zeigte, wie weit der Abstand zwischen der Kulisse und dem Wesen einer Beziehung klaffen kann.

Wir hatten lange nicht mehr miteinander gesprochen. Über

Freunde, Google-Suchen und Social Media betrachtete ich ihr Leben aus der Ferne. Ich wusste, dass sie inzwischen verheiratet war und zwei Kinder hatte, die sie mit ihrem Ehemann in einer Eigentumswohnung in einem beschaulichen Vorort von München großzog. Sie schien glücklich zu sein. Angekommen.

Bis sie sich von ihrem Mann trennte.

Einige Monate nach der Trennung meldete sie sich überraschend bei mir. Anna erzählte von ihrer Ehe und davon, was zu ihrem Ende geführt hatte. Sie begann die Kulissen niederzureißen, indem sie begann, von der Realität zu sprechen, die sich hinter ihnen verbarg. Was dann sichtbar wurde, wirkte entstellt. Es war seltsam, denn Anna entfernte die perfekt modellierte Fassade, und mir erschien die Wahrheit wie ein Zerrspiegel.

Natürlich gab es eine Zeit, in der sie glücklich gewesen waren, erzählte sie, ganz am Anfang, das hatte sich allerdings mit ihrem Umzug nach München geändert, als sich herausgestellt hatte, dass sie mit ihrem zweiten Kind schwanger war. Ihr Mann hatte sie mit den Worten beglückwünscht: »Ich war jetzt sieben Jahre auf Platz zwei und hatte gehofft, auch mal wieder im Mittelpunkt zu sein. Das hast du mir jetzt versaut.«

Dann suchte er sich jemanden, bei dem er im Mittelpunkt stehen konnte.

Anna erfuhr von der Affäre ihres Mannes, als sie von einer ihr unbekannten Frau, die ebenfalls hochschwanger war, vor ihrer Wohnung abgepasst wurde, um sie darüber zu informieren, dass in ihnen gerade zwei Halbgeschwister heranwuchsen.

»Gott«, rief ich.

»Es geht noch weiter …«, sagte Anna.

Annas Mann litt sehr darunter, dass seine Affäre ein Kind bekam. Jetzt brauchte er jemanden, der für ihn da war. Anna war da. Hochschwanger hörte sie ihm zu. Hochschwanger gab sie ihm Halt.

Ihr Glück war durch eine endlose Aneinanderreihung von Verletzungen, Erniedrigungen, verletzten Eitelkeiten und falschem Stolz ersetzt worden. Aber von außen sah es gut aus.

»Als ich ihn verlassen habe, habe ich 43 Kilogramm gewogen«, sagte sie gegen Ende des Telefonats.

Als Anna die Kraft fand, sich aus der Ehe zu lösen, verließ sie auch die Kulissen, die dem vorgegebenen Klischee eines perfekten Lebens entsprachen. Sie verließ das Glück, das man kaufen kann. Sie verließ die Kulissen und wechselte auch die Rolle.

Jetzt war sie keine Frau mehr, die jederzeit ein perfektes Mama-Bloggerinnen-Leben in einem Münchner Vorort führte. Sie war eine alleinerziehende Mutter in einer kleinen Dreizimmerwohnung. Man kann es schnell als einen Rückschritt empfinden, wenn man die Maßstäbe anlegt, nach denen viele in unserer Kultur ihre Welt ordnen. Aber das Gegenteil war der Fall: Es war ein Fortschritt. Es war eine Befreiung. Jetzt war Anna glücklicher, sie fühlte sich freier, lebendiger. Sie hatte sich aus einem Korsett befreit, das ihr die Luft zum Atmen genommen hatte.

Wenn die Kulisse gut aussieht, wird das Leben, das in ihr stattfindet, auch gut sein. Das ist eine Überzeugung, der auch ich mich nur schwer entziehen kann. Die Äußerlichkeiten entscheiden über das Innere. Als wären die Kulissen nicht der Hintergrund, vor dem sich ein Leben abspielt, sondern die notwendige Voraussetzung eines glücklichen Lebens. Die Kulissen, die viele errichten, um sich selbst und der Welt zu zeigen, wie gut es ihnen geht. Sie schieben sich über unsere inneren Zustände. Sie verbergen sie. Auch vor uns selbst. Wirklich interessant ist ja, was man freilegt, wenn man die Kulissen entfernt.

Die Deutschen haben viel investiert: in Kredite für Wohnungen, Häuser und Küchen, in Technik, Einrichtungen und Autos. Damit die Kulisse stimmt. Die meisten stellen sich ein Leben zusammen, weil sie annehmen, dass es sie glücklich macht, wenn es erreicht ist. Man arbeitet und nimmt Kredite auf, um sich ein solches Leben leisten zu können.

Es liegt an unserer Kultur, in der wir gelernt haben, dass es die Äußerlichkeiten sind, die uns ausmachen. Darum sehnen sich viele danach, Popstars, Millionäre oder erfolgreiche Geschäftsleute zu werden. Sie sind die Helden unserer Zeit. Obwohl ich es besser weiß, sehe auch ich, was sie erreicht haben, und setze intuitiv voraus, dass sie glücklich sind. Es ist ein Missverständnis, und ich muss mich immer wieder aufs Neue zwingen, mich diesem Missverständnis zu entziehen.

Auch ich habe gelernt, Erfolg richtet sich an Äußerlichkeiten wie Geld, Status oder körperlicher Perfektion aus. Obwohl ich vom Gegenteil überzeugt bin, richte ich meine Handlungen danach aus. Der missverstandene Wohlstand ist Teil meiner DNA. Eine tiefe Überzeugung, die mir im Alltag gar nicht bewusst ist. Das macht es noch schwerer, diese Überzeugung zu überschreiben.

Auch ich habe mich auf die Oberflächen konzentriert, auf die Kulissen und Fassaden. Das mache ich immer noch. Wenn die Kulisse gut aussieht, wird das Leben, das in ihr stattfindet, auch gut sein. Davon ist etwas in mir fest überzeugt.

Ich lebe in einer Wohnung in der Berliner Karl-Marx-Allee, dem größten Flächendenkmal Europas. Das Gebäude beeindruckt meine Gäste genauso wie die Aussicht von meinem Balkon. Meine Eltern vergleichen meine Einrichtung mit Fotos in Möbelkatalogen, deren Preise sie nicht verstehen. Und sie haben ja recht, sogar mehr, als sie ahnen. Ich kultiviere den

Michael-Nast-Katalog für ein vermeintlich gefülltes Leben. Ich setze mich aufs Rad, ich stemme Gewichte, ich achte auf meine Ernährung, um in diesen Katalog zu passen. Für ihn ordne ich der Arbeit alles unter, die ja auch eine wichtige Rubrik darin ist.

Jeder Erfolg, jedes Kompliment, jede Bestätigung hilft mir zu übersehen, was es mich kostet, dass ich mit all diesen Bestandteilen nur eine Oberfläche modelliere. Die Kulisse stimmt, aber in gelegentlichen, ganz speziellen Momenten wird mir klar, wie sehr ich es versäumt habe, in das zu investieren, was dahinterliegt. Seelisches Wohlbefinden, wirkliche Lebensfreude und die Fähigkeit, das zu lieben, was an mir liebenswert ist.

Ich habe versäumt, die Kulissen mit den Dingen zu füllen, auf die es eigentlich ankommt. Mit den Dingen, die man nicht kaufen kann.

# »Das ist keine Liebe, das ist ganz was anderes.«

**Warum ich mich professionell beraten lassen werde, sobald ich meine nächste Beziehung eingehe.**

Es erstaunt mich immer wieder, wie verletzend Menschen miteinander umgehen können, die behaupten, sich etwas zu bedeuten. Obwohl die meisten betonen, wie wichtig ihnen Beziehungen oder Partnerschaften sind, sind diese oft von unzähligen Kränkungen, Demütigungen und Dramen durchzogen. Manchmal denke ich, in einem Erwachsenenleben scheint es vor allem darum zu gehen, wie man lernt, mit den vielen kleinen und großen Verletzungen umzugehen, die wir dabei einander zufügen.

Ich frage mich oft, wie wichtig uns gesunde Beziehungen, Familien und Partnerschaften tatsächlich sind, obwohl das Verhalten vieler ja oft vollkommen andere Schlüsse zulässt. Warum gehen die meisten gerade in den Bereichen des Lebens, die uns am kostbarsten erscheinen, so achtlos miteinander um?

Ich bin da ein sehr gutes Beispiel. Sosehr ich mir und anderen auch versicherte, wie sehr ich mich nach einer liebevollen Beziehung sehnte, behandelte ich meine Freundinnen nicht so, wie man eine Person behandeln sollte, mit der man sich eine gemeinsame Zukunft wünscht. Genauso wie ich mit den Frauen umging, gingen sie allerdings auch mit mir um. Es war gewissermaßen eine Teamleistung.

Über die Jahre habe ich mich sehr eingehend damit beschäftigt, wo meine Probleme lagen. Meine eigentlichen Probleme, die sich hinter dem Offensichtlichen verbargen. Inzwischen kenne ich mich mit meinen Defiziten ziemlich gut aus. Ich habe recherchiert, unzählige Bücher durchgearbeitet, Artikel studiert und mit Psychologen gesprochen. Ich fand heraus, dass meine Beziehungsprobleme vor allem mit meinen Verlustängsten zusammenhingen, meiner damit verbundenen Bindungsangst und meiner Neigung zu narzisstischen Zügen. Ich erfuhr, dass sich diese Kombination aus den Verletzungen gebildet hatte, die ich über die Jahre in den Beziehungen zu anderen gesammelt hatte. Sie waren ein Mittel meiner Psyche, mich vor erneuter Verletzung schützen. Darum wogen die schlechten Erfahrungen schwerer als die guten, vor Glück musste ich ja nicht beschützt werden. Jede Erfahrung hatte Spuren hinterlassen und mich zu der Person gemacht, die ich heute bin.

Zusammengenommen flossen all diese Einsichten in einer universellen Gewissheit zusammen: Offenbar ist diese Person nicht fähig, eine gesunde Beziehung zu führen, die Bestand hat.

Im Internet habe ich mich über das Geheimnis langjähriger glücklicher Partnerschaften informiert. Ich fand heraus, dass sich ihre Grundpfeiler in der Theorie aus Wertschätzung, Toleranz, Loyalität und Vertrauen bilden sowie gemeinsamem Humor und Sex. Wenn ich mir allerdings die meisten langjährigen Beziehungen in meinem Umfeld so ansehe, scheint ihr Fundament in der Praxis nicht unbedingt aus diesen Zutaten gegossen worden zu sein.

Es gibt nicht wenige Paare in meinem Umfeld, die mir das Gefühl geben, mir einen zu tiefen Einblick in ihren Beziehungsalltag gegeben zu haben. Ich weiß einfach zu viel, um noch mehr wissen zu wollen. Es ist ein Wissen, das meine romantischen Hoffnungen zerstört.

Ein gutes Beispiel für ein Paar, das diese Empfindungen auslöst, sind Jasmin und Friedrich. Ich kenne die beiden aus meinen Kölner Jahren. Seitdem halten wir losen Kontakt. Im Sommer habe ich sie über ein verlängertes Wochenende besucht. Die beiden sind seit 18 Jahren zusammen. Ein Umstand, der darauf schließen lässt, ihnen wäre das Geheimnis langer Beziehungen bekannt. Der Preis, den sie diese Beständigkeit kostet, widerspricht meiner Idee einer Partnerschaft allerdings vollkommen.

Jasmin bespricht gern mit anderen, was sie an ihrem Freund stört. Das ist nicht ungewöhnlich. Ich meine, jeder macht das. Mir halfen Gespräche mit Freunden auch, meinen Anteil an den Konflikten mit meinen Ex-Freundinnen klarer zu sehen. Jasmins Beweggründe liegen allerdings woanders. Sie bespricht ihre Beziehungsprobleme öffentlich – allerdings in Anwesenheit von Friedrich. Während er hilflos neben ihr sitzt, zählt sie seine Makel auf, als wäre er gar nicht dabei. Sie führt ihn vor. Das ist ziemlich unangenehm.

Dabei glaube ich zu verstehen, worum es ihr geht. Sie will Friedrich erziehen. Ihr geht es darum, Friedrich davon zu überzeugen, dass sie recht hat. Sie sucht nach Gleichgesinnten, die ihre Auffassung bestätigen. Wenn andere seine Fehler bestätigen, überzeugt es ihn, sich zu ändern. Das ist so in etwa ihr Ansatz. Ihr pädagogischer Ansatz. Es ist nicht ihr einziger.

Eine weitere Methode, die sie nutzt, um Friedrich zu verdeutlichen, dass sie recht hat, ist es, ihn vor anderen zurechtzuweisen. Auch das ist ziemlich unangenehm. Noch unangenehmer ist jedoch die Form, in der sie das tut. So spricht sie mit ihm, wie eine ungeduldige Mutter mit einem begriffsstutzigen Kleinkind reden würde. Leider weist sie Friedrich in diesem Ton auch vor ihrem gemeinsamen Kind zurecht. Ihre fünfjährige Tochter spricht inzwischen ebenfalls über ihren Vater, als wäre er der Dorfdumme.

»Friedrich sagt dämliche Sachen«, unterbricht sie ihren Vater ständig. Ich weiß das, weil sie es vor mir tut. Und vor anderen. Sie kopiert, was sie von ihrer Mutter gelernt hat.

Wenn Jasmin ihr eigenes Kind miteinbezieht, um recht zu haben, ist etwas gekippt. Die Frau hat die Verhältnismäßigkeiten verloren. Um zu beweisen, dass ihre Sicht auf die Dinge richtig ist, ist ihr egal, was es kostet. Ihre Tochter nennt ihren Vater beim Vornamen, ihre Mutter nennt sie liebevoll Mama. Für einen Therapeuten wäre es sicherlich nicht uninteressant zu beobachten, wie sich das Kind entwickelt. Wie es im Erwachsenenalter Männer sieht. Es befindet sich schließlich in der prägendsten Phase seines Lebens.

Am ersten Abend meines Besuchs trafen Jasmin, Friedrich und ich uns mit zwei weiteren befreundeten Paaren im Belgischen Viertel.

Während wir vor dem Hallmackenreuther standen, gellte Friedrichs Vorname so laut über den Brüsseler Platz, dass sich Passanten irritiert nach uns umdrehten.

»Friedriiiiiiiiiiiich!«, rief Jasmin, obwohl er direkt neben ihr stand. Es war unerträglich. Irgendwann nahm mich der Mann des einen befreundeten Paares zur Seite.

»Was haben die denn für eine Beziehungsdynamik?«, flüsterte er fassungslos. »Das ist ja total toxisch.«

Der Mann ist Psychologe. Er kann es beurteilen. Es war der erste professionelle Blick, der auf ihre Beziehung geworfen wurde. Und so wie es aussieht, hätte sie noch weitere nötig.

»Man sollte sich immer fragen, ob man jemanden, den man liebt, so behandelt«, sagte ich.

»Das ist keine Liebe, das ist irgendwas anderes«, sagte er bitter. »Wir schließen ja schon seit Jahren Wetten darüber ab, wann er sie verlässt.«

»Ist das so?«, fragte ich.

»Jasmin beschwert sich doch über alles, was ihn betrifft. Sie führt ihn vor, sie verbietet ihm den Mund. Das ist ganz schrecklich, wie die Frau sich verhält.«

»Jasmin hat eigentlich nur *ein* massives Beziehungsproblem«, sagte er nach einer Pause. »Und zwar zu sich selbst. Schade ist nur, dass sie das anders sieht.«

Manchmal denke ich, Jasmin und Friedrich haben sich an die Zweisamkeit gewöhnt, wie ich mich als Single ans Alleinsein gewöhnt habe. Sie kennen sich in dem Entwurf aus. Auch wenn beide unter dem anderen leiden, würden sie diese Sicherheit nicht aufgeben. Sie haben sich mit den vielen kleinen alltäglichen Machtkämpfen abgefunden. Sie sind zu einer Gewohnheit geworden.

Wahrscheinlich nehmen die beiden sogar an, das gehöre zu einer Beziehung. Dass man es aushalten muss. Offensichtlich wissen sie, wie man eine langjährige Partnerschaft führt, haben aber keine Ahnung davon, wie man diese pflegt.

Aushalten, ertragen und weitermachen, dachte ich hilflos, als ich auf dem Heimweg im ICE saß. Das durfte einfach nicht das Geheimnis einer langen Beziehung sein.

Ein befreundeter Paartherapeut hat mir mal gesagt, dass es

nie um *das Thema* eines Konflikts geht, sondern immer nur darum, *wie* man sich in diesem Konflikt begegnet.

Es gibt einen Punkt, der auf den Listen für eine glückliche Partnerschaft immer auftaucht. Man solle sich einen Tag monatlich festlegen, an dem man miteinander bespricht, was einen am anderen stört. Ohne es in einen Streit münden zu lassen. Ich glaube, dass es sehr schwer sein kann, solche Gespräche objektiv zu führen, ohne dass die Emotionen hochkochen. Ihnen würde ein professioneller Blick helfen. Eine Art Moderator, der sich mit Psychologie auskennt, jemand, der die richtigen Fragen stellt, Missverständnisse freilegt und einordnet, der Bedürfnisse benennt, die einem selbst oft gar nicht klar sind. Ein seriöser Coach, um den Blick für die alltäglichen Nachlässigkeiten und Versäumnisse zu schärfen, die Paare im Umgang miteinander oft gar nicht sehen.

Trotz meiner unaufgearbeiteten Konflikte bin ich immer wieder neue Beziehungen eingegangen und war jedes Mal aufs Neue überrascht, wenn diese scheiterten. Auch wenn es brutal klingt: Rückblickend kann ich sagen, dass ich durch die unaufgearbeiteten Konflikte mit mir selbst eine Zumutung für meine Ex-Freundinnen war. Genauso wie sie auch eine Zumutung für mich waren. Wie bereits erwähnt: Es waren Teamleistungen.

Damit sind wir allerdings keine Einzelfälle. Dieses Prinzip trifft auf die meisten zu. Viele von uns stecken in den Verletzungen ihrer Vergangenheit fest. In ihrer Kindheit, in ihren vorherigen Beziehungen und in jeder Trennung, egal, ob sie am Ende einer mehrjährigen Partnerschaft standen oder einer zweimonatigen Liebschaft. Und genauso wie ich haben die wenigsten diese Verletzungen aufgearbeitet.

Die Folgen dieser Verletzungen beginnen oft unbemerkt. Sie

wachsen über die Jahre, bis sie die Beziehung bestimmen und irgendwann zu ihrem Wesen geworden sind. Solche Paare machen weiter, sie widmen sich ihren Gewohnheiten, arbeiten sich durch die Erledigungen des Alltags, haben kaum noch Sex. Sie gehen nicht mehr wertschätzend miteinander um, streiten sich oder schweigen über die Konflikte hinweg. Aber sie bleiben zusammen und nennen dieses Weitermachen Liebe. Solche Paare erleben ihre Beziehung nicht mehr. Sie führen sie, wie man jeden Sonntagabend Tatort guckt. Man beschwert sich über die nachlassende Qualität, aber er hat einen festen Platz im Alltag. Er ist etwas Sicheres, man kann sich darauf verlassen, dass er am Sonntagabend pünktlich ausgestrahlt wird. Und irgendwann sitzt man sich in einem Restaurant gegenüber, schweigt sich an und fragt sich, warum man zu einem dieser Paare geworden ist, zu dem man nie werden wollte.

Ich denke an Jasmin und Friedrich. So darf es nicht enden. Niemals.

Ich bin mir meiner Defizite bewusst. Ich weiß, dass ich mich in meiner nächsten Beziehung professionell beraten lassen werde, sobald ich die Symptome meiner Bindungsangst spüre. Sobald ich mich eingeengt fühle, sobald ich beginne, nach Fehlern zu suchen, sobald ich die Beziehung anhand von kleinen Details infrage stelle. Ich kann lernen, gesunde Beziehungen zu führen. Indem ich lerne, anderen zuzuhören – also wirklich zuzuhören, indem ich lerne, nicht nur mich selbst zu sehen.

Es ist eine Fortbildung, die meinem gesamten Leben eine neue Qualität geben wird, denn sie ist auf alle Formen menschlichen Miteinanders anwendbar. Auf Beziehungen, Familien und Partnerschaften.

Es hat sich erwiesen, dass dem Menschen nur eine hohe Qualität sozialer Verbindungen das Gefühl gibt, ein reiches und erfülltes Leben zu führen. Aus ihnen bildet sich dieses Gefühl, nach dem auch ich mich so sehr sehne. Daraus entsteht Glück. Und zwar nachhaltiges Glück.

# Der Singleblick

**Es ist nicht der Alltag, der die Liebe abnutzt. Der Grund für die wirklichen Abnutzungserscheinungen ist vor allem, wie Paare mit ihrem Alltag umgehen.**

In Beziehungen nimmt man oft zu. Das kann verschiedene Gründe haben. Ich kenne zum Beispiel eine Frau, die jegliche Abnehmversuche ihres Freundes Alexander sabotiert. Sie macht das, damit er für andere Frauen uninteressant bleibt. Sie gibt das offen zu. Auch vor anderen. Auch in seiner Anwesenheit. Es ist ganz schrecklich. Unser Freundeskreis beobachtet seit Jahren, wie sein Körper die Form verliert, damit sich keine Frauen mehr nach ihm umdrehen.

In der Küche ihrer gemeinsamen Wohnung gibt es eine Schublade, die mit Süßigkeiten gefüllt ist. Vor allem mit Schokoladenprodukten, was Alexander seltsam erscheinen müsste, weil seine Freundin laktoseintolerant ist. Darum nutzt nur er diese Schublade. Er öffnet sie jeden Abend, immer direkt nach dem Abendbrot. Von späten Abendessen ist abzuraten. Alexander geht täglich mit einem Zuckerschock ins Bett. Und so sieht er inzwischen auch aus.

Es ist ein Phänomen, das ich seit Jahren nachzuvollziehen versuche. Wann steht man vor dem Spiegel und entscheidet sich dafür, dass es nicht mehr darauf ankommt? Es ist keine bewusste Entscheidung, sie wird von etwas in einem getroffen. Der Plan seiner Freundin ist nicht nur aufgegangen, sie hat ihn übererfüllt. Die Frau dürfte stolz auf sich sein.

Die meisten nehmen in Beziehungen aus anderen Gründen zu. Oft sind es allerdings Gründe, die weniger berechnend sind.

Meine letzte Gewichtszunahme hing ebenfalls mit einer Frau zusammen. Ich nahm allerdings nicht in unserer Beziehung zu, sondern in der Zeit nach der Trennung. Drei Monate später empfand ich mein Singledasein immer noch als offiziellen Status. Es fühlte sich noch nicht so an. Ich befand mich in einer Art Zwischenzustand, in dem sich die Familienstände mischten. Der Single hatte sich tief in mich zurückgezogen. Er war noch vorhanden, aber er war nicht mehr wahrnehmbar.

Obwohl die Trennung von mir ausgegangen war, musste etwas in mir meine Gefühle korrigieren. Sie den geänderten Umständen anpassen. Das beanspruchte mehr Zeit, als ich erwartet hatte. Ich war noch nicht bereit. Die gelegentlichen Großpackungen Ben & Jerry's waren mir lieber als Menschen. Sie waren liebevoll, ausgeglichen und nachsichtig. Sie kannten keine Launen, falschen Erwartungen oder Missverständnisse. Und es gab sie in originellen Geschmacksrichtungen. Ich gab mich ihnen hin.

Aber an einem Morgen änderte sich etwas. Ich spürte einen ungewohnten Impuls. Den Impuls, mich auf die Personenwaage zu stellen, die neben meinem Schlafzimmerschrank stand.

Wenn ich nach meinem Gewicht gefragt werde, fällt immer dieselbe Zahl. Es ist eine Zahl, die meinem Gewichtsselbstverständnis entspricht. Ausbrüche sieht dieses Selbstverständnis nicht vor. Mein Gewicht pendelt immer um die 80 Kilo. Auch 82 Kilo sind schon vorgekommen, in Ausnahmefällen sogar 83.

Es kommt ja auch immer auf die Tageszeit an. Aber an diesem Aprilmorgen zeigte meine Waage eine Zahl, die eigentlich nur auf einen Funktionsfehler des Geräts schließen ließ.

Auf dem Display schimmerte sanft eine bläuliche 89.

Neunundachtzig!

Ich versuchte hilflos, nachzuvollziehen, wie es überhaupt möglich war, so unbemerkt neun Kilogramm zuzunehmen. Aber dann fielen mir die Ausnahmen ein. Vor allem, was die 500-Gramm-Packungen Ben & Jerry's betraf. Ich verzehrte sie weniger gelegentlich – eher täglich.

Jede dieser Packungen kaufte ich aus tiefster Überzeugung, sie essen zu dürfen, weil ich mich ab dem nächsten Tag wieder konsequent bewusst ernähren würde. Natürlich verbunden mit dem intensiven Sportprogramm, das ich im Internet recherchieren und unverzüglich umsetzen würde. Das würde diese eine letzte Sünde rechtfertigen.

Tja.

Die letzten Sünden breiteten sich unbemerkt in meinem Alltag aus, und sie bestanden nicht nur aus Ben-&-Jerry's-Großpackungen. Ich setzte mein »ausnahmsweise« universell ein. Pizzabestellungen, Weinabende, aber es fiel mir nicht auf.

Mein Alltag war von Ausnahmen durchsetzt. Wie oft muss man eine Ausnahme machen, bis sie selbst zur Regel geworden ist? Die Antwort darauf leuchtete als blau schimmernder Code auf dem Display meiner Personenwaage.

Rückblickend kann ich sagen, dass es der Single war, der aus dem Exil zurückkehrte. Er wagte sich zaghaft in mein Bewusstsein. *Er* verpackte seine Rückkehr in den beiläufigen Gedanken, nach Monaten wieder meine Waage zu benutzen. *Er* wollte überprüfen, was die Trauer aus mir gemacht hatte. Ob ich mich zu sehr gehen ließ. *Er* war mein Tyler Durden – ein

Tyler Nast gewissermaßen –, und *er* wollte herausfinden, ob ich ihn brauchte. Und als er die Zahl auf dem Display sah, war ihm klar, *dass ich ihn brauchte*.

Ich ging erst mal duschen.

Es war eine Schocktherapie. Und sie wirkte. Denn als ich nach dem Duschen mit freiem Oberkörper vor dem großen runden Spiegel stand, den ich im Wohnzimmer aufgehängt hatte, um meine Wohnung offener und weitläufiger wirken zu lassen, hatte sich die Wirklichkeit geändert. Ich begann sie mit einem Singleblick zu sehen. Ich begann *mich* mit einem Singleblick zu sehen. Der Singleblick ist schärfer, kritischer, unnachgiebiger und kompromissloser. Und er lässt keine Rechtfertigungen zu.

Durch diesen Blick glich mir die Person, die da gerade in meinem Wohnzimmerspiegel zu sehen war, nur in Ansätzen. Der Mann im Spiegel wirkte verzerrt. Ein schwammiger Doppelgänger. Ich hielt mich kurz an dem Gedanken fest, meine Brust zu rasieren. Vielleicht lag es nur daran, dass meine Brustbehaarung die Definition kaschierte. Sie gab meiner Muskulatur vielleicht keine Chance, sich überhaupt abzuzeichnen.

Ich verwarf den Gedanken schnell. Er passte auch eher zu dem gestrigen Michael. Dem Michael, den es nicht mehr gab, obwohl der Mann im Spiegelbild noch so aussah. Der Single in mir wurde immer selbstbewusster. Er begann, meinen Verstand zu übernehmen. Er fand, dass dieser nachlässig behandelte Körper nicht zumutbar war. Dieser Körper musste angepasst werden. An das Selbstverständnis meiner neuen Version. Der des Singles.

Wenn ich jetzt so darüber nachdenke, kenne ich nicht wenige Paare, denen der Singleblick einige wertvolle Impulse für ihre Beziehung geben könnte.

»Der Alltag kann die Liebe schnell abnutzen.« Mit diesem Satz hat mir mal ein Freund das Ende seiner vierjährigen Beziehung erklärt. Es ist ein Satz, den ich mir gemerkt habe. Er lässt sich gut zitieren. Trotzdem halte ich ihn für falsch. Ich glaube, der Alltag hat nichts damit zu tun. Das Problem scheint mir eher zu sein, wie manche Paare mit ihrem Alltag umgehen.

Wenn Liebe sich über die Zeit entfaltet, entsteht sie erst *in* einem gemeinsamen Alltag. Wenn dieser einem fremd geworden ist, wäre es klug, Überlegungen zu folgen, warum er einem so fremd geworden ist.

Wenn man sich auf dem Singlemarkt bewegt, achtet man auf seinen Körper, man achtet darauf, wie man sich gibt. Man bemüht sich, die liebenswerteste Version seiner selbst zu kultivieren, um einen hypothetischen Partner von sich zu überzeugen.

Wenn man dann jedoch mit einer realen Person zusammen ist, ändert sich das. Man wird bequemer. Man lässt sich gehen. Man macht immer neue Ausnahmen – bis sie irgendwann zur Regel geworden sind.

Ich halte das umgekehrte Prinzip für schlüssiger. Wenn man mit jemandem zusammen ist, müsste man sich doch gerade Mühe geben. Für den anderen. Und für sich selbst. Das nennt sich Wertschätzung. Die wichtigste Zutat in einer Beziehung. Sich in einer Beziehung gehen zu lassen, ist fehlende Wertschätzung. Wie man miteinander spricht, wie man miteinander umgeht und wie man mit sich selbst umgeht. Es ist nicht der Alltag, der die Liebe abnutzt, es sind die Nachlässigkeiten.

Einmal erzählte mir eine Frau, sie halte es für ihre größte

Leistung in der Beziehung mit ihrem Freund, dass er die Badezimmertür geöffnet lasse, wenn er auf der Toilette ist.

»Darauf bin ich besonders stolz«, sagte sie. »Früher hat er sich auf der Toilette geradezu verbarrikadiert.«

»Aber die unschönen Geräusche«, wandte ich ein.

»Das sind ganz normale Körperfunktionen«, sagte sie.

Damit mag sie recht haben, trotzdem bin ich mir nicht sicher, ob ich es für ein erstrebenswertes Ziel in einer Beziehung halten möchte, jegliche Schamgrenzen zu entfernen. Es gibt ein Maß an Vertrautheit, das ich in einer Beziehung nicht erreichen muss. Auch das halte ich für ein Zeichen von Wertschätzung.

Der Single in mir würde nie auf den Gedanken kommen, bei einem Date in der Wohnung einer Frau auf die Toilette zu gehen, um nach 20 Minuten mit dem Hinweis zurückzukehren, das Badezimmer wäre innerhalb der nächsten Stunde unbetretbar. In diesem sensiblen Bereich werde ich wohl immer Single bleiben.

Ich halte es für eine wertvolle Idee, den Singleblick gelegentlich auf sich selbst anzuwenden, auch wenn man in einer Beziehung ist. Das kann sehr augenöffnend sein, denn eigentlich ist der Begriff ein Missverständnis. Der Singleblick ist eigentlich gar kein Singleblick. Es ist ein Blick, der Nachlässigkeiten sichtbar macht.

Die Dramaturgie von Beziehungen folgt oft dem Prinzip, dass die Anfänge als beste Abschnitte wahrgenommen werden. Eigentlich müsste es umgekehrt sein. Wenn man zusammen wächst, müsste es immer besser werden. So gesehen scheinen die meisten nicht miteinander zu wachsen.

Vergangene Woche ist etwas passiert.

Der Single in Alexander hat Kontakt zu ihm aufgenommen. Das hat mich offen gestanden überrascht. Irgendwie hatte ich angenommen, er wäre nicht mehr vorhanden. Gestorben sozusagen. Aber ich habe mich getäuscht.

Es fiel mir auf, weil sich die Gesprächsthemen änderten. Alexander sprach überraschenderweise nicht mehr ausschließlich über seine Arbeit, er fragte mich, welche Gewichte ich empfehlen könne.

»Ich muss wieder Sport machen«, sagte er bestimmt. »Ich brauche Langhanteln, Kurzhanteln und eine hochwertige Klimmzugstange. Preis ist egal.«

Der Single in Alexander wollte es offenbar wissen. Er hatte schließlich ein mehrjähriges Wachkoma hinter sich. Er muss ziemlich schockiert gewesen sein, als er sein Spiegelbild sah. Als ich Alexander riet, sein Training mit Ausdauereinheiten zu kombinieren, sah ich dem Single in ihm plötzlich direkt in die Augen. Es war ein dankbarer Blick.

Alexanders Freundin riet ihm panisch, sein Gewicht zu halten, weil es seine Falten kaschiere.

»Du darfst nicht abnehmen«, sagte sie. »In deinem Alter. Im Gesicht nimmt man doch zuerst ab. Dein Gewicht ist wie ein natürliches Lifting.«

Sie bäumt sich auf, aber der Single in meinem Freund kämpft sich ins Freie. Gegen ihn hat die Frau keine Chance. Zumindest hoffe ich das.

# Das Glück der Check24-Familie

**Das Land wird seit Jahren von Coaches überschwemmt. Leider sind die meisten nicht gut.**

Vielleicht liegt es an mir, der Blase, die mich umgibt und die ich für die Welt halte. Vielleicht liegt es an der Gegend, in der ich lebe, oder den Algorithmen, die mich angeblich besser kennen als ich mich selbst. Vielleicht fließen all diese Aspekte zusammen. Ich habe den Eindruck, dass das Land seit einigen Jahren von Coaches überschwemmt wird. Ich fühle mich von ihnen umzingelt. Sie sind überall. Und es gibt sie für alle Bereiche. Mental-Health-Coaches, Life-Coaches, Flirt-, Fitness- und Persönlichkeitsentwicklungs-Coaches. Ich habe es nicht überprüft, aber wahrscheinlich gibt es sogar Coaches, die lehren, wie man besser masturbiert, vertikutiert oder ejakuliert. Für jeden Aspekt des Lebens gibt es das richtige Mindset.

»In einer Zeit, in der so viele von Mindsets reden, bevorzuge ich Gedanken.« Das hat der Filmkritiker Wolfgang M. Schmidt mal in einem seiner YouTube-Videos gesagt. Ich finde, besser kann man es nicht ausdrücken.

Ich muss es leider so sagen: Nicht wenige Coaches machen mich fertig. Sie verstören mich. Und das hat verschiedene Ursachen. Die auffälligste ist ihre Fröhlichkeit. Die gute Laune dieser Leute ist kaum zu ertragen. Sie scheint sich irgendwie verselbstständigt zu haben. Der totale Kontrollverlust. Sie erinnern mich an Frühstücksradio-Moderatoren, die auch immer fröhlich sein müssen. Es ist eine Fröhlichkeit, die mich überfordert. Ich bin sofort in der Defensive. Ich spüre, wie ausgeliefert ich ihr bin.

Manchmal denke ich, wenn man Selbstoptimierung für Glück hält, sieht man an den gut gelaunten Gesichtern von Coaches, wie dieses Glück aussieht. Es wirkt unecht. Künstliche Gefühle, die nur auf der Oberfläche bleiben.

Obwohl ich die Frau noch nicht kennengelernt habe, die mit mir eine Familie gründen will, stelle ich mir gelegentlich unser hypothetisches Familienleben vor. Die Vorstellungen erinnern an Werbespots. Wenn man an Werbespots denkt, in denen Familien eine tragende Rolle spielen, fällt ja vielen die Check24-Familie ein. Um Missverständnisse zu vermeiden, muss ich betonen, dass ich *nicht* von dieser Familie rede. Die Heiterkeit der Check24-Familie wirkt auf mich vor allem verhaltensgestört. Ich zucke immer erschrocken zusammen, wenn ich ihrer guten Laune ausgesetzt bin. Ich bin ein schreckhafter Mensch, und diese Spots wirken doch immer sehr unvermittelt.

In dem Film *Crazy Stupid Love* fasst Ryan Gosling die Tragik seines Lebens zusammen: »Ich bin unglücklich, und ich versuche mir Glück zu kaufen«, sagt er. »Aber es funktioniert nicht.«

Die Check24-Familie scheint über solche Einsichten hinaus zu sein. Sie sind die perfekten Konsumenten. Gut gelaunte Zombies. Sie leiden nicht, sie betäuben sich mit Konsum. Eine abstoßende Form von Glück, deren Fundament das Selbstverständnis ist, über den Kauf von Sonderangeboten so viel zu sparen, dass man noch viel mehr kaufen kann.

Diese Familie passt nicht zu meiner Idee von Glück, aber sie wirkt auf mich, als hätte sie sich einer dieser Mental Coaches ausgedacht, die ja auch immer viel zu gut gelaunt sind. Manchmal denke ich: Vielleicht wird man ja wirklich so, wenn man ihre Coaching-Philosophien konsequent zu Ende denkt. Wenn man ihre Seminare gemacht hat, wenn man alle Mindsets verinnerlicht hat – dann wird man zur Check24-Familie.

Als ich einmal unglücklich verliebt war, habe ich mir viele Videos von Flirt-Coaches angesehen, um mit der Situation besser umgehen zu können. Ich hätte es nicht machen sollen. Jedes Video machte es mit den aufwendigen Regelkonstruktionen noch komplizierter, es war sogar noch schlimmer: Frauen wurden zu einem Versuchsobjekt reduziert, das manipuliert wurde. Ich fragte mich, wie verzweifelt und bemitleidenswert jemand sein musste, der darauf zurückgriff, bevor mir auffiel, dass ich ja selbst seit Stunden diese Videos ansah. Auf der Suche nach Hoffnung.

Einer dieser Coaches, dessen Expertise daraus entstand, bereits tausende Frauen gedatet zu haben, lief in seinen Videos über die Strände von Ibiza. Während er erklärte, wie das mit den Frauen so läuft, setzte er seine Sonnenbrille nie ab. Ich muss dazu sagen, dass ich mich ungern mit Leuten unterhalte, während sie eine Sonnenbrille tragen. Es irritiert mich, ich sehe Menschen in Gesprächen gern in die Augen. Dann sagte der Mann allerdings einen Satz, der mich noch mehr irritierte.

Er sagte: »Es gibt verschiedene Ebenen, über die man einer Frau seinen sozialen Mehrwert kommunizieren kann.«

Wie bitte?, dachte ich. Sozialer Mehrwert?

»Sozialer Mehrwert« ist offen gestanden keine Formulierung, auf die ich mein Verhältnis zu der Frau, mit der ich mein Leben teile, reduzieren möchte. Es ist, als würde man den Begriff »Bedarfsgemeinschaft« benutzen, wenn man »Ehe« meint. Es ist die juristische Entsprechung. Ich vermute, das ist kein Zufall, auch weil die juristische Sprache Gefühle ausschließt.

Was machte ich hier?, dachte ich hilflos und stoppte das YouTube-Video. Ich erwartete Hilfe in persönlichsten Bereichen, von Leuten, die ich nicht als Bereicherung meines Freundeskreises sehen würde. Im wirklichen Leben würde ich sie meiden. Ich spürte einen inneren Widerstand, mein Leben in die Hände solcher Menschen zu legen. Von ihnen möchte ich mich einfach nicht beraten lassen. Aus irgendeinem Grund schwinden diese Gewissheiten, sobald ich mir YouTube-Filme ansehe. Offensichtlich muss ich mich gelegentlich daran erinnern, welche Empfindungen sie in mir auslösten, würden sie direkt vor mir stehen. Ich muss mich dazu zwingen.

Der Stoiker Seneca schrieb vor 2000 Jahren: »Um ein gutes Leben zu führen, braucht man einen Sachkundigen, um über Ziel und den Weg dorthin zu entscheiden, der einen selbst kennt und der die Beschaffenheit des Glücks kennt.« Diese Worte sind aktueller denn je. Das liegt an dem Irrsinn, der uns umgibt, an unserer Orientierungslosigkeit. Aber vor allem liegt es daran, dass viele derjenigen, die sich als Sachkundige ausgeben, ganz andere Pläne haben.

Einmal schickte mir ein Freund den Link zu einem YouTube-Video, auf dem ein Mann zu sehen war, der Robert Betz heißt. »Sehr guter Vortrag«, schrieb mein Freund dazu. Ich folgte dem Link in einen Saal, der einer Arena ähnelte. Vor einem glatzköpfigen Mann saßen Tausende von Menschen, die ihm ergriffen zuhörten. Es hatte etwas Religiöses.

Leider war mir der Messias unsympathisch, was nicht nur

daran lag, wie er sich gab, es lag vor allem an dem Inhalt seines Vortags. Es war unerträglicher, mit esoterischen Anspielungen durchsetzter Kitsch. Es war so peinlich, dass ich nicht aufhören konnte, mir dieses schreckliche Video anzusehen. Während Betz sprach, informierte ich mich im Internet über den Mann. Das machte es nicht unbedingt besser. Dort las ich, dass Betz der Auffassung war, Krebs mit reiner Willenskraft heilen zu können. Wenn eine Frau, deren Brust amputiert wurde, ihren Körper nur genug liebe, wäre sie in der Lage, sie wieder nachwachsen zu lassen. Solche Thesen genügten für jemanden wie mich, einen solchen Menschen als unmittelbare Bedrohung wahrzunehmen, vor allem wenn ihm Tausende Menschen mit leuchtenden Augen an den Lippen hingen.

Mit jedem Kameraschnitt, der zeigte, wie ergriffen das Publikum im Saal zur Bühne blickte, wuchs in mir ein seltsames Gefühl. Sie schienen den glatzköpfigen Mann auf der Bühne zu lieben, der ihnen mit Kalendersprüchen die Welt erklärte. Wer liebt, kennt keine Zweifel mehr. Unvermittelt fiel mir ein, was Harald Schmidt im Mai 2022 im Opernhaus Zürich gesagt hatte, wo er einen Wagner-Abend moderierte. Schmidt sagte: »Man muss die Leute mitnehmen. Wenn es einem gelingt, die Menschen mitzunehmen, ist ihnen egal, *wohin* man sie führt.« Das sind Sätze, die zu meinen Robert-Betz-Empfindungen passen.

Man darf das jetzt nicht falsch verstehen. Sie sind nicht alle so. Bisher war ich nur einmal bei einem Coach. Es war ein Führungskräfte-Coaching, das von der Werbeagentur bezahlt wurde, in der ich damals arbeitete. Es fand in einer wunderschönen Gründerzeitwohnung im Hamburger Stadtteil Eppendorf statt. Dieser Coach hat bis heute Spuren in meinem Leben hinterlassen. Eine davon ist, dass ich in Gesprächen nicht mehr die Worte »Ja, aber« verwende.

Mir war vorher nie aufgefallen, von wie vielen »Ja, aber«-Menschen ich umgeben war. Der Coach erklärte uns, dass ein »Ja, aber« impliziert, dass man seinem Gegenüber erst einmal zustimmt, um mit dem »aber« allerdings umgehend jede Zustimmung zu löschen. Der Sinn von Kommunikation ist eigentlich, die eigene Wahrheit durch die Wahrheit des Gesprächspartners zu ergänzen oder zu vervollständigen. Ein »Ja, aber« dient ausschließlich dazu, die eigene Wahrheit durchzusetzen. Wer »Ja, aber« sagt, befindet sich im Wettbewerb.

Natürlich benutzen viele diese Worte gedankenlos. Ein Freund beginnt beinahe jeden zweiten Satz mit diesem Wort. »Aber«, sagt er im Tonfall eines Menschen, der aus Gewohnheit widerspricht.

»Wer jeden zweiten Satz mit aber beginnt – total toxische Persönlichkeit«, hat eine Bekannte mir mal gesagt.

So weit würde ich bei meinem Freund nicht gehen. Ich frage mich eher, warum er sich im Widerspruch eingerichtet hat. Ich frage mich, worauf er damit reagiert.

Ohne den feinen, kultivierten Mann aus Hamburg Eppendorf würde ich mir solche Fragen vielleicht gar nicht stellen. In diesem Führungskräfteseminar brachte er mir nicht bei, wie man Mitarbeiter behandelt, er lehrte mich, wie Menschen generell miteinander umgehen sollten. Wie Konflikte angesprochen und gelöst werden, wie man miteinander spricht, ohne einander zu kränken, und wie man zuhört – wirklich zuhört. Er erklärte uns Prinzipien, die in allen menschlichen Beziehungen gelten.

Ich glaube, dass jeder, der in unsere Gesellschaft hineingeboren wird, ein seriöses Coaching braucht. Die meisten wissen nämlich gar nicht, wie die Beschaffenheit ihres Glücks eigentlich ist. Sie wissen nicht, wie sie ihre wirklichen Bedürfnisse von den Bedürfnissen unterscheiden können, mit denen sie tagtäglich überschüttet werden. Sie wissen nicht, wie sie ihre Smartphones so benutzen, dass es keinem Suchtverhalten gleicht. Sie wissen nicht, dass die Psyche des Menschen für unsere gesellschaftliche Wirklichkeit nicht gemacht ist und wie wir diesen Schädigungen entgegenwirken können.

Genauso wie sie bräuchte auch ich im alltäglichen Leben jemanden wie diesen feinen, kultivierten Mann aus Hamburg Eppendorf. Einen Sachkundigen im Sinne, wie Seneca ihn gemeint hat. Gewissermaßen ein Pro, dem wir am Herzen liegen und der nicht nur ans Geldverdienen denkt.

Wir hätten ihn nötig.

# Die Messbarkeit des Glücks

Wir lieben den Erfolg, den man messen kann, übersehen dabei jedoch, dass sich die kostbarsten Erfolge allen Zahlen entziehen. Wie wir zu Statistikern unseres Lebens geworden sind – und was das mit uns macht.

Kürzlich habe ich in einem Gespräch mit zwei Freunden laut darüber nachgedacht, wie man herausfinden kann, wie viele Kalorien man beim Sex verbrennt. Die Unterhaltung verstummte. Alle sahen mich an, aber nicht irritiert oder belustigt, die Blicke meiner Freunde belebten sich. In ihren Gesichtern leuchtete aufrichtiges Interesse.

»Sex ist ja im Grunde genommen ein Konditionstraining«, sagte Philipp, als hätte ich ihn auf einen Gedanken gebracht.

»Man bräuchte auf jeden Fall eine Apple Watch«, ergänzte Tim ansatzlos.

Das Thema übernahm praktisch unser Gespräch. Alle vorherigen Themen hatten keine Chance mehr. Wir waren der Frage, wie man den Kalorienverbrauch beim Sex berechnet, gnadenlos ausgeliefert.

Es komme natürlich auf den Sex an, berieten wir. Auf die Anzahl der Stellungswechsel und vor allem darauf, wie anspruchsvoll die verschiedenen Techniken seien. Es komme auf die Dauer an und darauf, wie leidenschaftlich er sei. Man müsse viele Faktoren berücksichtigen, die man richtig verwerten müsse. Ich erfuhr, dass es auf den Puls ankam, auf das Alter und das Gewicht. Es fielen Begriffe wie Herzfrequenzkontrolle und Herzfrequenzsensor.

»Man müsste einen Brustgurt tragen«, sagte Tim.

»Es ist schon aufwendig«, Philipp nickte ernst.

»Und ein Brustgurt nimmt ja auch irgendwie den erotischen Reiz«, sagte ich.

»Strava hat ja schon vorgefertigte Rubriken«, sagte Tim. »Welcher Sportart wäre Sex denn am ähnlichsten?«

»Fahrradfahren, Spazierengehen, Schwimmen«, las Philipp. »Hier, Treppensteigen passt doch gut.«

»Warte mal«, rief Tim, der jetzt ebenfalls sein Handy in der Hand hielt. »Hier: *Hochintensives Intervalltraining*. Das passt besser.«

Hochintensives Intervalltraining? Wir klangen, als würden wir eine Kabarettnummer aufführen. Ursprünglich hatte ich es auch als ein in einen Scherz verpacktes Gedankenspiel verstanden. Ein Scherz besitzt immer auch einen wahren Kern, und die Ernsthaftigkeit, mit der wir das Thema sezierten, ließ darauf schließen, dass in diesem Kern eine tiefe Wahrheit versteckt lag. Die Frage war nur, welche Wahrheit freigelegt wurde, wenn man alle ironischen Brechungen entfernte.

In diesem Moment verstand ich, dass Philipp, Tim und ich uns eigentlich mit der falschen Frage beschäftigt hatten. Die Frage war nicht der Kalorienverbrauch, viel wichtiger war ja die Frage, wie ich um Gottes willen auf den Gedanken gekommen war, mir eine solche Frage überhaupt zu stellen. Die Schlüsse, zu denen mich ihre Antworten führten, waren sehr augenöffnend.

Ich bin inzwischen überzeugt davon, dass ich eine Störung habe, und zwar eine ernst zu nehmende Wahrnehmungsstörung. Wie so oft entfaltete sie sich über einen längeren Zeitraum. In einem Prozess, der so harmlos und unscheinbar wirkte, dass mir gar nicht auffiel, wie er meine Sicht auf die Dinge änderte, um letztlich ein sinnliches Erlebnis, das Sex eigentlich sein sollte, auf ein Hochintensives Intervalltrainig zu reduzieren.

Wenn ich es richtig rekapituliere, traten die ersten zaghaften Symptome zum ersten Mal vor ungefähr fünf Jahren auf. Als ich eine App namens Runkeeper auf mein Smartphone lud, um meine Joggingstrecken besser nachvollziehen zu können. Inzwischen tracke ich nicht nur meine Laufstrecken. Inzwischen tracke ich alles. Radfahren, Spaziergänge …

Ich mache das, um die Strecke nachvollziehen zu können, um zu überprüfen, wie viele Kalorien ich verbrannt habe, welche Durchschnittsgeschwindigkeit ich gefahren bin. Als ich 2020 einen Fahrradunfall hatte, konnte ich anhand meiner Trackingapp genau bestimmen, wo ich beinahe gestorben wäre. Alles ist nachvollziehbar.

Ich habe festgestellt, dass mir Runkeeper auch dann Erfolgserlebnisse vermitteln will, wenn ich gar keinen Erfolg hatte. Von der App erfahre ich zum Beispiel am Ende einer Radtour, dass ich die siebzehntschnellste Zeit auf einer Strecke zwischen 10 und 50 Kilometern gefahren bin. Das Wichtigste ist die Motivation, das weiß ich natürlich. Aber die siebzehntschnellste Zeit ist 14 Plätze von Bronze entfernt, und eigentlich kommt es ja schon auf Bronze nicht mehr an.

Ganz kurz stelle ich mir vor, welche Gefühle sich in mir bilden würden, wenn ich nach dem Sex der Frau neben mir einen sanften Kuss geben, bevor ich unter einem Vorwand das Schlafzimmer verlassen würde, um auf dem Display des Gerätes, mit dem ich meine sexuellen Aktivitäten tracke, nachzulesen, dass ich gerade den zwölftschnellsten Kalorienverbrauch in der Zeit zwischen fünf und zehn Minuten hatte. Ein »Erfolgserlebnis«, das bei jemandem mit meinen Anlagen zu ernsthaften Minderwertigkeitskomplexen führen könnte. Ich könnte mich nicht mehr fallen lassen. Der Gedanke an die Zahlen wäre immer in meinem Kopf.

Trotz der abwegigen Absurdität dieser Vorstellung spürte ich, dass das die Richtung war, in die ich mich bewegte. Offensichtlich setzte ich mehr Dinge in Effizienzzusammenhänge, als ich mir eingestand. Wenn ich jetzt allerdings meinen Alltag, der mir gar nicht so absurd erschien, nach den Folgen dieser Wahrnehmungsstörung scannte, wurde es schlimmer. Ich begriff, dass er sich aus immer mehr Statistiken zusammenfügte. Ich trackte nicht nur sportliche Aktivitäten, ich trackte alles, was trackbar war. Sogar einfache Spaziergänge. Ich kann nicht mehr ohne. Wenn ich mir vorstelle, eine Fahrradtour würde nicht getrackt werden, würde ich nervös werden. Es würde mir schließlich die Statistik versauen.

Diese Wahrnehmungsstörung betrifft nicht nur mich. Erst gestern habe ich mit meinen Eltern telefoniert und festgestellt, dass sie sich auch in Bereiche ausdehnt, in denen ich das so gar nicht erwartet hätte.

»Wie geht es euch?«, fragte ich.

»Wir sind heute fast 7300 Schritte gelaufen«, riefen sie euphorisch. Das war die Antwort.

Ich befürchte, ich habe sie infiziert. Nach dem Klang ihrer Stimmen schien sie die Schrittzahl glücklich zu machen. Die Frage ist nur, inwieweit 1500 Schritte dann unglücklich machen.

Als Ewan McGregor in dem dystopischen Film *Die Insel* nach dem morgendlichen Aufstehen die Toilette aufsucht, wird sein Urin bereits analysiert, wenn er auf die Schüssel des Pissoirs trifft.

»Natriumüberschuss entdeckt«, teilt ihm eine weibliche Computerstimme mit, »empfehle Ernährungsumstellung.« Es ist eine freundliche Stimme. Die Bevormundung kommt mit einem Lächeln.

Weil Michael Bay in dem Film eine Dystopie zeigt, nimmt man das als Zuschauer als eine Art weiterentwickelte Stasi-Methode wahr. Das absolute Screening. Die totale Kontrolle. Wenn ich mir vorstelle, die freundliche Stimme von Siri würde mir mitteilen, sie hätte Unregelmäßigkeiten in meinem Schlafzyklus entdeckt, um mir dann Anweisungen zu geben, denen ich mich fügen müsste, weil ansonsten meine Krankenkassenbeiträge an meinen risikoreichen Lebensstil angepasst würden, hätte ich das Gefühl, dieser freundlichen Stimme ausgeliefert zu sein.

Man darf das jetzt nicht falsch verstehen. Bewegung ist wichtig, Sport ist wichtig. Aber ich will mir nicht von der Technik erklären lassen, ob ich mich gut oder schlecht fühle. Es wäre die absolute Einschränkung. Das Gegenteil von Leben. Aber gerade fällt mir auf, dass ich schon mittendrin bin.

Das Gesundheitsbewusstsein ist ein Gefängnis, in das ich mich tagtäglich freiwillig begebe, weil es mir ein vermeintliches Gefühl von Sicherheit gibt. Die Technik erklärt mir schon jetzt, wie gut ich mich fühle.

Ich lebe einen »Die Insel«-Light-Alltag. Jetzt fehlt eigentlich nur eine Art Scarlett-Johansson-Version meines Lebens, um mit mir aus diesem Gefängnis zu fliehen. Aber weil ich kein Ewan McGregor bin, kann ich diese Fluchtmöglichkeit wohl ausschließen. Auch weil ich mein Gefängnis nicht als solches empfinde.

Ich spüre immer häufiger das seltsam schale Gefühl, zu einem Statistiker meines Lebens geworden zu sein. Ich bin wie Strava.

Ich bewerte alle Tätigkeiten danach, inwieweit sie für meine Statistiken verwendbar sind. Ich bin zu einem dieser Leute geworden, über die ich mich immer aufrege. Ich zerteile meinen Alltag in trackbare Einheiten. Erst wenn ich das Leben in eine Statistik packe, scheint es für mich noch einen Sinn zu ergeben.

Ich habe es immer für eine deutsche Besessenheit gehalten, alles mit Zahlen erfassen zu wollen. Inzwischen hat diese Obsession dank der Apps auf unseren Smartphones die gesamte westliche Welt erfasst. Generationenübergreifend. Wenn man es nicht messen kann, wenn man es nicht in Diagrammen darstellen kann, hat es keinen Wert. Es gibt den wunderbar ironischen Satz: »Wenn etwas nicht mit Strava getrackt wurde, ist es nicht passiert.« Die Tragik, die in ihm liegt, scheint allerdings nur wenigen aufzufallen.

Alles muss messbar sein. Bei mir selbst fällt es mir nur auf, weil ich mich in diesem Text damit beschäftige. Wenn es mir bei anderen auffällt, denke ich resigniert, wir haben unser Glücksverständnis in die Hände von Ingenieuren gelegt.

Auch ich vergesse zu oft, dass man die Dinge, auf die es im Leben wirklich ankommt, nicht tracken kann. Wenn ich mich frage, wie man das Glück eines Menschen misst, komme ich zu dem Schluss, dass einem Glück die Statistik versauen würde. Genauso wie Liebe oder Freundschaften. Sie entziehen sich den Diagrammen, weil ihr Wert der Effizienz widerspricht. Glück, Liebe, Freundschaften, für andere da zu sein, ohne eine Gegenleistung zu erwarten – wenn man sie durch den betriebswirtschaftlichen Effizienzfilter betrachtet, haben sie keinen Wert.

In einem der letzten Sommer habe ich gemeinsam mit meinem Freund Sebastian Danzig besucht. Dort machten wir stundenlange Spaziergänge, auch weil wir die Entfernungen von der Innenstadt zur Ostsee unterschätzt hatten. Auf Sebastians iPhone läuft die App Strava im Hintergrund. *Immer.* Sie leuchtet jede seiner Bewegungen nach ihrer statistischen Verwendbarkeit ab. Er hat dort auch eine Gruppe angelegt, in der er mit Freunden seine Fahrrad- und Joggingstrecken trackt. Durch unsere Spaziergänge legte Sebastian allerdings so weite Strecken zurück, dass er in dieser Gruppe plötzlich auf dem ersten Platz war. Er bekam es nicht einmal mit. Es war nur der Nebeneffekt einer Beschäftigung, die ihm Freude machte. Als einer seiner Sportfreunde das sah, wurde er nervös. Er setzte sich auf sein Fahrrad, um die nötigen Kilometer zu fahren und wieder Platz 1 zu erreichen. Es ging nicht mehr um die Sache selbst, es ging nur noch darum, im Ranking möglichst weit oben zu sein.

Da stellt sich die Frage, welcher dieser beiden »Erfolge« mehr wiegt. Der stundenlange Spaziergang, an den man sich Jahre später erinnern wird, oder die Radtour, die man nur macht, damit die Zahlen wieder stimmen? Vielleicht erzählt das auf einer zweiten Ebene, was in unserer gesellschaftlichen Wirklichkeit in die falsche Richtung läuft.

Das Zwischenmenschliche sollte man nicht in Statistiken einbetten. Wenn man es in Effizienzzusammenhängen bewertet, sind Freundschaften oder Liebesbeziehungen Zeitverschwendung. Sie sind nicht messbar, nicht in Kosten-Nutzen-Rechnungen zu erfassen. Sie widersprechen sogar dem Trackingprinzip. Die größten Erfolge sind nicht messbar.

Als ich mich kürzlich mit einem Freund unterhielt, entdeckte ich dann doch eine Statistik, die im Zwischenmenschlichen hilfreich sein kann. Wir sprachen über eine gemeinsame Freundin, deren Vater unerwartet gestorben war und die sich jetzt Vorwürfe machte, ihn in den letzten Jahren kaum gesehen zu haben.

Irgendwann fragte ich meinen Freund: »Wie oft siehst du eigentlich deine Eltern?«

»Dreimal im Jahr«, erwiderte er so zögernd, dass es wie eine Frage klang.

»Und wie alt sind sie?«

»Mein Vater ist gerade 75 geworden.«

»Dann lass uns doch mal hochrechnen, wie oft du sie noch sehen wirst«, sagte ich. »Statistisch gesehen. Nehmen wir mal an, sie werden 90 Jahre alt. Dann wirst du sie – ausgehend von der Zahl, wie oft du sie in den letzten Jahren besucht hast – noch ungefähr 45-mal treffen. Bevor sie sterben.«

Das waren unbarmherzige Sätze. Mein Freund sah mich erschüttert an, und ich konnte seinen Blick verstehen. 45 ist eine überschaubare Zahl. In diesem Zusammenhang ist sie sogar eine erschütternde Zahl.

Das sind die Statistiken, auf die es ankommt, dachte ich. Mein Freund sah durch mich hindurch, mit einem nachdenklichen Blick. Dann schien er zustimmend zu nicken.

# Das Missverständnis vom Erwachsensein

**Die Zutaten zum Erwachsensein sind immer noch Ehe, Kind und Eigenheim. Ein vorgegebener Entwurf, der uns als Glück verkauft wird, obwohl wir von unzähligen Gegenbeispielen umgeben sind. Von der Schwierigkeit, ich selbst zu sein in einer Welt, die mich zu jemand anderem machen will.**

Ich habe erst spät begriffen, dass die Geschenke, die ich über die Jahre von meiner Familie erhielt, eigentlich gar nicht für mich bestimmt waren. Der eigentliche Adressat war jemand anders. Ein anderer Michael Nast. Ich sollte sie nur für ihn aufbewahren. Bis ich zu der Person geworden bin, die sie sich wünschten. Ich bewahre sie in Umzugskartons auf, die sich in meinem Keller stapeln. Für alle Fälle sozusagen.

Manchmal denke ich, sie hoffen, dass die Gegenstände irgendeine geheimnisvolle Kraft entfalten, die mich endlich in den Menschen verwandelt, der ich ihrer Meinung nach sein soll. Dieser Gedanke ist gar nicht so abwegig, wie es auf den ersten Blick erscheinen mag.

Wie die meisten Menschen in unserer modernen westlichen Welt stelle ja auch ich meine Identität durch Konsum zusammen. Ich bin, was ich besitze: Die Kaffeesorte, die zu mir passt, wird von dem Möbelstück ergänzt, das zu mir passt, das wiederum zur Einrichtung der Wohnung gehört, die zu mir passt, die in der Gegend liegt, die zu mir passt. Erst diese ganz spezielle Kombination unzähliger sorgsam ausgewählter Details formt den Menschen, für den ich mich halte. Mit jedem neuen Besitz verfeinere ich sozusagen meine Identität.

Auf diesem Prinzip könnte der unbewusste Plan meiner Familie beruhen. Mit jedem weiteren Geschenk fügen sie meiner Identität Persönlichkeitsanteile hinzu, die zu dem Michael passen, den sie sich wünschen, bis es irgendwann so viele sind, dass mein eigenes Selbstverständnis kippt. Ein Langzeitprojekt. Ein jahrelanger, wohldurchdachter Prozess, der meine Identität ändert. Wenn ich mich dann endlich in den Menschen verwandelt habe, den sie sich wünschten, hätte ich praktischerweise schon die Ausstattung, die zu meinem neuen Selbstverständnis passt.

Aber zu wem soll ich werden? Wer ist dieser erwachsene Michael Nast?

Sätze, in denen der Begriff »Erwachsenwerden« vorkommt, haben für mich häufig einen faden Beigeschmack. Das liegt an den Zusammenhängen, in denen sie fallen. Es sind Zusammenhänge, in denen sie eine Version von mir zeichnen, die mir fremd ist.

Auf einem Schild, das jemand vor einem Ladengeschäft in der Berliner Kastanienallee aufgestellt hatte, las ich letzten Sommer sechs aufschlussreiche Worte, die mein fades Grundgefühl zusammenfassen. »Don't grow up, it's a trap«, stand da.

Ich habe lange nicht in Worte fassen können, was mich genau stört. Ich habe es eher empfunden als analysiert. Aber die Kisten in meinem Keller sind eine gute Methode, meinen Blick dafür zu schärfen, woher mein Unbehagen kommt.

Es ist ein interessantes Gedankenspiel, sich vorzustellen,

welche Person entsteht, wenn man sie sich anhand der Geschenke ableitet, die ich über die Jahre erhalten habe. Wenn ich die Eigenschaften, die sich aus dem Inhalt der Umzugskartons in meinem Keller bilden, zusammenfüge, wird schnell klar, was für eine hypothetische Person da entsteht.

Diese hypothetische Person ist handwerklich begabt. Meine tatsächlichen handwerklichen Fähigkeiten enden unmittelbar beim Aufbau von IKEA-Möbeln. Ich besitze eine Bohrmaschine, die ich alle fünf Jahre benutze. Ich brauche oft mehrere Anläufe, um ein Loch zu bohren, das meinen Wünschen entspricht. Bilder oder Regale haben in meiner Wohnung die praktische Nebenfunktion, Löcher zu verdecken.

Diese hypothetische Person verbringt viel Zeit in der Küche. Und sie kann daher vor allem Dinge gut gebrauchen, die in der Küche Verwendung finden. Ich besitze Küchengeräte, die ich noch nie in meinem Leben benutzt habe, weil ich keine Ahnung habe, bei welchen Rezepten ich sie einsetzen kann. In lichten Momenten habe ich Gerichte gegoogelt, um ziemlich schnell festzustellen, dass ihre Zubereitung meine Fähigkeiten bedauerlicherweise übersteigt.

In meinem Keller lagern Geschenke, die zu einem Leben passen, das ich gar nicht führe. Sollte ich unter ungeklärten Umständen versterben und Ermittler der Berliner Polizei die Kisten in meinem Keller sichten, würden sie wohl besorgt vermuten, sie wären einer größeren Sache auf der Spur.

»Offenbar führte der Verstorbene ein Doppelleben«, würden sie sagen. Gerade in heutigen Zeiten kann hinter einem solchen Umstand schnell eine Bedrohung für die nationale Sicherheit liegen. Ich sehe das Sondereinsatzkommando schon das Gebäude evakuieren.

Wenn es um Geschenke geht, gelte ich in meiner Familie als

schwierig. Man kann es mir nicht recht machen. Irgendwann verstand ich, dass ich nicht deshalb ihre Gefühle verletzte, weil die Geschenke nicht meinen Geschmack trafen, sondern weil ihnen meine Ablehnung zeigte, dass ich immer noch nicht auf eine Art erwachsen war, die ihnen nah ist.

Sie wollen, dass ich endlich in ein Leben passe, das sie sich für mich wünschen. Ein Leben, das dem ihren ähnelt. Ein neuer Lebensabschnitt. Ich soll vernünftig sein. Haushalten. An meine Altersvorsorge denken. Ein Michael Nast werden, der darüber nachdenkt, sein Geld umsichtig anzulegen, der in ein Einfamilienhausgebiet zieht, ohne darüber in eine Sinnkrise zu verfallen. Ein Michael, der die Gegenstände in seinem Keller auch gebrauchen kann. Dem endlich klar geworden ist, dass sie zu einem »erwachsenen« Leben gehören. Genauso wie das Einfamilienhaus in einem Berliner Vorort, ein Auto, die richtige Altersvorsorge oder gemütliche Pärchenabende. Das sind genau die passenden Zutaten für ein deutsches Leben. Für *mein* deutsches Leben.

Bisher bleiben ihre Versuche allerdings erstaunlich wirkungslos. Ich füge mich nicht in ihre Schablone eines vorgefertigten Lebens. Der Prozess läuft noch. Allerdings hofft etwas in ihnen, dass er bereits abgeschlossen ist, und manchmal können sie sich nicht beherrschen. Darum kommt es von Zeit zu Zeit vor, dass sie nicht mit mir sprechen, sondern mit dem Michael Nast, zu dem ich werden soll.

Ein Michael, der nicht nur ein Bewusstsein für die Dinge entwickelt, die gemacht werden müssen. Er soll Leidenschaft für sie empfinden. Er soll es als Erfüllung verstehen, seine Privatrente abzuschließen. Einen Kredit aufzunehmen. Oder seine Wohnung zu putzen.

In einem der Umzugskartons in meinem Keller befindet sich

ein kompliziert aussehendes Fensterputzgerät, das mir meine Mutter vor vier Jahren geschenkt hat und darauf wartet, endlich benutzt zu werden. Genauso wie dieser ganz spezielle Putzlappen, der in einem verschlossenen Plastikbehälter aufbewahrt werden muss, damit er immer feucht gehalten wird. Klinisch saubere Fensterscheiben scheinen die Leidenschaft dieser hypothetischen Person zu sein, zu der ich werden soll. Oder ihre Zwangsneurose. Je nachdem.

Ich verstehe es als Zeitverschwendung, meine Wohnung zu putzen. Es ist eine Tätigkeit, zu der ich mich zwingen muss. Ich mache es trotzdem und kenne auch das gute Gefühl, danach in meiner sauberen Wohnung zu stehen. Ich bringe es also hinter mich. Ich ertrage es. Ich hatte auch mal eine Putzfrau, aber ich finde, dass meine Wohnung zu klein für Personal ist. Inzwischen mache ich es wieder selbst.

Meine Mutter beschäftigt seit Kurzem eine Putzfrau. Sie musste sich allerdings in einem langen und kräftezehrenden Prozess dazu durchringen, sie einzustellen. Für sie fühlt es sich nicht richtig an, eine Person anzustellen, die diese Aufgabe übernimmt. Darum hat meine Mutter eine Methode entwickelt, damit es sich nicht mehr so falsch anfühlt. Sie putzt die Wohnung, bevor ihre Putzfrau kommt. Weil ihr Staub in den Ecken peinlich ist.

Wenn es um mein Verhältnis zum Putzen geht, hat meine Mutter eine ganz spezielle Form von Demenz entwickelt. Die Symptome äußern sich nur in einem einzigen Bereich. Obwohl sie meine Abneigung kennt, gibt sie mir immer wieder neue Tipps, mit welchen Mitteln ich meine Wohnung noch sauberer kriege.

Wenn mich meine Eltern besuchen, inspiziert meine Mutter die Wohnung, als würde sie sie abnehmen. Die Einrichtung von Wohn- und Schlafzimmer begeistert sie, aber meine Küche gibt unzählige Anlässe für Beanstandungen. Wenn meine Mutter Spritzer an der Wand über der Spüle entdeckt, ruft sie entschieden aus, es wäre ihr vollkommen unverständlich, wie eine Frau bei diesem Anblick nicht fluchtartig die Wohnung verlassen könne. Mein Einwand, dass Frauen bei ihrem ersten Besuch in meiner Wohnung eher fragen, ob meine Putzfrau gestern da gewesen wäre, wenn sie sich in meiner Wohnung umsehen, zählt nicht.

In solchen Momenten beginnt das sonst unscharfe Bild einer Frau, die sich meine Mutter für mich wünscht, beunruhigend konkret zu werden. Es ist eine Frau, die in ihre Vorstellung eines Erwachsenendaseins gefasst ist.

Jetzt fällt mir ein, dass die einzige meiner Ex-Freundinnen, zu der ich noch Kontakt habe, mir vergangenes Jahr dazu riet, meine Wohnung streichen zu lassen. Sie begutachtete jedes Zimmer mit dem kritischen Blick meiner Mutter. Es war die Ex-Freundin, die meine Eltern immer am meisten gemocht hatten, es war die, die mich am ehesten in dieses Leben hätte führen können. Sie war die vernünftigste. Die erwachsenste. Weil sie schon mit Mitte zwanzig ihr Leben nach der Bedienungsanleitung führen wollte, die auch meine Eltern auf ihr Leben anwenden. Die Beziehung hielt knappe anderthalb Jahre. Es ist eine Bedienungsanleitung, die bei mir offenbar nicht greift. Aber wir halten Kontakt, als Freunde.

Man kann es wohl so zusammenfassen: Meine Eltern haben einen anderen Frauengeschmack als ich. Einen vollkommen anderen. Und sie haben sich das in einem jahrelangen, für sie sicherlich desillusionierenden Prozess eingestehen müssen. Aber sie haben noch nicht aufgegeben. In unseren Telefonaten blitzen immer mal wieder neue Vorschläge auf.

»Die würde doch gut zu dir passen«, sagen sie dann und nennen mir die Namen von Moderatorinnen, die mir nichts sagen, weil sie vorzugsweise in Frühstücksfernsehformaten zu sehen sind. Wenn ich die Namen google, wird schnell klar, welcher Frauentyp meinen Eltern vorschwebt: nette, blonde Frauen, die fortwährend lächeln, in regelmäßigen Abständen schwanger werden und in farbigen Kulissen Fragen stellen, die niemandem wehtun. Die Normalität, die es ins Fernsehen geschafft hat. Jeder kann es schaffen, so belanglos er auch ist. Ein Prinzip, das auch Kai Pflaume erfolgreich gemacht hat.

Helene Fischer würde allerdings auch noch durchgehen. Ich kann das schon nachvollziehen. Die Schlagersängerin vereint alle deutschen Tugenden in sich. Sie ist blond, tüchtig und diszipliniert. Und sie kann mit Geld umgehen. Sie begreift ihr Leben als Unternehmen. Das ist es, was man unter Erwachsensein versteht.

Ich meine, es ist schon richtig: Helene Fischer sieht gut aus. Vor allem auf den Fotos, die Peter Lindbergh mal von ihr gemacht hat. Aber es gibt einen Unterschied zwischen Schönheit und Attraktivität. Schönheit schließt nicht nur das Aussehen ein. Es gibt Dinge, die Schönheit sehr schnell auflösen können. Bei attraktiven Frauen, die bei Schlagermusik textsicher sind, werde ich asexuell. Bei attraktiven Frauen, die selbst Schlagermusik machen, ist es noch schlimmer. Aber es sind solche Frauen, die zu der Version von mir passen, die sich meine Eltern so wünschen.

Ich weiß nicht, ob sich meine Eltern inzwischen mit meinem Lebensentwurf arrangiert haben. Aber sie haben aufgehört, mein Leben mit Dingen auszustatten, für die ich keine Verwendung habe. Seit einigen Jahren schenken sie mir vor allem

Dinge, die man immer gebrauchen kann. Dinge, die man immer gut gebrauchen kann, schenken sich eigentlich nur Menschen, die nichts voneinander wissen. Vielleicht ist das wirklich so. Ich habe mich als ein Unbekannter offenbart, von dem sie einmal annahmen, sie würden ihn gut kennen.

»Duschbad und Socken kann man immer gebrauchen«, sagt meine Mutter, während ich mit ratlosem Blick auf die Weihnachtsgeschenke blicke. Aber ich habe es ja auch nicht anders verdient.

Inzwischen verstehe ich die Auswahl ihrer Geschenke besser. Es sind Geschenke, mit denen man nicht festgelegt ist, die gut in ein provisorisches Leben passen. Ein Leben, in dem keine Freundin, keine Kinder und kein Eigenheim vorkommen. Also bleibt meinen Eltern nur der Griff zum Praktischen. Zu den vorübergehenden Geschenken, die zu einem vorübergehenden Lebensabschnitt passen.

Denn sie empfinden mein Leben als Single als unvollständiges Leben. Bis ich endlich der Frau begegne, mit der ich eine Familie gründe und ein Einfamilienhaus in einem Berliner Vorort beziehe. Bis das Provisorium zerfällt und sich endlich alles fügt.

Ich habe mich in dem Entwurf, den ich gewählt habe, eingerichtet. Ich fühle mich wohl in ihm. Ich habe mich inzwischen schon sehr an die Freiheit des Alleinseins gewöhnt, daran, auf niemanden Rücksichten nehmen zu müssen. Ich führe ein Leben, um das mich nicht wenige meiner Freunde beneiden. Am sehnsüchtigsten die, die in einer Langzeitbeziehung sind.

Trotzdem kenne ich nicht wenige Leute, die mein Leben als Single als Provisorium sehen. Diese Haltung zieht sich durch den Großteil meines sozialen Umfelds. Die Stimmen zerren aus allen Richtungen an mir, unabhängig voneinander, was natürlich ihre Wirkung noch einmal erhöht.

»Wird schon«, sagen sie. »Du hast doch noch Zeit«, sagen sie. »Du findest bestimmt noch jemanden«, sagen sie. Um mir daraufhin seufzend zu erzählen, wie sie unter ihren Beziehungen leiden.

Es ist paradox. Obwohl sie mir wünschen, dass ich eine Beziehung eingehe, seufzen sie, wenn die Unterhaltung ihre eigene Beziehung berührt. Ich bin von abschreckenden Beispielen umgeben, die mich davon überzeugen wollen, ebenfalls ihren Entwurf zu leben, obwohl ihre Erfahrungen dagegensprechen.

Ich kenne einen Mann, der seit neun Jahren verheiratet ist. Er erzählte mir, dass er es als optimalen Beziehungsentwurf seiner Familie empfände, wenn Mann und Frau in getrennten Wohnungen leben würden. Auch wenn sie Kinder hätten. Ohne es zu registrieren, beschrieb er damit das Wechselmodell eines getrennten Paares. Wenn eine solche Idee aus seinen Beziehungserfahrungen entstanden war, ließ das erschreckende Rückschlüsse auf den Zustand ihrer Beziehung zu.

Manchmal sehe ich mich selbst in einer Version des Lebens, das sich andere für mich wünschen. Dann fühle ich mich wie ein Fremdkörper. Wie jemand, der sich selbst fremd geworden ist. Jemand, der oft auf der Toilette verschwindet, weil das Badezimmer der einzige Raum des Hauses ist, den man abschließen kann, ohne sich dafür rechtfertigen zu müssen.

Kürzlich erzählte mir ein Bekannter, der seit zehn Jahren in einer Beziehung ist, dass einem nur eine letzte Freude bleibt, wenn man Familie hat.

»Alkohol«, sagte er.

Als ich den Satz mit einem Lachen erwiderte, sah er mich hilflos an. Mein Lachen erstarb. Mein Bekannter meinte das ernst. Trotzdem gehört auch er zu den Leuten, die mich immer wieder fragen, wann es denn endlich bei mir etwas wird.

Meine Freunde arrangieren sich offensichtlich mit Dingen, mit denen ich mich nicht arrangieren könnte. Sie halten Dinge aus, die ich nicht bereit wäre auszuhalten. Aber sie sind nicht ich. Es wäre ein Fehler, ihnen meine Idee einer Beziehung aufzuzwingen. Eine Einsicht, die jedoch keiner meiner Freunde zu berücksichtigen scheint, wenn es um mich geht. Vielleicht suchen sie Leidensgenossen. Geteiltes Leid gilt schließlich als halbes Leid.

Aber dann verstand ich es. Sie wollten, dass ich mitmachte. Ich sollte sein wie sie. Egal, welchen Preis es auch kostete. Sie zahlten ihn schließlich auch.

Obwohl sie unter ihren Beziehungen leiden, soll ich ihren Beziehungsentwurf auch leben. Das erinnert mich an meine Mutter, die mir in regelmäßigen Abständen sagt, wie einsam sie sich in dem Einfamilienhausgebiet fühlt, obwohl sie dort inzwischen seit 40 Jahren lebt. Trotzdem wünscht sie sich insgeheim, dass ich das Haus übernehme.

Es ist erstaunlich, dass einem der Entwurf einer lebenslangen Paarbeziehung als Glück verkauft wird, obwohl wir von unzähligen Gegenbeispielen umgeben sind.

Es ist ein vorgefertigtes Glück, dessen Zutaten immer noch Ehe, Kind und Eigenheim sind. Ein Glück, bei dem man nur mitmacht, weil alle mitmachen. Das ist die Rechtfertigung. Aber wäre es nicht viel wichtiger, sich zu fragen, was dieses »Glück« eigentlich mit einem selbst zu tun hat?

Man fragt sich gar nicht, ob es einen glücklich macht. Man setzt es voraus. Pass dich an, und du bist glücklich – das ist die Philosophie, die dahinterliegt. Es ist dieses Verständnis des Erwachsenseins, das in mir fade Gefühle entstehen lässt.

Sich in gegebene Ordnungen zu fügen wird nie zu einem

wahren Leben führen. Es ist ein fremdbestimmtes Leben mit vorgefertigten Wünschen und Hoffnungen. Ein selbstentfremdetes Leben. Das wirkliche Erwachsenwerden wäre es, sich so gut kennenzulernen, dass man die von anderen vorgegebenen Bedürfnisse von den eigenen unterscheiden lernt. Das wäre eine Persönlichkeitsentwicklung, statt Selbstoptimierung, welche die bestmögliche Anpassung ist und die viele für Persönlichkeitsentwicklung halten.

Was bedeutet es eigentlich, jung zu sein? Was ist die Funktion dieser Lebensphase? Es ist eine Emanzipation. Die Erziehung von Eltern sollte darauf ausgerichtet sein, dass ihre Kinder die vorgefertigten Pfade einschlagen. Es gibt doch nichts Tragischeres als eine Jugend, die das Leben der Elterngeneration kopiert. Eine Jugend, die sich in die bestehende Ordnung fügt, gibt sich selbst auf. Und genau darin liegt die Chance, die uns unsere Kinder bieten. Um neue Wege zu gehen, festgefahrene Überzeugungen infrage zu stellen. Die Dinge neu zu denken.

Vielleicht ist das ein erster Schritt, das allgemeine Verständnis davon zu korrigieren, was viele für Erwachsenwerden halten. Dann ändern sich vielleicht auch die Geschenke der Eltern.

# Ein perfektes Beinaheleben

**Es gibt einen Denkfehler, aus dem ich nicht lerne. Ich warte auf die perfekte Frau, die mich umgehend glücklich macht. Von der trügerischen Gewissheit, dass mein Glück nur von außen an mich herangetragen werden kann.**

Vereinzelt kommt es vor, dass ich mich ganz unerwartet in einem perfekten Moment wiederfinde. Solche Momente sind immer mit einem speziellen Gefühl verknüpft, das von einem fein justierten Zusammenspiel spezieller Lichtstimmungen, Gerüche und Geräusche erzeugt wird. Es sind Momente, die man nicht planen kann, sie passieren einfach. Zum Beispiel an einem sonnenbeschienenen Spätsommernachmittag, der meine Wohnung in unwirkliches Licht taucht, verbunden mit dem Geruch der Seiten eines Buches, in dem ich gerade lese. Aus diesen Bestandteilen bildet sich ein Gefühl, das der Erinnerung an etwas sehr Kostbares gleicht.

In einem dieser Momente wird sich mein Leben ändern. Ich warte auf den vollendeten Augenblick. In dem sich das Gute, das Schlechte, die Verletzungen und Erfolge, die glücklichen und unglücklichen Lieben zu einem plausiblen Ganzen zusammenfügen. Ich würde klar sehen, dass jede dieser Erfahrungen notwendig war, um mich zu diesem Moment zu führen.

Und der Grund für dessen Perfektion würde eine Frau sein. Die perfekte Frau. Sobald wir zusammenkämen, würde sich mein Leben allen Möglichkeiten öffnen. Ich war bereit für dieses neue Leben. Es fehlte nur noch dieses letzte Detail, um es beginnen zu können. Diese Frau wäre das letzte entscheidende Puzzlestück, das das Gesamtbild vervollständigen würde, an dem ich seit Jahren arbeitete.

Ich bereite mich seit Jahren auf ein erfülltes Leben vor, das ich mir in Gedanken detailliert zusammengestellt habe. Wenn man so will, empfinde ich meinen Alltag als eine Art Beinaheleben. Und ich warte auf den Moment, der aus diesem Beinaheleben ein Leben macht. Darum nutze ich drei Dating-Apps, um die Frau zu finden, die in dieses Leben passt. Wenn ich ausgehe, schwingt immer die Idee mit, heute Abend genau die Frau kennenzulernen, die mein Leben verändern wird. Ich will die Chance nicht verpassen, die das Schicksal für mich bereithält. Die Eventualitäten zerren mich in die Großstadtnächte. Vielleicht verpasse ich ja gerade heute meine Seelenverwandte, wenn ich meine Wohnung nicht verlasse. Ich betrete jede Bar mit einem Singleblick, der den Raum nach dieser Frau scannt. Sobald ich ihr begegnete, würde ich umgehend meinen Alltag neu arrangieren, um meinem Privatleben endlich mehr Raum zu geben.

Obwohl mein Verstand weiß, wie unrealistisch es ist, diesem Prinzip zu folgen, nehmen meine Gefühle an, mein weiteres Leben wäre dann perfekt. Wie bei den meisten Dingen im Leben ist der Verstand schon weiter. Er muss meine Gefühle überzeugen. Wer schon einmal unglücklich verliebt war, weiß, wie aussichtslos es ist, eine geliebte Person davon zu überzeugen, dass sie sich verliebt. So funktioniert das nicht. Gefühle ändern sich nicht durch logische Argumentationen. Sie müssen empfunden und nicht diskutiert werden. Ich gebe zu, dass auch meine Gefühle noch nicht überzeugt sind. Sie wägen noch ab. Wir sind noch im Prozess.

Aber es gab einen entscheidenden Moment, der ihre Überzeugung zu einem Abwägen gemacht hat. Ich habe nämlich kürzlich von einem befreundeten Psychologen erfahren, warum meine Gefühle so überzeugt davon sind, dass sich mein Leben durch die perfekte Frau grundlegend ändern wird.

Wir trafen uns in Charlottenburg, wo mein Freund seine Praxis hat. In einer kleinen Pizzeria am Savignyplatz erzählte mir Holger, dass der Grund für diese tiefe Überzeugung mein Programmierfehler sei. Ich gebe zu, ich habe nicht wenige. Wahrscheinlich mehr, als ich mir selbst eingestehen würde, aber ich habe gelernt, sie zu kaschieren. Mal gelingt es mir mehr, mal weniger. Holger sprach allerdings von einem Programmierfehler, der nicht nur mich betrifft. Er meinte den, der in den Code von uns allen geschrieben worden sei. Das klingt nach einer drastischen Verallgemeinerung, aber sie trifft zu.

Dieser Programmierfehler entsteht, so Holger weiter, aus der ersten Erfahrung, die sich nach unserer Geburt in unser Bewusstsein einschreibt. Er ist die Prägung, die aus der Hilflosigkeit eines Neugeborenen entsteht. Wenn ein Kleinkind schreit, weil es ängstlich oder hungrig ist, wenn es sich einsam oder überfordert fühlt, lösen seine Eltern diese Probleme. Sie nehmen es in den Arm oder füttern es. Sie geben ihm Liebe, Zuneigung und Wärme. Sie bringen es zum Lachen. Von ihrem Verhalten hängt es ab, ob das Leiden verschwindet.

»Eine der tiefsten Erfahrungen, die uns nach unserer Geburt prägt, ist also die Gewissheit, dass unser Glück von anderen abhängig ist«, sagte Holger.

Die prägendsten Erfahrungen machen wir in unserer Kindheit. Sie strahlen in unser Leben. Wenn man so will, spielen wir als Erwachsene die Dramen unserer Kindheit nach. Auch wenn wir es besser wissen, fallen wir oft in diese alten Muster zurück. Und darum erwartet auch etwas tief in uns, dass die Lösung unserer Probleme von außen an uns herangetragen werden muss. Dass unser Glück von Personen oder Umständen abhängt.

Darum suchen wir so oft nach Schuldigen, dachte ich. Darum trennt man sich mit der Überzeugung, dass es nur am Partner liegen kann. Und darum glauben viele, dass man nur dieser einen Person begegnen muss, die alles ändert. So wie ich.

Wie die meisten habe ich nie gelernt, wie ich diesen Programmierfehler aus meinem Bewusstseinscode entferne. Ein Debugging gewissermaßen, um diese erste tiefgreifende Prägung auszuwaschen. Um mit ihr umgehen zu können.

Bereits auf dem Bahnsteig des S-Bahnhofs Savignyplatz spürte ich den Effekt unseres Gesprächs. Wie ein fehlendes Detail, das eine Geschichte vollkommen ändern kann. Es verschob den Blick auf meine zurückliegenden Jahre. Ich begann, meine Gewissheiten zu prüfen. Und das ist immer ein gutes Zeichen.

Ich habe lange angenommen, die bedeutenden Momente meines Lebens aus der Ferne zu erkennen. Dass sie aus dem Alltäglichen ragen und nicht zu übersehen sind. Vielleicht weil ich sie in großen symbolischen Gesten erwarte. Aber das ist ein Irrtum. Die großen Momente sieht man erst später, sie bilden sich aus ihren Folgen. Sie entstehen daraus, wie ich mit Ereignissen umgehe – das macht einen Moment perfekt.

Ich übersah das Offensichtliche: dass das Leben ein Prozess ist. Ich wollte ankommen. Aber das Leben ist ein vorläufiger Zustand. Immer. Es gibt nicht diese eine erlösende Person, die alles ändert. Es gibt kein fehlendes Puzzleteil. Wenn ich unglücklich bin, wird mich eine andere Person nicht glücklich machen.

Es ist ein Missverständnis, durch das ich ein passives Leben führe. Ich handele nicht. Ich warte darauf, dass andere Personen, Umstände oder Konstellationen meine Entscheidungen treffen. Ich mache mich abhängig von ihnen. Ohne es zu registrieren, habe ich mich in der perfekten Opferrolle eingerichtet. Ich bin zu einem Opfer geworden, das kein Mitleid erzeugt.

Ich habe immer gewartet. Auf die richtige Frau, die richtige Wohnung in der richtigen Lage, auf die richtigen Freunde – auf ein richtiges Leben. Ich verstand nicht, dass es darum geht, aus dem Abwarten ein Handeln zu machen. Dass meine Probleme in mir liegen, genauso wie ihre Lösungen. Dass es meine Entscheidungen waren, die mich in das Leben geführt haben, in dem ich mich gerade bewege. Oder meine Nichtentscheidungen. Sich nicht zu entscheiden ist schließlich auch eine Entscheidung.

Die perfekten Momente entstehen in mir, aus meinem Denken, meinen Gefühlen und meinen Handlungen. Momente sind Möglichkeiten. Denn erst indem man ihn nutzt, macht man einen Moment perfekt.

# Die Risse in den Fassaden

**Wie die meisten bin ich darauf konditioniert, von Äußerlichkeiten auf das Wesen der Dinge zu schließen. Auch was mein eigenes Leben betrifft.**

Man kann viel missverstehen, wenn man die Dinge von außen betrachtet. Man kann viel übersehen. Obwohl ich es eigentlich besser wissen sollte, mache ich ständig den Fehler, von Äußerlichkeiten auf einen Menschen zu schließen. Oder auf ein ganzes Leben. Für mich kann ein Leben schnell perfekt wirken, wenn in ihm Eigentumswohnungen in Prenzlauer Berg vorkommen, Bolia-Sofas oder ein Eames-Lounge-Chair von Vitra. Ich bin auf diesen Blick konditioniert. Von der perfekten Kulisse schließe ich auf ein perfektes Leben. Auf ein Glück, das sich aus Äußerlichkeiten zusammensetzt. Wenn mir auffällt, dass sich meine Sehnsüchte auf Oberflächen beziehen, zwinge ich mich, diesen Blick zu korrigieren – auch wenn ich mein eigenes Leben betrachte.

In einer der ersten Frühlingsnächte des vergangenen Jahres saß ich auf dem Balkon eines Freundes und stellte mir vor, in welche Richtung sich mein Leben mit einem Umzug in diese Gegend bewegen würde. Inwieweit es sich verbessern würde, wenn mein Alltag hier stattfände, in der Oderberger Straße in

Prenzlauer Berg. Denn dass es sich verbessern würde, davon war ich überzeugt. Prenzlauer Berg ist eine Gegend, die mich angezogen hat, schon seitdem ich ein Teenager war, und die Oderberger Straße ist einer meiner Berliner Sehnsuchtsorte. Sie ist eine Kulisse, in der ich mich gern zu Hause fühlen würde. Irgendetwas in mir erwartet, dass ein Leben, das hier stattfindet, gut sein muss. Ich setze es voraus.

Es war mein erster Besuch in der Wohnung meines Freundes, der Anfang März hier eingezogen war. Mit dem Ende seiner sechsjährigen Beziehung gab er auch die Wohnung in der Heinrich-Roller-Straße auf, in der er mit der Frau gelebt hatte, mit der er einmal eine Zukunft geplant hatte, bis sich diese im Alltag, den sich die beiden schufen, aufgelöst hatte.

Es ist eine schöne Wohnung, die richtige Kulisse, aus der man in eine neue Zukunft blicken kann. Als ich eintraf, besichtigten wir die hohen Räume, ich spürte die abgezogenen Dielen unter meinen Füßen, und richtete die Wohnung in Gedanken mit meinen eigenen Möbeln ein. Als es dämmerte, öffnete mein Freund eine Flasche Rotwein, wir setzten uns auf den Balkon und sprachen über die ersten zaghaften Schritte in sein neues Leben, bis unser Gespräch vom Klingeln seines Smartphones unterbrochen wurde.

Eine Dreiviertelstunde später hörte ich aus der Tiefe der in mattes Licht getauchten Wohnung die Stimme meines Freundes, den seine Ex-Freundin angerufen hatte, um noch einige Fragen zu klären, die ihre Trennung betrafen. Er beantwortete die Fragen immer noch. Seine Stimme wurde in undeutliche Wortfetzen zerlegt, bevor sie den Balkon erreichte. Ich hörte nur ihren Klang und vereinzelte Worte. Es hatte etwas Beruhigendes. Ich goss mir Wein nach und genoss die Stille, die sich sanft in mir ausbreitete.

Mein Blick zog über die Fassade des Gebäudes auf der gegenüberliegenden Straßenseite. Die meisten Fenster waren inzwischen erleuchtet mit einem warmen, einladenden Licht. Es ist ein Neubau, der den Straßenzug, in dem sich die Fassaden liebevoll sanierter Gründerzeitgebäude aneinanderreihen, bricht. Ich kannte das Haus bisher nur aus einer anderen Perspektive. Auf Spaziergängen bin ich schon unzählige Male an ihm vorbeigelaufen. Ich mag es, nach Einbruch der Dunkelheit durch die Straßen zu laufen, in erleuchteten Fenstern zu entdecken, wie deren Bewohner eingerichtet sind. Wenn mich einer dieser Spaziergänge an diesem Haus vorbeiführte, erschienen mir die großen und offenen Fensterfronten zwar schön, es waren jedoch Wohnungen, in denen sich jemand wie ich sehr beobachtet fühlen würde. Aber erst jetzt, als ich auf Augenhöhe zu den erleuchteten Räumen hinüberblickte, sah ich, wie einsehbar die Wohnungen wirklich waren. Die nächtliche Beleuchtung hatte das Gebäude in einen überdimensionierten Setzkasten verwandelt.

Ich richtete mich auf, um besser sehen zu können, und überprüfte neugierig, wie sie eingerichtet waren.

Wenn ich mir in Gedanken ein Leben entwerfe, kommen solche Wohnungen, die in solchen Straßen, in solchen Gegenden liegen, darin vor. Es ist eine Gegend, die man sich leisten können muss, und das sieht man den Wohnungseinrichtungen auch an. Das macht die Gegend Instagram sehr ähnlich. Auch dort schließe ich von einem Foto auf ein ganzes Leben. Genau wie ich auf Dating-Apps von einem Foto auf einen Menschen schließe. Ich umgebe mich mit Projektionsflächen, auf die ich meine Sehnsüchte werfe. Und auch das Gebäude gegenüber war eine angemessene Leinwand.

In den hohen, offenen Räumen gab es viele Möbel, denen

man ansah, wie teuer sie gewesen sein müssen, Design-Klassiker, die ich von der Entfernung aus zuordnen konnte. Es gab Vitra-Stühle, die mir in drei Wohnungen auffielen, als hätten sich ihre Bewohner abgesprochen. Diese Stühle sind sehr beliebt. Es gibt sie in unzähligen Farben. Sie sind die perfekte Metapher dafür, dass irgendwie alle das Gleiche machen, aber dabei so individuell wie möglich zu sein versuchen. Bevor dieser Gedanke meinen Blick in die Harmonie auf der gegenüberliegenden Straßenseite stören konnte, sah ich mir die Bewohner an.

Hinter einem der Fenster befanden sich zwei Paare an einem langen Tisch, sie tranken Weißwein und waren in ein angeregtes Gespräch vertieft. Hinter einer anderen Glasfront saß ein Paar auf der Couch und sah fern.

Unwillkürlich musste ich an meinen Nachbarn denken, der sich gerade zwei Katzen gekauft hat. Wunderschöne Tiere, eine schwarz, die andere dunkelgrau, die sich mit lautloser Eleganz durch seine Wohnung bewegen. Einmal sind sie in den Hausflur geflüchtet und haben meine Wohnung neugierig erkundet wie eine neue Welt.

Wir standen in meinem Wohnzimmer und sahen den Tieren zu, wie sie den Raum erforschten. Mein Nachbar stellte fest, dass die schönen Tiere noch besser aussahen, wenn sie auf den Designermöbeln saßen, mit denen meine Wohnung eingerichtet ist. Die auch mit der Farbe des Fells harmonierten. Die Möbel vervollständigten die Eleganz der Katzen.

Dieses Gefühl verband ich auch mit den Menschen auf der anderen Straßenseite. Sie passten zu den Möbeln. Alles floss ineinander. Alles passte. Das Gebäude, die Wohnungseinrichtungen und die Bewohner. Es waren Musterwohnungen. Showrooms für ein perfektes deutsches Leben, die wirkten, als hätte sie sich die CDU ausgedacht. Oder die FDP. Es ist ganz seltsam. Beide Parteien würde ich nie wählen, aber ich ertappte mich bei dem Gedanken, jetzt gern bei diesen Menschen zu sein. Um in ein Leben zu treten, in dem ich mich wohlfühle.

Manchmal, wenn ich in einem Café oder Restaurant verabredet bin und sich meine Verabredung verspätet, schweift mein Blick über die Gesichter der anwesenden Gäste. Ich suche nach Anhaltspunkten, wer sie sind, was sie wohl beruflich machen, und ich denke mir Geschichten aus, die sie hierhergeführt haben könnten. Obwohl es ein naheliegender Gedanke ist, habe ich bisher aber noch niemanden in ein unverfängliches Gespräch verwickelt, um herauszufinden, ob die Geschichte zutrifft, die ich mir zu der Person ausgedacht habe. Zweimal, als ich kurz davor war, trat meine Verabredung an den Tisch, und ich habe den bereits gefassten Plan wieder verworfen. Während wir redeten, tranken und lachten, fiel mein Blick aber gelegentlich erneut auf die Gesichter unserer Tischnachbarn, und ich fragte mich, inwieweit sich die Schlüsse, zu denen ich gekommen war, als richtig erwiesen. Wenn ich jetzt so darüber nachdenke, wäre es aber viel aufschlussreicher, herauszufinden, wie viel mir meine Interpretationen über mich erzählen.

Genau das passierte gerade.

Denn jetzt fiel mir auf, dass die Wohnungen hinter den Glasfronten nur auf den ersten Blick an einen Setzkasten erinnerten. Auf den zweiten Blick ähnelten sie eher symmetrisch angeordneten Bühnen. Ich beobachtete die Menschen, die sich unbeobachtet fühlten, weil sie nicht ahnten, dass die warmen, einladenden Lichter, mit denen ihre Zimmer bei Einbruch der Dunkelheit durchflutet werden, ihre Fenster zu Bühnen gemacht haben. Bühnen, auf denen die Ausschnitte verschiedener Leben stattfinden. Als würden die Bewohner des Hauses

Szenen eines Theaterstücks aufführen. Die Frage war nur, wovon diese Theaterstücke handelten.

Es ist ein generelles Problem, das ich nicht nur mit dem Haus auf der anderen Straßenseite habe. Wenn ich die Theaterbühne betrachte, neige ich dazu, zu sehr auf die Kulisse zu achten, ohne zu verstehen, wovon das Stück eigentlich handelt. Was die eigentliche Geschichte ist, die vor dem Hintergrund dieser Kulisse erzählt wird. Ich neige dazu, von der Kulisse auf das Leben zu schließen, das hier aufgeführt wird. Weil ich darauf konditioniert bin, ein Leben nach Äußerlichkeiten zu beurteilen.

Ich sah noch einmal zu den Fenstern auf der anderen Straßenseite hinüber. Zu den perfekten Kulissen für ein perfektes Leben. Ich blickte erneut zu den beiden Paaren, die sich so angeregt unterhielten. Ich fragte mich, worüber sie sprachen, stritten und lachten, was ihre Themen waren. Aber dann entdeckte ich die Feinheiten.

Nur *die Frauen* der Paare waren miteinander in ein angeregtes Gespräch vertieft. Nur *sie* lachten. Die Männer hingegen saßen abwesend in den Stühlen und blickten auf ihre Handys, sie sahen nicht auf, achteten nicht aufeinander. Während die Paare eigentlich Zeit miteinander verbrachten, zogen die Männer es vor, allein zu sein. Sie erinnerten an Autisten. In ihrer eigenen Welt, weit weg. So sahen Menschen aus, die jetzt gern woanders wären. Sie schlugen die Zeit tot, bis der Abend endlich vorbei war. Die Frauen achteten nicht auf ihre Partner. Ich fragte mich, warum die überhaupt mitgekommen waren. Warum sie dabei sein sollten. Vielleicht, um jemandem einen Gefallen zu tun, vielleicht, weil ihre Freundinnen darauf bestanden hatten. Es ging darum, die Form zu wahren. Es war ein Pärchenabend, der gar kein Pärchenabend war. Es war nur die Inszenierung eines Pärchenabends.

Ich hatte einen feinen Riss entdeckt, der sich durch die perfekte Fassade zog.

Ich hatte Blut geleckt. Gierig wanderte mein Blick zur nächsten Fensterfront. Zu dem Paar, das gemeinsam fernsah, während beide mit ihren Smartphones beschäftigt waren. Das war die Gemeinsamkeit zu dem vorherigen Pärchenabend. Beide Bühnen wirkten, als würden sie Smartphoneabhängigkeitsstücke aufführen. Dann fiel mir auf, dass die Frau auf der linken Seite der Couch saß, während der Mann sich an ein Polster der anderen Seite gelehnt hatte. Auf dem Sechssitzer wirkte die Entfernung zwischen ihnen grotesk. Beide schwiegen, die Köpfe vornübergebeugt starrten sie auf das Smartphone in ihren Händen, manchmal leuchtete ein Lächeln auf ihren Gesichtern auf, aber niemand hob den Kopf, um zu erzählen, was dieses Lächeln hervorgerufen hatte. Jeder lächelte für sich allein, während die flackernden Farben einer Netflix-Serie den Raum mit jedem Schnitt in eine neue Lichtstimmung tauchten. Und die beiden saßen in diesen wohltuend flackernden Lichtern, ohne aufeinander zu achten. Versunken in Sprachlosigkeit, obwohl ein Gespräch nötig zu sein schien. Als wäre diese Bühne als Metapher entworfen worden, um den Abstand sichtbar zu machen, der zwischen den beiden über die Jahre entstanden ist. Es sah aus wie ein Stillleben, in dem auch Menschen vorkommen. Ich fragte mich, wann ihnen die Gesprächsthemen abhandengekommen waren. Nichts ist einsamer, als sich in einer Beziehung isoliert zu fühlen.

Ich goss mir Wein nach. Jedes Fenster zeigte plötzlich eine Szene, die andere Fragen aufwarf. Das gegenüberliegende Gebäude war zu einer Metapher geworden.

Wenn ich aus dem Fenster meiner eigenen Wohnung sehe, füllt das Gebäude auf der gegenüberliegenden Straßenseite den Blick. Es ist so breit, dass ich den Kopf bewegen muss, um es vollständig zu sehen. Obwohl es 90 Meter entfernt ist, kann ich es nicht mit einem Blick erfassen. Ich lebe in der Berliner Karl-Marx-Allee, in einem Gebäudeensemble, das Anfang der Fünfzigerjahre als sozialistisches Vorzeigeprojekt geplant und gebaut worden war. Es ist ein Monumentalgebäude, dessen Umrisse wie in den Himmel gemeißelt wirken. Die Fassaden wirken makellos, im Gegensatz zum Schnitt meiner Wohnung, die Eigenheiten hat, die ich nie verstanden habe. Ich meine, ich mag meine Wohnung sehr, aber ich habe mich oft gefragt, warum es in meinem Bad und in meiner Küche diese überflüssigen Ecken gibt, die so ungünstig angelegt wurden, dass sie praktisch unbenutzbar sind. Sie entziehen sich jeder Einrichtungsidee. Sie fressen Platz. Ihr Sinn hat sich mir lange nicht erschlossen. Bis ich vor einigen Jahren in der Zeitung las, dass es diese unbenutzbaren Ecken und Winkel gab, weil sich das Fenster an einem bestimmten Platz befinden musste. Die Schnitte der Wohnungen richteten sich an der Fassade aus. Es waren keine Fehlplanungen, es war eine Frage der Prioritäten.

Es gab diese scheinbaren Fehler im Wohnungsschnitt nur, um die Wirkung der Fassade aufrechtzuerhalten. Das Innere richtete sich an den Äußerlichkeiten aus. Die Außenwirkung war wichtiger als das, was dahinterlag. Der Zweck dieser Gebäude ist ihre Wirkung, das, was sie ausstrahlen. Manchmal stehe ich auf meinem Balkon, während mein Blick über die Gebäude der Allee schweift, und ich empfinde ihre Fassaden wie eine Rechtfertigung. Sie sind eine Metapher, die sich auf mein Leben anwenden lässt.

Die Kulissen haben auch mein Leben fest im Griff. Ich bin zwar davon überzeugt, dass sie nur der Hintergrund sind, vor dem sich mein Leben abspielt, aber ich habe ihre Bedeutung geändert. Die Kulissen legen fest, wie mein Leben wahrgenommen wird, und damit auch, wie ich mich selbst wahrnehme. Dass die Kulisse immer perfekter wird, um von der inneren Zerrissenheit abzulenken, die dahinterliegt, verborgen im von außen nicht einsehbaren Teil des Hauses, wo sie sorgfältig verwahrt wird, damit sie von niemandem gesehen wird.

Auch ich feile an den Kulissen, ich poliere sie. Seit Jahren schon. Ich variiere immer wieder neue Details, um wenigstens für einen gewissen Zeitraum ein Gefühl von Veränderung entstehen zu lassen. Ein neuer Tisch, eine neue Kaffeesorte, ein neues MacBook, ein neues Mindset. Bis ich weitere Details verändern muss, weil auch dieses Gefühl langsam abklingt.

Details, die sich zusammengenommen immer dichter um meine Identität schmiegen. Eine Art wogendes Imagegewebe, dessen Zusammenspiel die Person sichtbarer werden lässt, für die ich mich halte. Bis es irgendwann, vielleicht in dem Moment, in dem ein Vitra-Stuhl, der gerade geliefert wurde, ausgepackt und positioniert ist, ganz plötzlich in der Bewegung erstarrt. Bis ich vollständig bin. Festgelegt.

Aber ich weiß, dass ich mich nie vollständig fühlen werde. Ich werde weitermachen. Immer weiter. Ich bin nicht auf der Suche nach mir selbst, ich erschaffe mich selbst. Mein Denkfehler ist, dass die Idee, wer ich bin, von den Dingen erzählt wird, die ich meinem Leben hinzufüge.

Auf dem Balkon in der Oderberger Straße fragte ich mich plötzlich, was ein stiller Beobachter sehen würde, wenn er *mich* durch die Fenster meiner Wohnung betrachtete. Mit einem unvoreingenommenen Blick. Welche Geschichte das Einpersonenstück erzählt, das in meiner Wohnung aufgeführt wird.

Ein stiller Beobachter würde wohl einen Mann sehen, der mit konzentriertem Blick an einem großen Esszimmertisch sitzt, den er als Schreibtisch nutzt. Der Bildschirm seines iMacs wirft ein kaltes Licht auf sein Gesicht. Der Blick des stillen Beobachters schweift durch das hohe Zimmer. Der Einrichtung sieht man an, wie teuer sie gewesen sein muss, jedes Detail ist aufeinander abgestimmt. Nichts ist dem Zufall überlassen. Sogar die Pflanzen fügen sich stimmig in ein Gesamtkonzept ein.

Der stille Beobachter sieht wohl einen Mann, der in seiner Wohnung wie in einem Katalog sitzt. Er sitzt nicht nur in einer repräsentativen Kulisse, mehr noch, er ist selbst zu einem Teil der Kulisse geworden. Er passt zu den Möbeln. Man übersieht beinahe, dass er in einer mit Designklassikern eingerichteten Einsamkeit sitzt.

Vielleicht will man es auch übersehen, weil es unserer Idee von Glück entspricht. Ein Glück, das man findet, wenn man in den Katalogen teurer Möbelhersteller blättert. Es ist ein sehr sauberes, klinisches Glück. Ein Glück, in dem es keine Gemütlichkeit gibt. Die Gemütlichkeit wird erst durch das Leben hinzufügt.

Es geht ihm gut, denkt der stille Beobachter vielleicht, von außen betrachtet geht es ihm gut. Doch dann beginnt er, auf die Feinheiten zu achten.

# Was Paare sich verschweigen sollten

**Der Vorsatz, in Beziehungen immer aufrichtig zu sein, kann ihnen die größten Beschädigungen zufügen. Warum manche Geheimnisse nicht ins Licht gezerrt werden sollten.**

Als der vorletzte Sommer zu Ende ging, stand ich mit Sascha im Innenhof der *Wilden Renate* in Berlin und sagte ungläubig: »Es ist schon erstaunlich, woraus sich das Fundament langjähriger Beziehungen bilden kann.«

Sascha nickte. Mit einem Lächeln. Offensichtlich konnte er inzwischen über die Geschehnisse lachen, von denen er mir gerade erzählt hatte. Ich empfand eher Fassungslosigkeit, denn mir waren sie neu. Ich war noch zu sehr in der Geschichte. Vor allem, weil ich mir gerade vorstellte, mir wäre so etwas passiert.

Sascha, mit dem ich mich von Zeit zu Zeit treffe, seitdem er mich vor einigen Jahren auf einer meiner Lesetouren begleitet hat, hatte mir gerade von Lea erzählt, mit der er einige Jahre zuvor eine kurze Liaison hatte. Es war eine unbedeutende Liebschaft gewesen. Eigentlich. Denn gemessen daran dehnte sie sich unverhältnismäßig weit in Saschas Leben aus.

Dabei hatte er, als er sich von Lea trennte, aufs Timing geachtet. Er beendete ihre gemeinsame Zeit an dem Tag, bevor er zu einem zweiwöchigen Portugalurlaub aufbrach. Er hätte den Zeitpunkt gewählt, weil er den zu erwartenden Streit auf einen Abend reduzierte, bevor er sich Lea durch den Urlaub entzog. Der Streit war sehr intensiv, und er war froh, als er am nächsten Morgen im Flieger endlich den Flugmodus aktivierte. Er hatte das Gefühl, endlich wieder frei atmen zu können. Ein Gefühl, das sich zwei Wochen halten sollte. Als er braun gebrannt die Tür der Wohnung aufschloss, in der er damals mit seinem besten Freund in einer WG lebte, war noch alles in Ordnung. Das änderte sich allerdings, als sein Mitbewohner ihm erzählte, er habe jetzt eine Freundin. Sascha freute sich aufrichtig für ihn, aber irgendwie passte der unsichere Ausdruck in den Augen seines besten Freundes nicht zu der schönen Neuigkeit. Irgendetwas stimmte nicht.

»Wer ist es denn?«, fragte Sascha.

»Du kennst sie«, sagte sein Mitbewohner verhalten, und dann nach einigem Zögern. »Es ist Lea.«

»Lea?«, lachte Sascha. »Na dann, herzlichen Glückwunsch.«

Es war ja offenbar ein Scherz. Sascha suchte im Blick seines Freundes nach einem Detail, einem verräterischen Zeichen. Dann verstand er, dass es kein Scherz war.

Lea kam jetzt häufiger in seinem Alltag vor als in der Zeit, in der sie zusammen gewesen waren. Sie war praktisch in die WG gezogen. Ihre Anwesenheit erzeugte eine beklemmende Spannung. Sascha war viel unterwegs, er schlief eigentlich nur noch in der Wohnung, er war praktisch immer auf der Flucht.

»Es war eine Zumutung«, sagte er.

Als er eines Nachts aus einem unruhigen Traum erwachte, zuckte er zusammen. Am Fußende des Bettes saß eine Person, die er im Gegenlicht nicht erkannte. Erst als er sich benommen aufsetzte, erkannte er Lea, die ihn schweigend beobachtete.

»Lea?«, fragte er.

Sie antwortete nicht. Sie starrte schweigend in seine Richtung, bevor sie nach einigen endlosen Sekunden flüsterte: »Es ist noch nicht vorbei.«

Sie wirkte ganz ruhig. Dann erhob sie sich langsam und verließ das Zimmer.

»Gott«, rief ich im Innenhof der *Wilden Renate.* »Was stimmt eigentlich mit den Leuten nicht?!«

Sascha nickte.

Er war offensichtlich in einen Stephen-King-Roman geraten, und zwar in das Kapitel, in dem sich die ersten Vorläufer ankündigten, die in eine Katastrophe münden mussten. Hier stellte sich nicht die Frage, *ob* die Handlung kippte – sondern *wann.*

»Und was hast du gemacht?«, fragte ich.

»Ich hab natürlich mit Lukas darüber geredet«, sagte er. »Zumindest hab ich's versucht. Aber Lea hatte ihm erzählt, ich wäre noch verliebt in sie. Und dass mir alle Mittel recht wären, sie wieder auseinanderzubringen.«

»Was ist denn das für eine Soziopathin?«, rief ich.

»Vier Monate hab ich's ausgehalten, dann bin ich ausgezogen«, sagte Sascha.

»Was ist eigentlich aus den beiden geworden?«, fragte ich.

Sascha sah mich vielsagend an, bevor er nach kurzem Schweigen etwas Unerwartetes sagte.

Er sagte: »Sie sind verheiratet und haben eine dreijährige Tochter.«

»Wie bitte?«, lachte ich bitter. »Das muss dann wohl Liebe sein.« Sascha nickte betroffen.

Vielleicht war es Liebe, wenn man die Geschichte aus der Perspektive erzählte, in der Lukas die Hauptfigur war. In der er mit einer Frau zusammenkam, die Sascha behandelt hatte, wie er schon unzählige Frauen zuvor behandelt hatte, an denen er nicht interessiert war. Sascha hatte auch Leas Wert nicht erkannt und sie dann weggeworfen. Lukas tröstete sie, er war für sie da, sie verliebten sich. Sie mussten Sascha dankbar sein, ohne ihn hätten sie sich nie gefunden.

Es war die Geschichte, die Lukas in das Leben geführt hatte, in dem er glücklich war. Es war allerdings eine Liebesgeschichte, die nur durch ein hinzugefügtes Detail umgeschrieben werden konnte. Ich frage mich, in welchem Licht Lukas die sechsjährige Beziehung mit Lea sehen würde, wenn diese bisher verborgene Information hinzugefügt worden wäre. Auf sein Leben. Auf ihre Familie. Auf ihr dreijähriges Kind. Inwieweit es etwas ändern würde, wenn er erfuhr, dass das Fundament seines Familienlebens aus der Rache einer verletzten Frau an seinem besten Freund entstanden war. Wenn er von der Rolle erfuhr, die er in Leas Geschichte eingenommen hatte. Es ist keine Geschichte, die man seinen Enkeln erzählen möchte. Er war das Mittel zum Zweck. Ein Werkzeug, um Sascha Verletzungen zuzufügen. Würde er seine Beziehung anzweifeln? Oder den gesamten Lebensabschnitt mit der Mutter seines Kindes? Würde er sich selbst infrage stellen?

Obwohl ich ihn nie kennengelernt habe, hoffe ich, dass Lukas nie von diesem Detail erfahren wird. Dass er sich nie diese Fragen stellen muss. Ich wünsche es ihm.

Als uns Sascha an der Bar noch zwei Bier holte, frage ich mich, wie wirklich meine Wirklichkeit überhaupt war. Wie sie sich verändern würde, wenn jemand nur einige unerwartete Details hinzufügen würde. Ich versuchte mir vorzustellen, wie hilflos ich zusehen würde, wie sich die Dinge innerhalb von Sekunden neu ordneten. Ein knappes Jahr nach der Unterhaltung mit Sascha brauchte ich es mir nicht mehr vorzustellen.

Das Detail, das die Teile meiner Vergangenheit zueinander verschob, hatte nicht die Gewalt, mit der Leas Geheimnis in Lukas Leben brechen würde, sollte er davon erfahren – gemessen daran war es nur eine Ahnung –, aber meine Erfahrung reichte zumindest aus, um mich ins Thema einzufühlen.

Ich verdanke diese Information dem Mann, den eine meiner Ex-Freundinnen verlassen hatte, weil sie sich in mich verliebte. Ihr Name ist Luise, sein Name ist Max. Ich habe den beiden bereits ein vorheriges Kapitel gewidmet.

»Weißt du«, sagte Max, als wir uns kürzlich zufällig auf einer Vernissage in der Berliner Torstraße trafen. »Luise ist ja ein sehr kontrollierter Mensch. In unserer Beziehung hat sie mir nie gesagt, dass sie mich liebt.«

»Aber«, fuhr er fort, »einmal sagte sie es doch.« Als sie ihm gestand, ihn mit mir betrogen zu haben, sagte sie, wie sehr sie ihn liebte, wie sehr sie mit ihm zusammen sein wollte.

»Aber ich konnte das nicht«, sagte er.

Die Schmerzen, die sie ihm mit ihrem Betrug zugefügt hatte, waren zu groß. Er verließ sie. Er war nicht stark genug, er war zu jung, er hätte Luise ihren Fehltritt immer wieder aufs Neue vorgeworfen.

Wie bitte, dachte ich hilflos. Ich spürte praktisch physisch, wie sich die Dinge neu ordneten. Offenbar befand ich mich in meiner ganz persönlichen Version des Films *The Sixth Sense.* Ich befand mich in der Szene mit dem Twist, der den Blick auf die Realität freigab. Ich spürte, wie unvermittelt eine zähe Hitze in mir aufstieg, während sich meine Erinnerungen veränderten. Max hatte ein Detail, von dem ich nichts ahnte, hinzugefügt. Er änderte meine Geschichte, indem er sie vervollständigte.

Ich war nicht der Mann, für den sie ihn verließ. Ich war der Mann, mit dem sie zusammenkam, weil Max sie verlassen hatte. Ich hatte jahrelang angenommen, dass sie ihn verlassen hatte. Für uns und die einzigartigen Gefühle, die wir teilten. Es passte in die Romantic Comedy, die ich mir zurechtgelegt hatte. Aber diese Geschichte begann sich nun zu verändern. Sie wurde fader. Die Bedeutungen, die ich ihr gegeben hatte, verblassten in Sekundenbruchteilen. Ihre Einzigartigkeit löste sich auf.

Ich weiß nicht, ob man mir ansah, dass gerade etwas in mir gesprungen war. Es gab bestimmte scheinbar fest gefügte Erinnerungen, die sich plötzlich in grellem Scheinwerfer vollständig ausgeleuchtet zeigten. Eine schonungslose Helligkeit, die den Zauber zerriss, der auf meinen Erinnerungen lag. Über meine Erinnerungen schoben sich die Erinnerungen von Max, sie ergänzten und vervollständigten sich. Sie nahmen meinen Erinnerungen nicht nur ihren Zauber, sie entstellten sie. Sie passten sich der geänderten, vervollständigten Geschichte an. Meine Vergangenheit hatte sich gerade neu zusammengesetzt.

Aber nicht nur die Vergangenheit änderte sich, mit ihr änderte sich auch die Bedeutung, die bestimmte Ereignisse in ihr hatten. Mir fiel ein, wie ich mich damals heimlich mit Luise getroffen hatte. Als sie noch mit Max zusammen war. Wir verbrachten viele Abende in einem Restaurant, das sich im Simon-Dach-Viertel in Berlin-Friedrichshain befand. Unsere Treffen liefen immer nach einem ähnlichen Muster ab. Die ersten Stunden waren mit unbeschwerten Gesprächen gefüllt. Für einige Stunden verließen wir das Leben, das wir führten. Wir blendeten die Umstände aus, lachten viel und genossen die Gegenwart des anderen. Bis die Stimmung kippte. Sobald die Umstände aus der Unschärfe traten, verwandelten sich unsere ausgelassenen Unterhaltungen in ernste Diskussionen. Das Leichte wurde durch das Schwere ersetzt. Ich war schon in sie verliebt, aber Luise war noch hin- und hergerissen. In einem Gefühlschaos, in dem sie sich zu mir hingezogen fühlte, aber die Beziehung zu Max nicht aufgeben wollte. Die Abende endeten in gedrückter Stimmung, wir zahlten verstimmt und verließen traurig das Restaurant. Bis sich Luise wieder meldete, um mich wiederzusehen, und wir uns zu einem weiteren Abend verabredeten, der so unbeschwert begann.

Ich habe mich damals nie gefragt, wie uns unbeteiligte Dritte wahrgenommen haben. Das sollte ich allerdings erfahren, als wir bereits einige Monate zusammen waren.

Aus irgendeinem Grund ergab es sich, dass wir das Restaurant nach Luises Trennung nicht mehr besuchten. Aber einmal aßen wir noch dort, als eine Art Reminiszenz an die Anfänge unserer Beziehung. Als Luise auf der Toilette war, trat einer der Kellner an den Tisch und sagte: »Weißt du, es freut mich wirklich, dass zwischen euch wieder alles in Ordnung ist.«

Wie bitte?, dachte ich und hob überrascht meinen Blick.

Der Kellner erzählte, dass wir aufgefallen waren. Wir boten der Belegschaft Gesprächsstoff. Die auffällige Dramaturgie unserer Begegnungen bot vor allem den männlichen Mitarbeitern des Restaurants viel Raum für Interpretationen.

Sie wussten ja nicht, wie wir zueinander standen, aber ihre Beobachtungen schienen eigentlich nur einen Schluss zuzulassen. Sie nahmen an, wir wären ein Paar, das Beziehungsprobleme hatte. Und sie nahmen an, *ich* wäre für diese Probleme verantwortlich. Obwohl sie mit dieser Theorie falschlagen, erkannten sie jedoch ein Detail richtig – dass Luise die Entscheidung über unsere gemeinsame Zukunft treffen würde und nicht ich. Dass *sie* es war, die uns eine Chance gab.

»Wir hatten schon Wetten auf euch abgeschlossen«, sagte der Kellner.

»Wie bitte?«, lachte ich ungläubig.

»Ob du sie überzeugen kannst oder nicht«, sagte er, und dann, nach einem Seitenblick zum Tresen: »Ich war übrigens der Einzige, der auf dich gewettet hat.«

»Mit anderen Worten: Alle anderen waren gegen mich«, sagte ich und widerstand dem Impuls, seinem Blick zu folgen.

»So kann man es ausdrücken«, lachte er.

Als der Kellner sah, dass Luise von der Toilette zurückkehrte, entfernte er sich mit einem Lächeln.

Wir waren seit Monaten nicht mehr hier gewesen. Wir hatten sie mit ihren Interpretationen allein gelassen. Erst heute löste sich auf, wie die Dinge ausgegangen waren. Ich sah dem Kellner nach, und jetzt verstand ich auch sein breites, triumphierendes Lächeln. Er hatte schließlich gewonnen.

Diese Anekdote finde ich so erzählenswert, dass ich sie heute noch gelegentlich abrufe. Es war die richtige Geschichte. Alle waren gegen uns, selbst diejenigen, die uns nur aus der Ferne beobachtet hatten, aber wir hatten uns durchgesetzt. Unsere Gefühle hatten gewonnen. Ein schöner, symbolischer Beginn einer Liebesgeschichte.

Diese Anekdote würde ich wohl nie wieder erzählen. Sie war soeben entzaubert worden.

Luise, dachte ich verletzt. Ich hatte unsere Geschichte jahrelang falsch verstanden. Plötzlich spürte ich, wie mein verletztes Ego an mir nagte. Die vergifteten Gedanken überlagerten sich, schoben sich übereinander. Ich war die Notlösung, für die sie sich entschied, weil Max sie nicht mehr wollte. Ich war nicht der strahlende Held einer Liebesgeschichte, ich war der Ersatzmann. Der Übriggebliebene. Der Trostpreis. Und jetzt fiel mir auch ein, dass sie mir ebenfalls nie gesagt hat, was sie für mich empfand. Luise hatte mich nicht geliebt, dachte ich aufgebracht, sie wollte nur nicht allein sein.

Glücklicherweise wurden diese Gedanken schnell von Erinnerungssplittern zur Seite geschoben. Mir fiel ein Nachmittag ein, den ich mit ihr bei meinen Eltern verbracht hatte. Von meinen Ex-Freundinnen hatten sie Luise am meisten gemocht. »Mit ihr bist du ganz anders umgegangen«, sagten sie. »Viel aufmerksamer und zärtlicher.«

Das muss Gründe gehabt haben. Luise löste etwas in mir aus, was durch meine anderen Freundinnen nicht ausgelöst wurde. Obwohl sie ihre Gefühle nicht zeigen oder darüber sprechen konnte. Ich weiß nicht einmal, ob es etwas mit ihr zu tun hatte. Aber sie hat es ausgelöst. Vielleicht mochten meine Eltern Luise auch deshalb am meisten, weil ihnen der Mensch am besten gefiel, zu dem ich in ihrer Gegenwart wurde.

Ein Freund hat mir mal gesagt: »Wenn du jemanden vermisst, vermisst du eine andere Person, du vermisst dich selbst. Zumindest vermisst du die Version von dir, die du in ihrer Gegenwart warst.«

Das ist ein schöner Gedanke. Die Frage, ob ich den Menschen mag, zu dem ich in Gegenwart der geliebten Person werde. Wie sehr ich es genieße, diese Version zu sein. Den Menschen, den die Chemie zwischen uns aus mir gemacht hat. Wie gut es mir tut, dieser Person gutzutun. Eine Wahrheit, die ich universell anwenden kann. In Liebesbeziehungen, Familien, Freundschaften oder im Beruf.

Es gibt Dinge, die nicht ans Licht gezerrt werden sollten. Manche Geheimnisse sind gut. Ich bin dafür das beste Beispiel. Wenn ich verliebt war, überschritt mein Seelenzustand oft die Grenze zum Psychotischen. Wenn ich mich unglücklich verliebte, wurde das noch einmal verstärkt. Verliebtheit ist nun mal ein psychotischer Zustand. Wenn die Frauen, in die ich verliebt war, in vollem Umfang gesehen hätten, wie ungeduldig ich immer wieder mein Smartphone überprüfte, auf ihre Nachrichten wartete, die ich dann mit Freunden eingehend analysierte. Wenn sie von den Theorien und Hypothesen gewusst hätten, die wir entwarfen, um zu verstehen, warum sie sich verhielten, wie sie sich verhielten. Wenn sie unsere Gespräche gehört hätten, in denen wir Taktiken entwarfen, um endlich mit ihnen zusammenzukommen, kann der unterhaltsame, schlagfertige, souverän wirkende Sympathieträger schnell zu einem bedürftigen, von Zweifeln zerfressenen Außenseiter werden, der kein Leben hat. Würde die geliebte Person sehen, was sich in dem Menschen abspielt, mit dem sie sich trifft, in seinem ganzen irritierenden Ausmaß, würde sie sich verstört abwenden. So geht es allen.

Ich habe lange angenommen, dass aus einem ungesunden Anfang keine gesunden Beziehungen entstehen können. Wenn eine Liebesbeziehung unter ungesunden Gegebenheiten beginnt, kann sie einfach nicht in eine gesunde Beziehung übergehen, davon war ich überzeugt. Inzwischen habe ich diese Auffassung revidiert. Ab einem bestimmten Alter fangen doch die meisten Beziehungen ungesund an. Die Verletzungen vergangener Beziehungen, die in den seltensten Fällen aufgearbeitet wurden und somit die Psyche der meisten weiterhin beschädigt haben, machen jeden Anfang ungesund.

Ich habe den Wert von Beziehungen an ihren Anfängen gemessen. Das Gegenteil trifft zu. So wie es ein Fehler wäre, vom Anfang eines Films auf das Ende zu schließen. Nicht der Vorspann bildet das Fundament eines guten Films, sondern seine Handlung.

Die Anfänge sind egal – es kommt ausschließlich darauf an, was man daraus macht.

# ... und aus Liebe wurde Hass

**Die meisten Partnerschaften haben Bedarf an einer Paartherapie – vor allem die, die es sich nie eingestehen würden.**

Ich bin ja inzwischen in einem Alter, durch das sich eine Welle ganz spezieller Trennungen zieht. Die Trennungen der Leute, die Familien gegründet haben. Eine Bekannte hat mir erzählt, sie kenne nicht wenige Paare, die ihre Trennung verschieben, bis die Kinder aus dem Haus sind. Bis es so weit ist, ertragen sie weiter, was sie da über die Jahre so kultiviert haben. Häufig weiß allerdings nur einer der Partner von diesem Plan. Und als der vergangene Frühling zu Ende ging, erfuhr mein guter Bekannter Paul, dass er in eine solche Planung geraten war.

Nur knappe zwei Monate nachdem ihr 19-jähriger Sohn Lukas in eine eigene Wohnung gezogen war, offenbarte seine Frau Anica ihm, dass sie sich von ihm scheiden lassen wollte.

»Schnellstmöglich«, sagte sie.

In ihrer Stimme lag ein endgültiger Ton, den er nicht von ihr kannte. Als wäre ihrer Persönlichkeit eine Facette hinzugefügt worden, die sie 20 Jahre lang vor ihm verborgen gehalten hatte. Vielleicht weil sie in diesen 20 Jahren nicht eingesetzt werden musste. Bisher hatte es keine Notwendigkeit dazu gegeben. Das schien sich jetzt geändert zu haben.

*Schnellstmöglich.* Paul sah hilflos in das entschlossene Gesicht der Fremden, deren Züge ihm zwar vertraut waren, deren Aussehen und Wesen aber nicht mehr zueinanderpassten. So etwas kann jemanden, in den man sich einmal verliebt hat, schnell zu einem Menschen machen, in den man sich nie verliebt hätte. Mein Freund ahnte nicht, dass genau das die Erfahrung war, die er in den folgenden Monaten machen sollte.

Paul traf Anicas Entschluss sehr hart, auch weil er so unerwartet war. Abgesehen von den gelegentlichen Konflikten war ihm nie etwas aufgefallen. Er nahm an, eine gute Beziehung zu führen. Eine Beziehung, die *gut genug* war. Anica schien ihre wirklichen Gefühle gut vor ihm verborgen zu haben.

»Aber wir waren doch mal glücklich«, sagte er.

»Nein«, sagte Anica. »*Du* warst glücklich.«

Anica kannte sich in ihrer Beziehung offenbar besser aus als Paul. Das verstand er jetzt. Er hatte die Zeichen nicht gesehen. Oder er hatte sich daran gewöhnt. Sie waren so selbstverständlich geworden, dass sie im Alltag versanken.

Er ahnte allerdings nicht, dass sich an diesem Nachmittag ein Prozess in Gang setzte, durch den Anicas Charakter praktisch neu geschrieben werden würde. Nach dem Gespräch verließ sie das Grundstück, um es nie wieder zu betreten. Und um fortan nur noch über ihren Anwalt mit ihm zu kommunizieren.

Abstand ist bekanntlich der beste Weg, um Wunden heilen zu lassen. Aber auch nachdem Anica ausgezogen war, verschwand sie nicht vollständig aus Pauls Leben. Sie tauchte immer mal kurz auf, um sich mit wohldosierten Verletzungen in seinen Alltag einzubringen. Wie eine Wunde, die nicht heilt, weil man sie immer wieder aufkratzt. Sie wählte den indirekten Weg, sie erreichte ihn über Dritte.

Ein gemeinsamer Freund erzählte ihm am Ende eines

Abendessens, dass Anica von seiner Frau und ihm verlangte, sich für eine Seite zu entscheiden. Sein Blick wirkte betroffen, als er es Paul erzählte. Dann gestand er zögernd, dass er sich nach einem langen Gespräch für Anica entschieden hätte. Er bot noch an, die Rechnung im Restaurant zu übernehmen, als Entschuldigung gewissermaßen. Mehr konnte er nicht mehr für Paul tun.

Einige Wochen darauf erfuhr Paul aus verschiedenen Quellen, dass Anica einen Mann kennengelernt hatte. Es war nur nicht klar, ob es ein neuer Freund war, aber nach dem dumpfen Gefühl, das sich in ihm hielt, seitdem er von dem Mann gehört hatte, war es nicht gut für seinen Magen, nähere Details zu erfahren. Er hatte zufällig entdeckt, dass Anica ihr WhatsApp-Profilbild geändert hatte, auf dem sie jetzt mit einem Mann zu sehen war. Er hatte einige Tage dem Impuls widerstanden, es zu vergrößern. Bis er es nicht mehr aushielt. Die beiden sahen glücklich aus. Viel zu glücklich, was nicht gut war, denn er verstand ja die Botschaft, die hinter dem Foto lag.

»Sieh mal, wie glücklich ich ohne dich bin«, rief ihm Anica aus der Ferne zu. »Es lag wohl an dir.«

Ich war Zeuge, als Anica an einem Sonntagnachmittag im vergangenen August aus den wohldosierten Verletzungen eine Überdosis machte. Gelegentlich besuche ich Paul, wenn mich eine Radtour an seinem Haus vorbeiführt. Es ist immer ein spontaner Einfall. Ich kündige mich nicht an, darum ist es nie sicher, ob er da ist, und ich glaube, das ist auch die Idee dahinter. Wenn ich klingele und darauf warte, ob sich im Haus jemand bewegt, fühlt sich das wie eine Zeitreise an. Solche Momente erzeugen ein vertrautes, fast vergessenes Gefühl meiner Kindheit, in der man noch nicht dauerhaft erreichbar war. Wenn Paul da ist, trinken wir einen Kaffee auf seiner Terrasse, bevor ich mich wieder auf den Weg in die Stadt mache. Meistens ist Paul nicht da, aber diesmal öffnete er die Tür.

Die Trennung hatte ihn altern lassen. Sein Gesicht wirkte fahl, beinahe grau. Er öffnete die Tür sehr vorsichtig und sagte kein Wort, als er mich erkannte. Als ich ihn begrüßen wollte, verbot er mir mit einer hektischen Handbewegung den Mund und bat mich schweigend ins Haus. Das war alles sehr irritierend. Als Paul die Tür hinter uns geschlossen hatte, erfuhr ich, dass in Kaulsdorf-Süd gerade die Zeit eingefroren worden war. Sie blieb einfach stehen. Nur für wenige Minuten, und abgesehen von Paul realisierte das auch niemand, aber das reichte schon.

Mit hastigen Worten schilderte er mir, warum seine Haut so fahl wirkte, und erzeugte mit dieser Schilderung mein zweites Zeitreisegefühl an diesem Tag. Er versetzte mich in die unmittelbare, nur eine Viertelstunde entfernte Vergangenheit.

Weil er von einem verspäteten Mittagsschlaf aufgestanden war, war er noch ein wenig benommen, als er die Terrasse seines Hauses betreten hatte, erzählte Paul. Er hatte die Terrassentür aufgeschoben und unvermittelt den Eindruck, etwas wäre anders. Er konnte nicht erfassen, was genau sich geändert hatte, es war eher das Gefühl, der Ausblick in seinen Garten wäre irgendwie falsch zusammengesetzt worden. Sein Blick scannte sein Grundstück. Die Kulisse war wie immer, aber die Atmosphäre seines Gartens hatte sich verändert.

Dann verstand er, was anders war. Es war die Stimme von Anica. Sie hatte die Atmosphäre geändert. Er wandte seinen Blick nach links, wo sich hinter einer dichten Hecke die Terrasse seiner Nachbarn befand. Sie hatten häufig Besuch, aber diesmal lag über dem vertrauten Geräusch ihrer langsam kreisenden Gespräche die klare, akzentuierte Stimme seiner zukünftigen Ex-Frau.

Diese Erkenntnis fror seine Bewegungen nicht unmittelbar ein, weil sie einige Sekunden brauchte, um seinen Verstand zu erreichen. Wahrscheinlich weil sich sein Verstand sträubte, sie überhaupt zuzulassen. Aber als er begriff, dass da seine Noch-Ehefrau zu einem Nachmittagskaffee bei seinen Nachbarn eingeladen war, um in unmittelbarer Hörweite seines Grundstücks so laut zu reden, dass auch er es mitbekam, verharrte er in der Bewegung. Kein Laut durfte seine Anwesenheit verraten. Paul spürte, wie sich innerhalb von Sekundenbruchteilen ein dumpfer Druck auf seinen Magen legte. Ein Druck, der die Zeit verlangsamte. Die Sekunden verzerrten sich. Sie dehnten sich aus zu unerträglichen Minuten.

Es war ja schon frustrierend genug, den Klang von Anicas Stimme zu hören, aber jetzt achtete er auch auf den Inhalt. Und das hätte er nicht tun sollen.

»Es ist unglaublich, wie glücklich ich gerade bin«, rief Anica in den Spätsommernachmittag hinein. »Wisst ihr, Johannes und ich. Das ist der Wahnsinn. Ich hab seit Jahren endlich wieder das Gefühl zu leben.«

Das war der Augenblick, in dem die Zeit stehen blieb.

Johannes? Paul spürte, wie sich sein Magen verkrampfte. Ihm war schon klar, wer Johannes war, er hatte ja auch seine Quellen, die ihn über Anicas Beziehungsstatus informierten. Aber das war hier zu konkret. Jetzt kannte er auch noch den Namen zu ihrem WhatsApp-Profilbild, was den Mann greifbarer, realistischer machte. Er warf einen Blick auf ein Leben, auf das er vorsichtshalber gar keinen Blick werfen wollte.

»Da ist eine Harmonie zwischen uns, so ein Selbstverständnis, das kannte ich bisher noch nicht«, schnitt Anicas Stimme in seine hilflosen Gedanken. »Jetzt sehe ich erst, wie viel ich verpasst habe. Vor Johannes, das war wie ein Gefängnis.«

Im Glas der weit geöffneten Terrassentür sah Paul währenddessen seine Spiegelung, wie er in einer seltsam verrenkten Pose erstarrt war. Das »Vor Johannes«-Abbild sah ihn an. Der Mann in der Spiegelung wirkte paralysiert. Wie ein Schlaganfallopfer, das einfach nicht umfiel. Er hoffte, dass ihn niemand sah und keiner der Nachbarn den Notruf wählte. Ein Rettungswagen vor seinem Haus hätte Anica wahrscheinlich die Genugtuung verschafft, nach der sie offensichtlich auf der Suche war. Dann hatte Paul mein Klingeln aus der Schockstarre gerissen.

Und jetzt standen wir hier.

Die Trennung hatte ihre Konflikte nicht gelöst. Anica hat Redebedarf, dachte ich. Immer noch. Sie hatte nur die Ebene geändert, auf der ihre Streitigkeiten stattfanden.

Für sie war es eine Notwendigkeit, ihm zu sagen, dass er ihre vergangenen 20 Jahre versaut hatte. Dass er schuld war. Und dass sie ihn zurückgelassen hatte in diesem Käfig, den er Leben nannte. Im Gefängnis ihrer lieblosen Beziehung. Ein Leben im Rahmen seiner Möglichkeiten, in dem Lebendigkeit, wie sie sie verstand, nicht möglich war. Sie hatte ihn überschätzt, und es bedeutete ihr viel, ihm das auch mitzuteilen.

In der Phase, in der Anica Paul noch direkt ansprach, hatte sie ihm vorgeworfen, er hätte ihr die Jugend versaut. An diesen Gedanken knüpfte sie an, als wir vorsichtig Pauls Terrasse betraten.

»Ich meine, ich will jetzt nicht indiskret werden«, hörten wir Anicas Stimme auf der Terrasse des Nachbargrundstücks. »Aber Johannes ist ja auch ein sehr sexueller Typ.«

Gott, dachte ich. Wie kam man auf diese grausame Idee?

Vielleicht lag sie ja nächtelang wach, um zu planen, auf welche Art sie Paul die tiefstmöglichen Wunden zufügen konnte.

»Der Sex ist Wahnsinn«, fuhr Anica gnadenlos fort. »Er ist der beste Liebhaber, den ich je hatte. Diese Leidenschaft, das ist alles so intensiv.«

Meine Gedanken schoben sich übereinander. Offensichtlich musste Paul das Verhältnis zu seinen Nachbarn überdenken. Warum luden sie Anica überhaupt ein? So unsensibel konnte niemand sein. Oder begriffsstutzig. Oder brutal.

Anica griff an, und Paul schien keinen Impuls zu verspüren, sich zu verteidigen. Sein Gesicht wirkte jetzt noch fahler. Bevor seine Ex-Frau ins Detail gehen konnte, schob ich Paul ins Haus zurück und schloss schnell die Terrassentür.

Anica muss schon sehr unter ihrer Beziehung gelitten haben, um zu solchen Maßnahmen zu greifen. Ich fragte mich, was Paul ihr angetan haben musste, dass es ihr so viel Genugtuung verschaffte, ihn zu verletzen? Auch wenn er sie selbst nicht registriert hatte, mussten diese Verletzungen so beträchtlich gewesen sein, dass sie nun Rache wollte. Und zwar eine Rache, die dauerhaft war.

Das Leben miteinander zu teilen wird ja auch von der Idee getragen, sich eine gemeinsame Heimat zu schaffen. Offensichtlich war das eine Heimat, in der Anica sich fremd gefühlt hatte. Unter der sie gelitten hatte. Es musste so viele unausgesprochene Meinungsverschiedenheiten gegeben haben, so viele Missverständnisse und Kränkungen, die Anica nicht angesprochen hatte, so viele Konflikte, die unaufgelöst auf ihrer Beziehung gelegen hatten.

Ihre Beziehung war offensichtlich schon seit Jahren in einem Zustand, in dem eine Paarberatung wertvoll gewesen wäre.

Zumindest um die Trennung der beiden so zu begleiten, dass sie nicht in tiefem Hass endete. Anica und Paul befinden sich am Ende eines Prozesses. Es ist ein Prozess, in dessen Verlauf sich viele Paare verfangen haben.

Einmal feierte ein Freund seinen Geburtstag in einem thailändischen Restaurant am Wasserturm. Als ich eintraf, ging ein Paar an mir vorbei, das ich auf Anfang dreißig schätzte.

»Das ist aber ein Thai hier und kein Israeli«, schnitt die entschiedene Stimme der Frau in meine Gedanken.

»Hörst du mal bitte auf?«, entgegnete ihr Freund unwillig. »Ich bin doch gar nicht stehen geblieben.«

Die beiden wären mir gar nicht aufgefallen, aber mit diesem kurzen Dialog hatten sie meine volle Aufmerksamkeit. Ich wandte mich um und sah ihnen nach. Wenn Paare so miteinander reden, frage ich mich, ob ihnen die Spannung, die über ihren Gesprächen hängt, überhaupt noch auffällt. Oder ob diese Art, miteinander zu reden, zu ihrer Normalität geworden ist. Ich hoffte für die beiden, dass ihr kurzer Dialog zu den letzten Ausläufern eines Streits gehörte.

Ich hoffe es sehr, denn ich kenne ein Paar, das sich in solchen Ausläufern verfangen hat. Sie heißen Hannah und David. Hannah beklagt sich zum Beispiel seit Jahren darüber, dass David nicht sofort antwortet, wenn sie ihm eine Frage stellt. Seine Reaktion kann 15 Sekunden auf sich warten lassen, manchmal auch 30. Zeiträume, die sich ins Endlose dehnen können, wenn man auf eine Antwort wartet.

»Das macht mich wahnsinnig«, ruft Hannah dann, wenn sie sich bei mir regelmäßig darüber beschwert. Es ist ein Satz, dessen Ton mit den Jahren immer unbeherrschter geworden ist. Wenn man so will, ist sein Schweigen ihre Version der geöffneten Zahnpastatube.

Ich meine, ich kann sie verstehen. Seine fehlende Reaktion kann schon sehr ignorant wirken. Obwohl er es nicht so meint. Wenn ich ihn darauf anspreche, erzählt er mir, dass er immer einen Gedankengang zu Ende führen muss, bevor er sich dem nächsten widmen kann.

»Ich funktioniere so, wenn ich mich gerade auf etwas konzentriere«, sagt er.

Es war diese Information, die die Ignoranz aus seinem Verhalten entfernte. Seitdem nehme ich zumindest diese 15 Sekunden Wartezeit vollkommen anders wahr.

Hannah aber scheint ihn nie nach den Gründen gefragt zu haben. Was erstaunlich ist, die beiden sind schließlich seit zehn Jahren zusammen, einer Zeit, in der sie ihn offensichtlich nicht besonders gut kennengelernt hat. Ihrer Beziehung fehlt wohl das Basiswissen menschlichen Zusammenlebens.

Noch erstaunlicher ist allerdings, dass sich Hannah immer noch über Davids Verhalten beschwert, obwohl ich es ihr inzwischen gesagt habe. Es ist wohl komplizierter, als ich annahm. Ihre Klagen haben offenbar eine andere Funktion. Diese Eigenschaft ihres Freundes ist ein fester Bestandteil ihrer Mängelliste. Sie reibt sich daran auf.

Es geht ihr um die vielen Siege im Alltäglichen, die ihr zeigen, im Recht zu sein. Darum braucht Hannah ihre Mängelliste. Sie braucht jeden Punkt, der ihr bestätigt, wie sehr sie im Recht ist. Es verschafft ihr Genugtuung, sich über ihn zu beklagen.

Offensichtlich befinden sich die beiden ebenfalls in dem Prozess, über dessen Ende Anica und Paul bereits hinaus sind. Ich nehme nicht an, dass sie sich trennen werden, sie haben sich eher im Verlauf des Prozesses verhakt. Ich glaube, dass sie sich über den Zustand ihrer Beziehung gar nicht im Klaren sind.

Es ist schon erstaunlich. Obwohl die beiden zehn Jahre lang Zeit hatten, haben sie offensichtlich nicht gelernt, auf gesunde Art miteinander zu kommunizieren oder sich in einem Konflikt konstruktiv zu begegnen. Ihre unaufgelösten Konflikte liegen unter ihrer Beziehung, während sie sich in jedem Streit, in jeder Spitze und in jeder unangemessenen Kränkung nur mit den Folgen ihres eigentlichen Problems beschäftigen.

Hannah arbeitet sich an den Symptomen ab, ohne die Ursache über den Zustand der Beziehung nur zu berühren. Die beiden machen weiter, widmen sich ihren Gewohnheiten, arbeiten sich durch die Erledigungen des Alltags. Sie gehen nicht mehr wertschätzend miteinander um oder schweigen über ihre Konflikte hinweg. Sie ertragen einander, anstatt sich zuzuhören. Es fällt ihnen nur nicht mehr auf, weil sie sich schon so daran gewöhnt haben. Sie gestalten ihre Beziehung nicht mehr. Sie haben die Kontrolle an ihre toxischen Beziehungsdynamiken abgegeben.

Hannah und David sind keine Ausnahme. Sie sind nur ein gutes Beispiel. Ich beobachte oft, wie verletzend Paare im Alltag miteinander umgehen, wie abwertend sie übereinander reden, und oft registrieren sie es nicht einmal, weil die alltäglichen Verletzungen und Nachlässigkeiten zu ihrer Normalität geworden sind. Wenn man allerdings anhand von Beispielen wie Anica und Paul oder Hannah und David sieht, wie es enden kann, begreift man oft erst, wie klug es wäre, sich die Anfänge anzusehen.

Ich glaube, sie beginnen schon mit dem ersten Kennenlernen. Mit jeder – auch unbeabsichtigten – Verletzung, mit jedem Missverständnis und jedem neuen Konflikt, der unaufgelöst bleibt. Über die Wochen, Monate und Jahre bilden sie eine

Schicht, die immer dicker wird, die sich verhärtet, bis sie irgendwann zum Wesen der Beziehung geworden ist.

Niemand bringt uns die Fähigkeiten bei, aus denen sich eine gesunde Beziehung bildet. Es ist nur ein glücklicher Zufall, wenn man aus einem Elternhaus kommt, in dem einem eine gesunde Beziehung vorgelebt wurde. Viele Kinder ahmen als Erwachsene nach, wie sie die Beziehung der Eltern erlebt haben. Ihr Unterbewusstsein nimmt an, dass Beziehungen so geführt werden.

Es widerspricht auch meinem Selbstbild, aber wie die meisten habe ich nie gelernt, wie man einander zuhört, wie man auf gesunde Art kommuniziert oder Konflikte sinnvoll löst. Oder wie ich einen gesunden Selbstwert kultiviere, der mich die Dinge nicht persönlich nehmen lässt.

Es beginnt immer unbemerkt. Es wächst über die Jahre, bis es die Beziehung bestimmt.

Es liegt in unserer Hand, wie gesund die Natur unserer Beziehung ist. Indem wir die Kontrolle über sie nicht an die verletzenden Spitzen, die unausgesprochenen Konflikte oder unaufgelösten Missverständnisse abgeben. Aber die meisten haben nie gelernt, miteinander zu reden. Einander zu sehen. Konflikte werden nicht gelöst, sie werden beendet, indem man entscheidet, wer recht hat. Ein ewiger Wettbewerb ums Rechthaben.

Das führt dazu, dass viele Paare, die Redebedarf haben, aneinander vorbeireden. Sie diskutieren aneinander vorbei und sie streiten aneinander vorbei. Und irgendwann leben sie aneinander vorbei.

Wir können lernen, gesunde Beziehungen zu führen. Indem wir lernen, einander zuzuhören – also wirklich einander zuzuhören –, indem wir lernen, nicht nur uns selbst zu sehen, sondern miteinander zu reden und nicht aneinander vorbei. Diese Fortbildung würde unserem gesamten Leben eine neue Qualität geben, denn all das ist nicht nur auf Liebesbeziehungen anwendbar.

Ich glaube, dass viele Paare eine Paarberatung nötig haben, obwohl sie sich das nie eingestehen würden. Bedarf besteht ja nicht nur, wenn man in einer Krise steckt. Es ist doch viel sinnvoller, wenn man schon den Anfängen entgegenwirkt – damit ein Paar gar nicht erst in eine Krise gerät.

# Ein Tiefkühlgerichtleben

**Was passieren kann, wenn einem gesagt wird, was einen glücklich machen soll – und man es glaubt.**

Es sind oft Umwege, die mir mein Leben am besten erklären. Sie helfen mir, Probleme in einem anderen Zusammenhang zu sehen und sie auf diese Weise überhaupt wahrnehmen zu können.

Einer dieser Umwege heißt Christoph.

Christophs Leidenschaft ist das Essen. Ich liebe es, ihn über die Zubereitung von Gerichten sprechen zu hören. Ich komme nicht immer ganz mit, aber darum geht es nicht, es geht um den Eindruck. Dieses Gefühl von Kultur, das mich durchströmt, wenn er mich durch seine Gedanken führt, in denen es siedet, dampft und brodelt, in denen gebraten, gedünstet und gegart wird, in denen Kräuter gehackt und zerrieben werden und durch die die verlockenden Gerüche von Basilikum, Knoblauch oder Zimt ziehen. Seine Ausführungen empfinde ich als Abkürzungen. In ihnen tauchen unerwartet tiefe Wahrheiten auf, ohne den Weg über groß angelegte Analysen, psychologische Theorien oder Philosophieentwürfe zu gehen. Sie sind der direkteste Weg. Sie legen den Kern frei.

Wenn Christoph über das Kochen spricht, lerne ich mehr über das Leben als in allen Zehnpunkteplänen und Motivationsprogrammen irgendwelcher Mental Coaches, die mir ein glücklicheres, erfüllteres und wahrhaftigeres Leben versprechen.

Bevor er auf den Markt geht, nimmt er sich nie vor, was er kaufen oder was er später zubereiten will, sagt Christoph. Es gibt nie einen Plan. Er lässt sich inspirieren, wenn er dort ist. So macht es am meisten Spaß, so ist er in der Lage, sich selbst zu überraschen. Nachdem er die ersten Zutaten gekauft hat, meistens fängt er mit dem Fleisch an, reift langsam die Vorstellung, in welche Richtung es gehen wird, es wird klarer, es entwickelt sich. So als würde ihm eine Person vorgestellt, die er erst im Laufe der Zeit kennenlernt.

»Es ist wie im wirklichen Leben«, sagt Christoph, um sich gleich wieder zu korrigieren: »Nein, es ist besser, es ist konzentrierter.« Er macht eine Pause, in der er nach den richtigen Worten sucht. Dann sagt er: »Kochen, das ist verdichtetes Leben«, und dann, nach einer Pause: »Zumindest das Leben, wie es sein sollte.«

Kochbücher braucht Christoph schon lange nicht mehr. Er lehnt sie ab.

»Ich kenne doch die Möglichkeiten«, sagt er. »Warum sollte ich mir etwas vorschreiben lassen?« Er kennt sich in seiner Leidenschaft so gut aus, dass er Rezepte als Einschränkung empfindet. Er will nicht nachkochen, was sich andere ausgedacht haben. Er will nichts kopieren, er will etwas kreieren.

Wenn ich die Philosophie, die Christoph auf das Kochen gelegt hat, auf das Leben anwende, das die meisten führen, gleicht es eher einem Tiefkühlgericht. Die Zutaten wurden von anderen ausgesucht, zusammengestellt und portioniert. Wie man es zubereiten soll, steht auf der Verpackung. Es gibt verschiedene Sorten, aber es ist vorgefertigt. Man muss nur die

Anweisungen befolgen, man muss nicht selbst nachdenken. Das ist bequem, aber die Zubereitung ist kein Erlebnis, und der Geschmack wird nie an das heranreichen, was man selbst kocht. Auch wenn es viel einfacher ist, man bereitet nichts zu, man wärmt etwas Vorgefertigtes auf. Ein Glück, das andere zubereitet haben.

Es kommt nicht selten vor, dass ich mir in Gedanken ein perfektes Leben zusammenstelle. Aber die Frage ist doch, was dieses Leben eigentlich mit mir selbst zu tun hat. Denn es sind vorgegebene Bedürfnisse, nach denen ich mich sehne. Paarbeziehung, Einfamilienhaus, Altersvorsorge. Das sind die Zutaten, die mich glücklich machen sollen. Und das Perfide ist, dass ich mit diesen Bedürfnissen aufgewachsen bin. Darum halte ich sie für selbstverständlich. Darum nehme ich an, es wären meine eigenen Sehnsüchte. Aber das sind sie nicht.

Auch ich lebe ein Tiefkühlgerichtleben. Auch ich lebe es nach fremden Vorgaben, und ich registriere es nicht mal. Ich halte meine Wünsche für meine eigenen Sehnsüchte. Ich variiere sie zwar, aber im Grunde will ich das, was alle wollen. Mein Eigenheim ist eine Altbauwohnung – oder zwei kleinere Wohnungen, eine in der Innenstadt, eine in der Natur. Ich weiß, dass ich nicht den neuesten iMac benötige, um meine Texte zu schreiben, aber wenn ich mir vorstelle, an einem Microsoft-PC arbeiten zu müssen, bekomme ich Panikattacken. Es fühlt sich falsch an. Unangemessen. Die Requisiten müssen schon passen, wenn ich mir meine Träume erfülle. Obwohl ich die Mechanismen der Werbung kenne, bin ich ihnen gnadenlos ausgeliefert.

Ich mache das, was alle machen, aber ich bilde mir ein, es mit Stil zu machen. Ich habe nur einige Details unzähliger vorgelebter Leben ein wenig anders kombiniert und bilde mir ein, damit uneingeschränkt originell zu sein. Das ist meine Illusion von Individualität. Die Individualität des Konsumenten.

Das alles sehe ich plötzlich, wenn Christoph über das Kochen spricht.

Ich finde es immer wieder erstaunlich, wie sicher sich viele ihrer eigenen Bedürfnisse sind. Ich glaube, es gibt kaum etwas Schwierigeres, als die eigenen Glücksvorstellungen vom vorgegebenen Glück zu trennen. Seine eigenen Bedürfnisse zu kennen. Auch ich habe lange Zeit angenommen, sie zu kennen. Mit zunehmendem Alter schwinden allerdings meine Gewissheiten. Es fällt mir immer schwerer, meine Bedürfnisse zu formulieren. Sie versinken in den Bedürfnissen, mit denen ich ein Leben lang überschüttet wurde.

Wie viele Menschen halte ich die meisten Dinge, nach denen ich mich sehne, für meine eigenen Wünsche. Ich lebe nach Vorgaben, halte diese vorgegebenen Bedürfnisse für meine eigenen. Ich bin in sie hineingewachsen. Ich halte sie für selbstverständlich. Aber es sind genau diese festgefahrenen Überzeugungen und Sichtweisen, die einen klaren Blick auf meine eigenen Bedürfnisse verhindern.

Es ist, als würde man in einer Wohnung leben, die von anderen eingerichtet wurde. Möbliert mit Vorgaben, wie ein Leben gelebt werden soll. Man wird sich immer fühlen, als wäre man zu Gast in einem fremden Leben. Und man registriert es nicht einmal, weil man annimmt, es wären die eigenen Sehnsüchte. Aber man wird sich nicht zu Hause fühlen. Vielleicht ist das der Grund, warum viele Menschen etwas vermissen, wobei sie nicht einmal in Worte fassen können, was ihnen fehlt.

Viele spüren, dass etwas mit ihrem Leben nicht stimmt, aber sie wissen nicht, wo sie ansetzen können, um das zu ändern.

Ich spüre dieses Unbehagen ja auch. Aber es bleibt vage und verschwommen. Es ist da, aber es ist nicht greifbar. Ich weiß nicht, wo ich ansetzen soll.

Man hält ein fades Gefühl der Sicherheit und Gewohnheit für Glück. So ein Leben zu leben ist, als würde man jeden Sonntag den Tatort sehen, obwohl einen die Drehbücher seit Jahren enttäuschen, aber man sieht ihn sich an, weil man sich über die Jahre daran gewöhnt hat. Es ist ein Detail der Gewohnheiten, in die man seinen Alltag gefasst hat. Es kommt nicht auf die Qualität an, sondern auf dieses eine Stück seines Alltags, das einem vertraut ist. Man hofft jeden Sonntag erneut, diesmal eine Episode zu sehen, die einen mitreißt, aber wird jedes Mal enttäuscht. Es ist nie das, was man erwartet hat. Aber man sieht sich trotzdem jeden Sonntag wieder den Tatort an, mit neuer Hoffnung, die enttäuscht wird. Immer wieder aufs Neue.

Aber warum will ich – trotz all dieser Schlüsse – letzten Endes dann doch machen, was alle machen? Warum eigne ich mir das Lebenskonzept anderer an, variiere es nur leicht, um mir dann einreden zu können, es wäre mein eigenes. Warum will ich mich anpassen, auch wenn es sich falsch anfühlt?

Die Antwort darauf findet sich in einem Bereich dieses vorgegebenen Glücks, dem ich mich entziehe. Unfreiwillig. Trotz dieses Wissens und der abschreckenden Beispiele, die mich in den Paarbeziehungen meines Umfelds umgeben, ist es auch für mich ein verführerisches Glück. Ich weiß tief in meinem Inneren, dass ich als Single nicht glücklich sein kann. Es ist ein zentraler Punkt meines Lebens. Eine Antriebsquelle meines Schreibens, mein großer unaufgelöster Konflikt, dem ich mehrere Bücher gewidmet habe. Aber der eigentliche Konflikt, der unter diesem Konflikt liegt, lautet, warum ich mich – um

Gottes willen – nicht in diese vorgegebenen Glücksentwürfe fügen kann. Warum ich nicht endlich dazugehöre?

Wenn man vor zwei nebeneinanderliegenden Restaurants steht, die man nicht kennt, wird man immer das bevorzugen, in dem sich mehr Menschen aufhalten. Man schließt von der Anzahl der Gäste auf die Qualität. Genauso ist es auch mit Lebenswegen.

»Der größte Irrtum ist, etwas für richtig zu halten, weil es alle tun«, schrieb der Philosoph Seneca vor zweitausend Jahren. »Immer wenn man die Meinung der Mehrheit teilt, ist es Zeit, innezuhalten und sich zu besinnen«, schrieb Mark Twain vor 150 Jahren. Es ist eine dieser Wahrheiten, die sich durch die Jahrhunderte ziehen.

Es sind organisierte Wünsche, sie sind mit den Vorstellungen verwoben, was unsere Gesellschaft als wünschenswert erachtet. Unsere Vorstellungen von Liebe und Hass, unsere Vorlieben, Neugier, unsere Leidenschaften passen sich den vorgegebenen Vorstellungen an. Es sind Vorgaben, wie wir zu sein haben, was wir zu wollen haben und wie wir unser Leben gestalten sollen, um es zu einem guten Leben zu machen. Ein gutes Leben übrigens, das seit Jahren immer mehr Menschen in seelische Erkrankungen treibt.

Wenn man die Epidemie seelischer Erkrankungen berücksichtigt, überfordern die Folgen dieser Entfremdung immer mehr Menschen. Die Herausforderungen des Alltags sind nur schwer zu ertragen, wenn sie nicht in einen tieferen Sinn eingebettet sind. Wenn ich mir allerdings ansehe, wie viele Menschen es in den letzten Jahren in Therapien treibt, scheint dieser Sinn als immer sinnloser empfunden zu werden. Oder sie verzweifeln an ihm.

Vielleicht passiert genau das, wenn man seinem Leben einen

Sinn gibt, den man von anderen übernimmt. Wenn wir den Sinn unseres Lebens als etwas künstlich Hinzugefügtes empfinden.

Es ist immer ein sensibles Thema, darüber entscheiden zu wollen, was gut oder schlecht ist. Niemand kann wissen, was für einen anderen erwachsenen Menschen gut ist. Die meisten schließen von sich auf andere. Aber die Entscheidung darüber, was gut und was schlecht ist, kann man aufgrund unseres Wissens über die Natur des Menschen treffen. Eine Gesellschaft ist dann gesund, wenn sie den Bedürfnissen des Menschen entspricht. Nicht unbedingt dem, was er als seine Bedürfnisse empfindet, weil sie vorgegeben wurden.

Meine 26-jährige Nichte hat einmal festgestellt: »Ich muss endlich aufhören, dick zu werden.« Im Gegensatz zu Christoph ist sie gar nicht dick. Nicht im Entferntesten. Sie wurde offensichtlich von Kate Moss sozialisiert, die ihre Ernährungsphilosophie mit dem Satz »Nichts schmeckt so gut, wie sich Dünnsein anfühlt« zusammenfasst.

Christoph sieht mit einem anderen Blick auf seine körperliche Verfassung.

»Mir ist schon klar, dass ich fett bin«, sagt er. »Mein Gewicht habe ich mir allerdings nicht angefressen – ich habe es mir angespeist.«

Er weiß, was ihm wichtig ist. Er kennt seine Bedürfnisse. Und er weiß, dass diese Bedürfnisse Folgen haben. Er hat sich mit den Folgen arrangiert. Vielleicht liegt es daran, dass er das gesündeste Verständnis von Selbstliebe kultiviert hat, das ich kenne. Seine Philosophie hat die Prioritäten verschoben. Er legt darauf Wert, was ihm wichtig ist. Nicht, was ihm wichtig sein *soll*.

Offensichtlich müssen wir unsere Vorstellung eines »guten« Lebens korrigieren. Sonst wird man immer etwas vermissen, wobei man nicht einmal in Worte fassen kann, was einem fehlt. Man hat doch alles richtig gemacht. Zumindest nimmt man das an.

Genau das passiert, wenn einem gesagt wird, was einen glücklich machen soll. Und man es glaubt.

# Müssen alle Eltern zum Psychologen?

**Warum ein Elternführerschein ein überlegenswertes Konzept ist.**

Als der Hamburger Psychotherapeut Ulrich Wilken zu Gast in meinem Podcast war, hat er mir erzählt, es gäbe ein interessantes Phänomen, das ihm seit einigen Jahren in seiner Therapiepraxis begegnen würde.

»Es ist auffällig, wie viele junge Menschen ihren Eltern die Schuld an ihren Problemen geben«, sagte er. »Da entsteht gerade eine ganz neue Qualität an Schuldzuweisungen.«

Es scheint ein Zeitgeistphänomen zu sein.

Meine Steuerberaterin hat mir erst kürzlich erzählt, wie sehr sie den Tag fürchtet, an dem ihre Töchter älter werden, um ihrer Mutter dann vorwurfsvoll die Gründe aufzuzählen, warum sie daran schuld sei, dass es in ihrem Leben nicht so gelaufen ist, wie sie es erwartet haben.

»Ich versteh das vollkommen«, sagte meine Freundin Susanna entschieden, als ich ihr einige Tage darauf bei einem gemeinsamen Abendessen davon erzählte. »Also ganz ehrlich«, fügte sie hinzu, »wenn jemand Kinder bekommt, sollte derjenige generell erst mal psychologisch abgeklärt werden.«

Wie bitte?, dachte ich und hob überrascht meinen Blick. Das nannte man dann wohl eine drastische Verallgemeinerung.

Mir fiel mein Bruder ein, der dreifacher Vater ist und sich immer mal darüber beklagt, dass ihm die meisten Tipps über Kindererziehung vor allem von Leuten gegeben werden, die gar keine Kinder haben. Ich verstehe, was er meint. Jeder hat eine Meinung und will sie auch mitteilen, selbst wenn die Erfahrungswerte fehlen. Das Internet macht jeden schnell zum Experten – zumindest was sein Selbstbild betrifft. Susanna ist kinderlos. So gesehen fehlt ihr die nötige Praxis, um als Erziehungsberaterin kompetent zu sein. Allerdings liegt ihre Expertise in einem Bereich, der unmittelbar damit zusammenhängt – gespiegelt sozusagen. Susanna ist Tochter.

Wir hatten uns im *Portofino,* einem italienischen Restaurant in Friedrichshain, getroffen. Als die zweite Karaffe Rotwein serviert wurde, erzählte Susanna, aus welchen Erfahrungen sich ihre Expertise bildete.

Während ich ihrer Geschichte mit immer fassungsloserem Blick folgte, spürte ich einen überraschenden Effekt. Ihre drastische Verallgemeinerung ergab immer mehr Sinn.

Susannas Großmutter erkrankte mit Anfang vierzig an Brustkrebs und starb nur ein halbes Jahr nach der Diagnose. Während sie in mehrmonatigem Sterben lag, begann ihr Großvater eine Affäre mit der Ärztin, die seine Frau betreute. Die beiden heirateten unmittelbar nach ihrem Tod. Die Frau, mit der ihr Großvater seine todkranke Frau ganz offen betrogen hatte, war jetzt die Stiefmutter ihrer Mutter. Susannas Mutter hatte auch zwei Stiefschwestern, die ihre Stiefmutter gnadenlos bevorzugte. Susannas Mutter wurde zu einer Angestellten. Sie wurde wie das Dienstmädchen ihrer gleichaltrigen Stiefschwestern behandelt. Die Familiendynamik ähnelte dem Märchen Aschenputtel, allerdings gab es kein Happy End. Solche Erfahrungen machen natürlich etwas mit einem.

»So ging das jahrelang«, sagte Susanna. »Meine Mutter hat das ja nie aufgearbeitet. Dabei hat sie ihre unglückliche Kindheit immer gern als Argument dafür benutzt, ihre eigenen Erziehungsfehler zu rechtfertigen.«

»Ach so?«, fragte ich überrascht.

»Wenn man sie darauf anspricht, sagt sie, sie ist ihre *eigene Psychiaterin«,* sagte Susanna. »Und dann zählt sie die Ratgeberliteratur auf, mit deren Hilfe sie ihre Selbsttherapie durchführt.«

»Scheint ja nicht unbedingt eine Qualifikation zu sein, der man vertrauen kann«, lächelte ich bitter.

»Ich wurde von einer Frau erzogen, die auch heute noch die emotionale Reife einer Vierjährigen hat«, brach es unvermittelt aus Susanna heraus. »Als ich ein Kind war, hat sie mich stundenlang in eine Kammer gesperrt, wenn ich ihr auf die Nerven gegangen bin. Sie hat mich angeschrien, um mich danach unvermittelt zu umarmen und mir in tiefster Zärtlichkeit zuzuflüstern, wie sehr sie mich liebt. Das ist es, was ich in meiner Kindheit gelernt habe: keinem Gefühl zu vertrauen, das mir entgegengebracht wurde. Alles konnte jederzeit ins Gegenteil kippen. Kein Gefühl war wirklich echt.«

»Papa hat übersehen, wie geschädigt Mama durch ihre Kindheit war«, sagte Susanna. »Vielleicht wollte er's auch nicht sehen. Er hat ja immer nur für die Arbeit gelebt. Das ist der größte Vorwurf, den ich ihm mache. Er hat seine Kinder einer Frau ausgesetzt, die psychisch so instabil war, dass sie erst nach einem Aufenthalt in der Psychiatrie die Voraussetzungen hätte erfüllen können, Kinder zu erziehen.«

»Ist das nicht ein bisschen hart?«

»Geschlossene Psychiatrie«, sagte Susanna entschieden. »Ein halbes Jahr, mindestens.«

Ich schwieg betroffen. Es war einer dieser Momente, in denen etwas, was einem in der Theorie plausibel erscheint, ein unangenehmes Gefühl verursacht, weil es mit zu viel Leben gefüllt wird.

»Alles beginnt mit den Eltern«, sagte Susanna. »Wenn die ihre inneren Konflikte nicht aufarbeiten, geben sie diese an ihre Kinder weiter. Was denkst du, warum ich seit Jahren in Therapie bin?«

»Aber vielen Eltern ist das ja auch gar nicht klar«, entgegnete ich. »Die sehen nicht, welche Verletzungen sie ihren Kindern mit bestimmten Verhaltensweisen zufügen.«

Wir schwiegen. Plötzlich fielen mir immer mehr Eltern in meinem persönlichen Umfeld ein, die hier gemeint waren. Und ich begriff, dass ich damit auch mich meinte, obwohl ich noch gar kein Vater war.

»Sollte ich mal Vater werden, ich würde mich sofort psychologisch beraten lassen«, brach ich das Schweigen. »Mir geht's da wie den meisten. Ich bin mir meiner Defizite gar nicht bewusst.«

»Jeder braucht eine Fortbildung«, sagte Susanna. »Um zu lernen, wie man gesund mit seinem Kind kommuniziert. Um zu lernen, es auch wirklich zu sehen – und nicht nur das Bild, was man gern von ihm hätte.«

»Das wird uns ja alles nicht beigebracht.«

»Stimmt. Aber das sollte man schon sehen können, wenn man die Verantwortung für einen anderen Menschen übernimmt.«

Mir fiel meine Freundin Elena ein, die trotz ihrer unaufgearbeiteten Konflikte die Verantwortung für zwei Menschen übernommen hatte.

Elenas Eltern ließen sich scheiden, als sie 14 Jahre alt war.

Die Mutter verließ ihren Vater, um sich in ein neues Leben zurückzuziehen, indem weder ihr Ex-Mann noch ihre gemeinsame Tochter vorkamen. Meine Freundin zog bei ihrem traurigen Vater ein, der ihr in stundenlangen Gesprächen sein Herz ausschüttete, wie sehr er unter der Trennung litt. Er führte mit ihr die Gespräche, die eigentlich an seine Ex-Frau gerichtet waren. Elena war für ihn da. Sie war eine gute Zuhörerin. Eine Zuhörerin, die nicht mehr nötig war, als ihr Vater schließlich eine neue Frau fand, der er seine Zeit widmen konnte. Eine Frau, mit der er nach vorn blicken konnte und nicht mehr zurück. In eine Zukunft, in der kein Platz für die Vergangenheit war. Und seine Tochter war Teil dieser Vergangenheit. Er bat seine Tochter auszuziehen. Es war eine Forderung, die in eine Bitte gekleidet war.

»Als er mich nicht mehr brauchte, hat er mich abgeschoben«, sagt sie heute über ihren Vater.

Elena war 15 Jahre alt, als sie ihre erste eigene Wohnung bezog. Mit dem Gefühl, von beiden Eltern alleingelassen worden zu sein. Ein Grundgefühl, das ihre Seele geprägt hat.

Jeder Mensch wird durch die Gesamtheit seiner Beziehungen geformt. Menschen, die wir lieben, und Menschen, die wir hassen, hinterlassen ihre Spuren und formen unsere Wahrnehmung. Wenn man so will, haben sie uns programmiert. Und ihre Eltern hatten Elena programmiert. Ein Programmierfehler, der nie aus ihrem Code entfernt wurde.

»Meine Kinder sollten keine Scheidungskinder werden«, sagt Elena. »Ich weiß doch, was das anrichten kann.«

Es sind tragische Sätze, die noch tragischer werden, wenn man die Umstände kennt, in denen sie fielen. Sie fielen in einem Gespräch, in dem Elena mir erzählte, was ihre eigenen Kinder zu Scheidungskindern gemacht hat.

»Sie sollten nie erleben, was ich erlebt habe«, sagte sie. »Und jetzt haben sie genau das erlebt.«

Sie hat mir erzählt, dass ihr immer klar war, früh eine Familie gründen zu wollen. »Spätestens mit 25«, sagte sie.

Sie fühlte sich allein gelassen, seitdem sie ausgezogen war. Seit der Scheidung ihrer Eltern fehlte ihr der Halt. Sie wollte ankommen, sich eine eigene Heimat schaffen, weil ihre Eltern ihr dieses Gefühl nicht gegeben hatten.

Aber Elena übersah ihren Programmierfehler. Die Fehler in ihrem Code entschieden, in welche Männer sie sich verliebte. Ihr Unterbewusstsein castete Partner danach, wie gut sie mit ihnen den Konflikt ihrer Kindheit nachspielen konnte. Sie sollten die Rolle ihrer Eltern einnehmen, um das Drama ihrer Kindheit noch einmal zu erzählen, und es diesmal in ein Happy End überführen. Nicht Elena hatte sich die Männer ausgesucht, mit denen sie zusammenkam, sondern das Trauma ihrer Kindheit. Es kann sehr aufschlussreich sein, genauer zu betrachten, wovon die Entscheidungen eigentlich getroffen werden, die wir für unsere eigenen halten.

Mit dem Gefühl, von beiden Eltern allein gelassen worden zu sein, verliebte sich Elena ausschließlich in Männer, in deren Gegenwart sie sich allein fühlen konnte. Und viel schlimmer als Einsamkeit ist das Gefühl, sich in einer Beziehung einsam zu fühlen.

Elena hatte eine Kopie ihrer Kindheit angefertigt. Obwohl sie genau das nicht wollte. Keine exakte Kopie, eine Variation. Ein Remake ihres Kindheitstraumas. Ihre Beziehungen waren vor allem Versuche einer Traumabewältigung. Der Versuch einer Selbsttherapie, der misslang. Eine Paartherapie hätte helfen können, um diesen Konflikt zu begleiten, damit er gelöst werden konnte. Aber sie hatten diesen professionellen dritten Blick auf ihre Beziehung nie in Anspruch genommen.

Einer dieser Männer wurde der Vater von Elenas beiden Kindern. Und auch in ihrer Ehe ging der Plan ihres Unterbewusstseins nicht auf. Sie war elf Jahre mit einem Narzissten zusammen gewesen, der nie in Betracht gezogen hatte, psychologische Hilfe in Anspruch zu nehmen, bis sie schließlich die Kraft aufbrachte, sich aus der Beziehung zu lösen. Aber eine Beziehung mit einem Narzissten ist nach einer Trennung nicht einfach zu Ende. Seit der Trennung ist Elena zu seinem Hobby geworden.

Um ihr Leben auch nach der Trennung kontrollieren zu können, setzte ihr Ex-Mann ein halbwöchentliches Wechselmodell durch. Elena ließ sich darauf ein, obwohl ihr jüngerer Sohn noch nicht einmal zwei Jahre alt war. Wenn sie mir von den Schikanen, Ausrastern und Manipulationen ihres Ex-Mannes erzählt, frage ich mich, was das mit den Kindern macht. Inwieweit das ihren Code verändert, mit dem sie als Erwachsene durchs Leben gehen werden.

Genau genommen ist es doch so: Wir wurden von Untherapierten erzogen. Die meisten von uns wurden von Scheidungskindern erzogen, die wiederum von Kriegstraumatisierten erzogen worden waren. Im Gegensatz zur jungen Generation wurden deren innere Konflikte kaum aufgearbeitet. Weil seelische Erkrankungen als Makel empfunden wurden. Man hat sie verdrängt, die Zähne zusammengebissen und weitergemacht. Trotzdem haben sie natürlich massive Spuren hinterlassen.

Das ist der Unterschied zu unserer Gegenwart. Wir leben in selbstreflektierten Zeiten. Es gibt ein Bewusstsein für seelische Erkrankungen, das es in dieser Form zuvor noch nie gab. Sie treten auch seit Jahren immer vermehrter auf, weil sie häufiger diagnostiziert werden. Sie werden immer weniger als Makel empfunden. Man will nicht verdrängen, sondern daran arbeiten.

Die Therapie einer Person befasst sich ja nicht nur mit deren unaufgearbeiteten Konflikten – sondern auch mit denen der Eltern, Großeltern und Urgroßeltern. In unzähligen Therapien, die heutzutage gemacht werden, werden nicht nur die seelischen Schäden einer Person aufgearbeitet, sondern auch die von Eltern und Großeltern.

Die Person, die wir heute sind, wird durch unsere Beziehungen zu anderen Menschen geformt. Sie haben uns zu der Person gemacht, die wir sind. Vor allem in den prägenden Jahren unserer Kindheit, die bei den meisten ins übrige Leben strahlen. Niemand wird als Narzisst geboren, man wird zu einem Narzissten erzogen. Kinder von Narzissten werden in den meisten Fällen ebenfalls Narzissten. Eine endlose Kette, die nur mit einem psychologischen Debugging aufgebrochen werden kann.

Es ist die große Chance unserer Zeit. Der große Rundumschlag einer Mehrgenerationentherapie, die die über Jahrzehnte vernachlässigten Traumata sichtbar macht. Um an ihnen arbeiten zu können.

»Eltern brauchen einfach ein psychologisches Grundwissen«, rief Susanna im *Portofino.* »Das ist das Fundament jeder Kindererziehung.«

»Eigentlich ja wie bei Haustieren?«, scherzte ich und hob lächelnd meinen Blick.

»Genau«, lachte sie, um dann allerdings wieder mit ernstem Blick fortzufahren. »Bei vielen Haustierhaltern wäre das auch mal nötig, die wissen ja oft gar nicht, was sie ihren Tieren antun. Ich meine, wie egoistisch muss jemand sein, der einen Hund in einer Einzimmerwohnung hält? Solche Leute sehen nur sich selbst. Dass diese Haltung an Tierquälerei grenzt, sehen die wahrscheinlich nicht einmal. Denen fehlt einfach das nötige Grundwissen. Kindererziehung ist natürlich viel komplexer, aber das generelle Prinzip ist ähnlich.«

»Aber man kann doch nicht alle Paare, die ein Kind bekommen, erst mal zum Psychologen schicken.«

»Klar kann man das«, rief Susanna und leerte ihr Weinglas. »Wir brauchen einen Elternführerschein. Kinder sind die Zukunft unserer Gesellschaft, wer sie vernachlässigt, vernachlässigt unsere gesellschaftliche Zukunft. So muss man das sehen.«

»Aber sag das mal den Leuten, die fühlen sich dann wieder bevormundet«, sagte ich lachend. »Oder in ihrer Freiheit beschränkt. Man müsste das über ein Belohnungssystem lösen.«

»Okay?«, sagte Susanna und sah mich aufmerksam an.

»Man könnte Seminare anbieten«, sagte ich. »Psychologische Grundkurse über Kindererziehung. Es wäre nicht verpflichtend, daran teilzunehmen, aber der erfolgreiche Abschluss könnte zum Beispiel mit einer Verdopplung des Kindergeldes verbunden sein.«

»Problem gelöst«, lachte Susanna. »Psychologie ist eben vielfältig einsetzbar.«

Als wir uns verabschiedet hatten, blieb ich noch kurz stehen und sah Susanna nach. Es ist erstaunlich, wie wenig sich die meisten ihrer Prägungen bewusst sind, dachte ich. Obwohl sie beeinflussen, wie wir denken, fühlen und miteinander umgehen. Sie entscheiden über die Qualität der Gesamtheit unserer Beziehungen – vor allem über die Qualität der Beziehung zu uns selbst. Die eigenen Prägungen zu erkennen, mit ihnen umgehen zu lernen, sie aufzubrechen – das bestimmt unsere

Lebensqualität. Susanna hat recht. Diese Aufarbeitung sollte zu einer Verpflichtung werden, sobald die Erziehung von Kindern in unsere Hände gelegt wird. Sobald wir Verantwortung für einen anderen Menschen übernehmen.

Auf dem Heimweg dachte ich noch einmal an das Zeitgeistphänomen, über das ich mit Ulrich Wilken gesprochen hatte, und fragte mich, warum Eltern gerade heute so inflationär mit den Schuldzuweisungen ihrer Kinder überschüttet werden. Obwohl wir in so selbstreflektierten Zeiten leben.

Sie recherchieren ihre seelischen Zustände im Internet, aber ziehen daraus die falschen Schlüsse. Schlüsse, die sich nahtlos in mein Gespräch mit Susanna fügten. So viel psychologisches Wissen sie sich auch angeeignet hat, geht es Susanna dann doch immer um die Schuld ihrer Eltern. Für sie handelte unser Gespräch eigentlich nur davon, dass ihre Eltern Fehler gemacht hatten. Obwohl Susanna eine intelligente Frau ist, nimmt sie aus irgendeinem rätselhaften Grund an, dass sich ihre Probleme auflösen werden, sobald sich ihre Mutter in psychiatrische Behandlung begibt. Sobald das geschieht, denkt sie, wird auch Susanna umgehend von ihren eigenen Problemen erlöst. Das ist die Haltung. An den psychischen Unzulänglichkeiten ihrer Mutter richtet Susanna alle Aspekte ihrer Lebensumstände aus. Aber Susannas Probleme werden nicht verschwinden, die Spuren, die ihre Eltern in ihrer Psyche hinterlassen haben, sind noch da – auch wenn ihre Mutter Susannas Idee Folge leistet und sich in die geschlossene Psychiatrie einweisen lässt.

Ich kenne einen Mann, der sich an Schuldzuweisungen festbeißt. Sobald sein Leben in eine Krise gerät, scannt er es nach den Ereignissen oder Personen, die er dafür verantwortlich machen kann. Er beschäftigt sich seit Jahren sehr eingehend mit den Fehlern anderer, erstellt eine Liste ihrer Fehler, um ganz genau verfolgen zu können, wer was falsch gemacht hat, damit er in diese Krise geraten ist. Wären gewisse Ereignisse nicht geschehen oder hätten bestimmte Personen anders gehandelt, wäre sie nie entstanden.

»Schuldzuweisungen sind immer ein Fehler«, sagte ich zu Ulrich Wilken. »Man liefert sich der Vergangenheit aus, indem man sich von ihr abhängig macht. Aber die Vergangenheit kann man nicht verändern, sie ist ja passiert. Man macht sich von etwas abhängig, das man nicht mehr ändern kann.«

»Nicht ganz«, widersprach Wilken und hob seine Hand. »Es geht darum, für sich selbst einen Weg zu finden, wie ich der Vergangenheit eine Bedeutung geben kann. Die Zukunft ist ja die Konstruktion, die wir jetzt machen. Aber die Vergangenheit ist genauso Konstruktion. Wir konstruieren aus der Gegenwart unsere Vergangenheit, wir haben Einfluss auf unsere Vergangenheit. Wir können sie sozusagen ein bisschen verändern. Je nachdem, wie wir darauf schauen. Wenn wir anders darauf schauen, können wir unsere eigene Geschichte verändern, und das beeinflusst unsere Zukunft.«

»Es geht also gar nicht darum, was passiert ist«, sagte ich. »Sondern darum, welchen Sinn man den Geschehnissen gibt?«

»Genau«, sagte er. »Es kann schon sehr mächtig sein, ein Ereignis mit anderen Augen zu sehen.«

Wenn Kinder ihren Eltern ihre unglückliche Kindheit vorwerfen, stecken sie in ihrer Vergangenheit fest. Mit Schuldzuweisungen wird kein Konflikt gelöst. Sie führen immer zu Lähmung. Man muss dann keine Verantwortung für sein eigenes Leben übernehmen. Man gibt sie ab. An die Vergangenheit, die man nicht ändern kann, oder an Personen, die sich nicht ändern werden. Man übersieht, dass sie die Entscheidungen treffen, die man für seine eigenen hält.

Der Mann kann sich an den Fehlern anderer festhalten. Sie versperren den Blick darauf, dass es vor allem eigene Entscheidungen waren, die ihn tief in eine Krise geführt hatten.

Der Mann ist Mitte dreißig. Irgendwann werden die Fehler zu den eigenen, wenn man sie nicht aufarbeitet, um mit ihnen umzugehen.

Wer anderen die Schuld gibt, richtet sich in einem Geflecht von Hindernissen ein. Die Schuld in den Umständen oder bei anderen Personen zu suchen, ist immer der beste Weg, selbst nichts tun zu müssen. Die meisten Hindernisse liegen in einem selbst. Und dort liegen auch ihre Lösungen.

Schuldzuweisungen sind immer der falsche Weg, mit Konflikten umzugehen. Obwohl das die meisten wissen, machen sie sie pausenlos. Offensichtlich sind sie doch nicht so selbstreflektiert, wie sie annehmen. Sobald man die Lösung eines Konflikts darin sieht, dass *andere* sich ändern, läuft etwas in die falsche Richtung.

Denn so funktioniert das nicht. So funktioniert das nie.

# Man nennt es Gier

**Was es uns kostet, ein Leben zu führen, in dem sich alles an Geld ausrichtet – und warum Jan Böhmermann in seiner Rolle als kritischer Weltverbesserer leider nicht ernst zu nehmen ist.**

Es ist schon einige Jahre her, da war ich mit einer Frau zusammen, die mich sehr umfangreich über die menschlichen Defizite von Personen ihrer Familie, ihres Freundes- oder Bekanntenkreises informierte – bevor ich diese selbst kennenlernte. Ich mochte die Schilderungen meiner Freundin, sie hatten Unterhaltungswert – zumindest so lange, bis ich den Beschriebenen dann doch mal persönlich begegnete. Dann fühlte ich mich etwas zu umfangreich gebrieft.

Mir fehlte die Ungezwungenheit einer ersten Begegnung. Etwas in mir lauerte auf Anhaltspunkte, die dem Psychogramm entsprachen, das meine Freundin vorab skizziert hatte. Ihre charakterlichen Defizite wirbelten in meinem Kopf, während ich tapfer mein Lächeln hielt. Seitdem achte ich darauf, nicht zu viel über jemanden zu erfahren, bevor ich ihn kennenlerne. Das gelingt allerdings nicht immer. Erst kürzlich wurde diesem Kreis eine weitere Person hinzugefügt. Diese Person ist Jan Böhmermann. Ich kenne ihn nicht persönlich, mein Wissen macht ihn allerdings zu einem Menschen, den ich auch gar nicht kennenlernen möchte. Das war mir anfangs selbst nicht so klar. Wie so oft war es ein Prozess. Ein Prozess, der mit Gregor Gysi begann und mit Facebook endete. Ich fange mal mit Gregor Gysi an.

Gysi moderiert eine Talkshow, die den wundervollen Titel »Missverstehen Sie mich richtig!« trägt. Ich habe sie erst kürzlich entdeckt und inzwischen viele Folgen gesehen. Nicht wenige sind sehenswert. Es kommt natürlich auf die Gäste an.

Einmal war Jan Böhmermann da. Es wurde ein unterhaltsames Gespräch, das erst nach knapp zwei Stunden endete. Es gibt auch eine gekürzte Version. Hätte ich diese stattdessen gesehen, wäre mir vielleicht gar nicht aufgefallen, was sich seitdem in meinem Kopf verhakt hat. Mein Böhmermann-Bild wäre nicht gesprungen.

Gysi war detailliert vorbereitet. Seine Redaktion hatte praktisch jede Praktikantenstelle recherchiert, für die sich Böhmermann jemals beworben hatte. Plaudernd arbeiteten sich die beiden durch Böhmermanns beruflichen Werdegang.

»Was hat Ihnen Ihre erste eigene Show bedeutet?«, fragte Gysi.

»Ich hab zum ersten Mal in meinem Leben extrem viel Geld bekommen«, beschrieb Böhmermann die Gefühle, die er mit dieser Chance verband.

Ich überhörte, dass mit seiner Antwort etwas nicht stimmte. Mir fiel es erst später auf, als Böhmermann zum dritten Mal über Geld sprach, obwohl Gysi gar nicht danach gefragt hatte. Jetzt war ich sensibilisiert. Ich begann Böhmermanns Schilderungen nach weiteren Anhaltspunkten zu scannen. Wenn man aus einem Buch oder Film die Handlung entfernt, legt man die Philosophie frei. Den Leitgedanken, an dem sich die Handlung ausrichtet. Ich entfernte die vielen Anekdoten und Pointen aus Böhmermanns Schilderungen, um zu sehen, was übrig blieb.

Es war frustrierend. Wenn Böhmermann auf Arbeitsstellen oder Projekte angesprochen wurde, bewertete er sie nicht danach, wie viel Spaß sie gemacht oder wie viel Leid sie ihm verursacht hatten. Er leitete ihre Beschreibung immer mit einer Kosten-Nutzen-Rechnung ein. Wie viel Geld er für wie viel Leistungsaufwand erhalten hätte. Ein Prinzip, aus dem sich auch seine Schlüsse ergaben. Leider, muss man wohl sagen. Radio ist gut, weil man gutes Geld verdient, sagte Böhmermann. Fernsehen ist besser, weil man extrem viel Geld verdient. Ein Buch zu schreiben ist Zeitverschwendung, weil man für sieben Monate Arbeit viel zu wenig Geld bekommt. Damit hat Böhmermann sein Weltbild umrissen. Eine Philosophie, in der sich alles der Rendite unterzuordnen schien. Gegen Ende des Gesprächs fiel es Böhmermann selbst auf. Er hatte offensichtlich das Gefühl, sich rechtfertigen zu müssen. Er erklärte, dass die Bremer generell das Image hätten, erst einmal in Zahlen zu denken. »Es ist dieses Hanseatische«, sagte er verlegen. »›Sieh mal zu, dass die Zahlen stimmen.‹ Das ist tatsächlich in mir drin.«

Es war wahrscheinlich der ehrlichste Satz, der in diesen zwei Stunden fiel. Da war er. Sichtbar für alle. Böhmermann privat.

Diese zwei Stunden entließen mich mit dem Gefühl, mehr über den Mann zu wissen, als ich eigentlich hatte wissen wollen. Ich erfuhr allerdings erst Monate danach, wie weitreichend die Folgen seiner ungewollten Ehrlichkeit waren.

Um sie klar hervortreten zu lassen, kam es auf den Zusammenhang an. Und dieser Zusammenhang war eine Episode des »ZDF Magazin Royale«, die sich mit Facebook beschäftigte. Die Folge hieß »Enteignet Facebook«, und Böhmermann sprach eine halbe Stunde lang sehr eindringlich darüber, wie Facebook moralische Prinzipien dem Geldverdienen unterordnete. Er klagte an. Und dann passierte es. Unsere Blicke trafen sich. Böhmermann blickte entrüstet in die Kamera. Ich wich einige Zentimeter zurück, mit einem angewiderten Zug um die Mundwinkel. Mir fiel auf, wie falsch sich sein Blick anfühlte. Diese gespielte Entrüstung. Sie war unaufrichtig, peinlich. Sie war nicht mit Leben gefüllt. Erst jetzt fiel mir auf, wie sehr ich seit Beginn des Beitrags vermieden hatte, Böhmermann in die Augen zu sehen. Ich wich seinen Blicken aus. Ich nahm ihm seine Entrüstung nicht ab. Sie wirkte gespielt. Schlecht gespielt. Erst jetzt begriff ich, wie sehr der »Missverstehen Sie mich richtig«-Effekt wirkte.

Es liegt natürlich auch am Genre, in dem sich Böhmermann bewegt. Wer öffentlich zugibt, dass ihm Geld so viel bedeutet, wie Böhmermann, der sollte keine Gesellschaftssatire machen. Man nimmt ihm den Wertekrieger nicht ab. Die universelle Ethik, um die sich seine Überzeugungen ordnen, widerspricht seiner Arbeit. Es fällt mir schwer, einen Weltverbesserer ernst zu nehmen, der erst mal ans Geld denkt. Das macht Böhmermann zu jemandem, der eine gute Redaktion hat, die ihm die Texte schreibt, die er vom Teleprompter abliest. Nicht mehr.

Seitdem habe ich keine Folge des »ZDF Magazin Royale« mehr gesehen, obwohl ich es zweimal versucht habe. Aber trotz des nahezu physischen Widerwillens, mir seine Sendung anzusehen, bin ich froh über mein Problem mit dem Moderator. Meine Skepsis erzählt mir etwas über mich. Ich besitze offenbar eine kostbare Eigenschaft: ein Gefühl dafür zu haben, dass es falsch ist, immer alles vom Geld abhängig zu machen. Es sind nur noch Reste dieses Gefühls, aber es ist noch vorhanden.

Ich weiß natürlich auch, wie oft mir dieses Gefühl fehlt. Wenn es zum Beispiel darum geht, wie viel Geld *ich* verdienen kann.

Ich erhalte oft E-Mails, in denen mir von unterschiedlichen Vermarktungsagenturen versichert wird, wie viel Geld ich mit meinen Instagram-Followerzahlen verdienen könnte. Wenn ich nur will. Es sind Nachrichten, die gelegentlich an mir zerren. Einmal habe ich sogar danach gegoogelt, wie viel ein Post von mir wert wäre, wenn ich in ihm Werbung platzieren würde. Die Zahlen sind verführerisch. In dem Artikel erfuhr ich auch, dass ich ein Makro-Influencer wäre. Wenn ich ein Influencer wäre. Aber ich bin kein Influencer.

Ich sehe das so wie eine Figur in dem wundervollen Film *Bird Man*. *Bird Man* ist einer dieser seltenen Filme, die besser werden, je häufiger ich sie sehe. Michael Keaton spielt einen alternden Actionstar, der sich als Theaterschauspieler neu erfinden will. In einer Szene erklärt ihm eine einflussreiche Theaterkritikerin, warum sie das Stück verreißen wird, in das er all sein Herzblut gesteckt hat. »Sie sind ein Prominenter«, sagt sie. »Und kein Schauspieler.«

Ich habe ihr Argument adaptiert. Wenn ich auf meine Instagram-Karriere angesprochen werde, sage ich: »Ich bin Schriftsteller. Und kein Influencer.«

Der Schauspieler Elyas M'Barek ist Markenbotschafter der Württembergischen. Die Fernsehunterhaltungskünstler Joko und Klaas haben für die Sparkasse Werbung gemacht, Joko auch mal für McDonald's. Es wird ihnen nicht übel genommen. Sie verlieren nicht ihr Gesicht. Offen gestanden möchte ich niemand sein, dem *nicht* übel genommen wird, dass er für Banken, Versicherungen oder Fast-Food-Konzerne Werbung macht. Ich bevorzuge, für etwas anderes zu stehen, sodass man mir so etwas übel nehmen würde.

Geld hebelt moralische Bedenken schnell aus. Es fällt nur vielen nicht auf, weil wir in einer Kultur leben, in der sich alles an Geld ausrichtet. Das Problem ist praktisch Teil unserer gesellschaftlichen DNA.

Ich finde, man kann viel über eine Gesellschaft erfahren, wenn man sich ansieht, welche Bedeutung sie Worten gegeben hat. Ich finde es immer interessant, Worte, deren Bedeutung mir vermeintlich klar ist, genauer zu betrachten. Ich nehme an, ihre Bedeutung zu kennen, weil ich sie oft benutze. Es ist zum Beispiel aufschlussreich, woran ich denke, wenn ich an Profit denke. Ich denke an Rendite. An finanziellen Gewinn. Ich habe das mal nachgeschlagen. Im Internet erfuhr ich, dass Profit in seiner ursprünglichen Bedeutung »Gewinn der Seele« bedeutet und erst in den Jahren der Industrialisierung mit materiellem Gewinn in Bezug gebracht wurde. Wenn ich an Reichtum oder Erfolg denke, verbinde ich das erst einmal mit finanziellen Kriterien. Immer. An diese Assoziation sind meine Gedankengänge gewohnt, ich muss mich immer wieder aufs Neue zwingen, sie zu ändern.

Es ist aufschlussreich, dass sich diese wichtigen Begriffe des Lebens mit Geld assoziieren, das Streben, die Ziele, worum es im Leben geht. Wenn wir Begriffe falsch benutzen, die wir für die wichtigsten im Leben halten, weil mit ihnen der Sinn des Lebens beschrieben wird, ändern wir auch unsere Haltung im Leben. Erfolg wird daran gemessen, wie viel Geld verdient wird. Finanzieller Erfolg wird mit persönlichem Glück gleichgesetzt. Wir sehnen uns nach den falschen Dingen, weil wir sie falsch deuten. Dann kann man auch schnell übersehen, was es uns kostet.

Ein befreundeter Buchhändler hat mir mal erzählt, wie sehr seinen Vater die Berufswahl seines Sohnes belastet hat.

»Er hat sehr darunter gelitten, dass ich Buchhändler geworden bin«, sagte er. »Aber er hat still gelitten. Jahrelang. Erst letztes Weihnachten hat er's mir gestanden.«

»Gelitten?«, fragte ich und warf ihm einen irritierten Blick zu. »Buchhändler ist doch ein guter Beruf.«

»Aber man verdient zu wenig«, sagte mein Freund mit mildem Lächeln.

Man verdient zu wenig, wiederholte ich in Gedanken und spürte sofort, wie diese Information an mir zog. An das Einkommen hatte ich gar nicht gedacht, aber jetzt spürte ich, wie sich meine Sympathien dafür verloren, jungen Menschen zu empfehlen, diesen Beruf zu ergreifen.

Wenn Eltern ihren Kindern Ratschläge geben, welchen Lebensweg sie einschlagen sollen, wünschen sie sich damit, dass ihre Nachkommen ein gutes Leben führen. Sie wollen ihren Kindern den bestmöglichen Start ermöglichen, um im Leben erfolgreich zu sein. Und da beginnen schon die Missverständnisse. Wir werden nicht aufs Leben vorbereitet, sondern darauf, in der Marktwirtschaft zu funktionieren.

Wir bewegen uns in einem Wertesystem, dessen Fundament es ist, dass die Wirtschaft funktioniert. Das macht natürlich etwas mit uns. Ob jemand erfolgreich im Leben ist, verbinden wir damit, wie viel Ruhm, Macht oder Geld er angehäuft hat. So brutal es auch klingt, wir werden nach unserer wirtschaftlichen Funktionstüchtigkeit beurteilt. Nach unserem Brauchbarkeitswert. Und wir beurteilen uns selbst auch danach.

Da ist es nur folgerichtig, dass Menschen, die wenig Geld zur Verfügung haben, oft als »sozial schwach« bezeichnet werden, obwohl wenig Geld zu haben ja nichts mit sozialen Fähigkeiten zu tun hat. Aber diese Wortwahl hat natürlich Gründe. Ideologische Gründe. In einer Kultur, in der Geld der zentrale Punkt des Lebens ist, nimmt man finanzielle Armut ganz folgerichtig als Makel wahr.

Dass in unserer Kultur alles um Geld kreist, ändert nicht nur den Sinn von Worten. Es ändert auch unsere Moral. Wenn menschliche Eigenschaften, die eigentlich als unmoralisch gelten, in Zusammenhänge zum Geldverdienen gesetzt werden, verwandeln sie sich in Tugenden. Maßlosigkeit in Geldangelegenheiten gilt als Erfolg. Wer habgierig ist, gilt als clever, man ist nicht mehr hartherzig, sondern raffiniert, wer egoistisch ist, ist plötzlich realistisch, und wer geizig ist, wird plötzlich praktisch, vernünftig und sparsam. Mit diesem Vokabular maskiert man die Gier und gibt ihr den Charakter von etwas moralisch Vorbildlichem. Willkommen in unserer Wirklichkeit.

Das hat erfolgreiche Geschäftsleute zu Helden unserer Zeit gemacht. Dieter Bohlen ist ein sehr gutes Beispiel. Bohlen ist ein lauter Mensch, grobschlächtig bis zum Vulgären und offensichtlich gefühllos, wenn er zum Beispiel in der Show »Deutschland sucht den Superstar« mit verletzenden Sätzen das Selbstbewusstsein von Menschen zerstört, um Quote zu machen. Seine Kritiker belächeln seine Musik, er schreibt ja irgendwie seit Jahrzehnten denselben Song. Er ist offensichtlich ein unsympathischer Mensch mit zweifelhaftem musikalischem Talent. Ein mittelmäßiger Musiker, der die Welt mit den Augen eines Geschäftsmannes sieht. Ich kenne nicht wenige Leute, die die Makel seines Charakters aufzählen, aber dann – praktisch als erlösendes Argument, das alles Fehlerhafte ausgleicht – mit Hochachtung seine enorme Geschäftstüchtigkeit erwähnen. Darum darf der Versicherungsvertreter Carsten Maschmeyer auch noch im Fernsehen auftreten, obwohl er unzählige Existenzen zerstört hat. Und darum bewundern viele Elon Musk, obwohl der Mann die emotionale Reife eines trotzigen

Vierjährigen besitzt. Mehr muss man eigentlich nicht wissen, um zu verstehen, was in den westlichen Wohlstandsgesellschaften falsch läuft.

Es ist schon einige Jahre her, da erzählte mir ein Bekannter von einem Start-up, das er gerade gründete. Die Idee war eine Agentur für Arbeitsvermittlung, die junge Menschen nicht anhand ihrer Abschlüsse ins Berufsleben vermittelte, sondern anhand ihrer Talente. Mein Bekannter hatte die Vision eines Jobcenters entworfen, das fortschrittlich war. Das den Menschen mehr entsprach. Das auf die jeweilige individuelle Kreativität einging. Es war eine schöne Idee, aber sie scheiterte. Sie scheiterte daran, dass es keine Geschäftsidee war. Die Investoren lobten den Ansatz, bevor sie sich lächelnd zurückzogen. Die Firmen, mit denen er sprach, um sie in sein Branchennetzwerk aufzunehmen, waren ebenfalls voller Lob, bevor sie lächelnd erklärten, der Arbeitsmarkt wäre noch nicht bereit dafür. Als mein Bekannter nach sieben Jahren langsam verstand, dass sein Projekt starb, fiel er in eine tiefe Depression. Inzwischen geht es ihm wieder besser. Seit dem vergangenen Jahr arbeitet er bei TikTok und überprüft Videos danach, ob der Träger eines BHs zu sehen ist oder ein Slip, der aus dem Hosenbund ragt. 500 Videos muss er am Tag sichten. Moderne Fließbandarbeit. Wenn er nach Hause kommt, ist er ausgelaugt. Die Zeit der Visionen ist vorbei. Für sie ist in seinem Leben kein Platz mehr. Er muss Geld verdienen.

Geld ist das Argument, das unsere Entscheidungen trifft. Welchen Berufsweg wir einschlagen, wie wir mit dem Klimawandel umgehen oder wie bewusst wir Lebensmittel kaufen. Darum werden Technologien vor allem danach entwickelt, welche Rendite sie versprechen, und nicht danach, ob sie das Leben der Menschen verbessern.

Ich habe einen Freund, der jede Idee danach bewertet, wie viel Geld man mit ihr verdienen kann. Fällt eine Idee durch dieses Raster, verliert sie für ihn umgehend ihren Wert. Er scannt das alles nach Vermarktbarkeit. Ich habe mich immer mal auf seine Ratschläge eingelassen, aber manchmal frage ich mich, wie viel mir ein Projekt hätte geben können, das ich aufgrund fehlender Renditeerwartungen schon aufgegeben habe, bevor ich mit der Arbeit begann.

Inzwischen höre ich nicht mehr auf ihn, aber ich frage mich, welche Gedanken nicht zu Ende gedacht, welche Projekte nie begonnen wurden, weil das Geldverdienen die Zeit und Energie auffraß, die dafür nötig gewesen wäre. Ich frage mich, welche Ideen nicht entstehen oder in die Wirklichkeit übertragen werden konnten, weil sie keine Rendite versprachen, obwohl sie das Leben der Menschheit grundlegend verbessert hätten.

Ich kenne einen Mann, der mir mal erzählt hat, dass es schon als Schüler sein Lebensziel war, spätestens mit dreißig Millionär zu sein. Einmal hat er mit bitterem Unterton zu mir gesagt: »Jetzt bin ich Millionär, ich hab mein Ziel erreicht, aber wenn ich nicht arbeite, sitze ich einsam in meiner 160-Quadratmeter-Wohnung und bestell mir Nutten nach Hause.«

Ich wandte mich zu ihm und sah ihn aufmerksam an. Er bemerkte meinen Blick nicht. Er hat sein großes Ziel erreicht, dachte ich, aber er ist einer der unglücklichsten Menschen, die ich kenne. Seine Konten sind gefüllt, aber er ist nur ein armer Mann mit sehr viel Geld.

Vielleicht zeigt sein Beispiel am eindrücklichsten, was es uns kostet, alles dem Geldverdienen unterzuordnen.

Es ist schon wahr. Manchmal ist es besser, nicht zu viel über andere Leute zu wissen. Manchmal denke ich allerdings, wir wissen zu wenig von uns selbst. Wir haben die Vielfältigkeit der menschlichen Psyche reduziert. Auf Eigenschaften, die das Wachstum unserer Wirtschaft gewährleisten.

Um das zu ändern, wäre es vielleicht ein guter erster Schritt, die Bedeutung der missverstandenen Worte zu korrigieren. Indem wir Erfolg mit Großzügigkeit verbinden oder damit, Freundschaften und Beziehungen zu pflegen. Indem wir Profit und Wohlstand mit geistigem Gewinn, mit der Entwicklung unserer Persönlichkeit und mit Liebe in all ihren Formen gleichsetzen. Indem wir Reichtum mit Erfahrung, Weisheit und Mut gleichsetzen. Mit Empathie, Wärme und Herzlichkeit. Es sind diese Eigenschaften, die wir in uns wiederentdecken und kultivieren müssen. Denn langsam sollte auch den Uneinsichtigsten klar geworden sein, dass unsere Kultur, in der alles ums Geld kreist, Probleme hat, die mit Geld nicht mehr zu lösen sind.

# Wir Lifestyle-Gestörten

**Auf welche Art unsere Lebensweise immer mehr seelische Erkrankungen produziert – und warum die Gesellschaft, in der wir leben, dringend eine Psychotherapie braucht, genauso, wie wir.**

Als der vergangene Sommer zu Ende ging, erzählte mir mein guter Freund Erik, wie schwer es ihm seit Wochen fiel, morgens aufzustehen. Sein Geständnis überraschte mich. Erik ist in einer Langzeitbeziehung, seit einigen Jahren Familienvater, hat kürzlich ein Haus gekauft und kennt als Geschäftsführer einer Werbeagentur keine finanziellen Nöte.

Es ist alles da. Die Zutaten, aus denen sich Glück zusammensetzt. Eigentlich müsste er glücklich sein. Er steht kurz vor dem Umzug in das neue Haus, das er gerade renovieren lässt. Eigentlich müsste Erik mit einem Gefühl des Neuanfangs erwachen, mit einer Aufbruchstimmung, die ihn jeden Morgen euphorisch aus dem Bett treibt. Trotzdem liegt er jeden Morgen in seinem Bett und blickt mit einem ohnmächtigen Gefühl auf die Erledigungen des Tages. Als hätten diese gar nichts mit ihm zu tun.

Das war besorgniserregend, weil Eriks Leben ja auch meinen Sehnsüchten entspricht. Er lebt gewissermaßen seine Version meiner Zukunftspläne. Er ist weiter als ich. Eigentlich müsste er glücklich sein, zumindest glücklicher als ich. Aber die Zutaten zum Glücklichsein scheinen nicht zu wirken. Das war wirklich besorgniserregend.

»Stress gibt's ja irgendwie immer«, wischte er das Thema beiseite. »Ist sicher nur eine Phase.«

Die Phase hielt sich allerdings länger, als er angenommen hatte. Kürzlich gestand er mir, dass er erste Anzeichen einer Depression in seinem Alltag identifiziert hatte. Sein Geständnis klang, als hätte er einen inneren Widerstand überwinden müssen, um sich so etwas überhaupt eingestehen zu können. Seelische Erkrankungen widersprechen seinem Selbstverständnis. Bisher hatte er Depressionen eher als Laune abgetan oder als Ausrede, um Faulheit zu rechtfertigen. Erik ist jemand, der in solchen Fällen gerne Ratschläge wie »Reiß dich mal zusammen« oder »Lach doch mal« gibt. Und sie für gut gemeint hält. Auch wenn er sie sich selbst gibt.

Erik *hat* sie sich selbst gegeben. Erik hat sich zusammengerissen. Er hat weitergemacht. Er ertrug die Belastungen seines Alltags so lange, bis die Phase enden würde. Aber sie endete nicht. Sie dehnte sich aus und verdichtete sich. Sie hat sich in Eriks Alltag aufgelöst, weil er sich daran gewöhnt hatte. Das hat sie unsichtbar gemacht, obwohl sie seine Normalität bestimmt. Aber er spürt sie, wenn er morgens im Bett liegt und nicht aufstehen will.

Ende August saß ich mit einem Freund auf der Dachterrasse des Berliner *Soho House*. Mein Freund war erst am Vortag von einer mehrwöchigen Balireise zurückgekehrt. Er macht das ein paarmal im Jahr. Er macht keinen Urlaub, er verlagert nur seinen Alltag an andere Orte. Mit seinem Laptop hat er sein Büro immer dabei. Es ist sein Verständnis von Lebensqualität. Ein

Nebeneffekt dieses Lebensstils ist, dass er den Blick auf den deutschen Alltag verändert.

»Es ist unerträglich«, sagte er, während sein Blick über die Gesichter der anderen Gäste glitt, die ausnahmslos mit ihren Smartphones beschäftigt waren. »In Deutschland spüre ich sofort dieses Stresslevel. Als wäre Stress hier irgendwie Teil der Atmosphäre. Die Leute wirken unentspannt, auch wenn sie Dinge tun, von denen sie annehmen, sie würden sie entspannen.«

»Ist das so?«, fragte ich und sah mich um.

»Das krieg ich auch immer nur mit, wenn ich weg war«, sagte er. »Aber es dauert nicht lange, dann fällt mir nicht einmal mehr auf, dass ich selbst wieder in diesem Modus bin. Nach ein paar Tagen im Büro ist es, als wäre man nie weg gewesen.«

Obwohl ich zustimmend nickte, fand ich es schon erstaunlich, dass es mir nicht einmal auffiel. Aber genau genommen war es nur folgerichtig. Ich blickte ja aus dem Alltag heraus, dem mein Freund erst seit einigen Stunden ausgesetzt war. Ein Grundrauschen, das für mich selbstverständlich war.

Ein Grundrauschen, das sich aus den vielen großen und kleinen Erledigungen, Terminen oder Dramen meines Alltags zusammensetzt, das mir schon gar nicht mehr auffällt. Das sich aus den Nachrichtenmeldungen bildet, die wie Hiobsbotschaften aufbereitet worden sind, damit ich sie anklicke, aus unzähligen Pushmitteilungen, die mein Smartphone vibrieren lassen, und aus jeder Zahl, die in jedem roten Punkt am rechten oberen Rand jedes App-Icons aufleuchtet, um gnadenlos an mir zu zerren, bis ich es endlich anklicke. Die unzähligen großen und kleinen Stressfaktoren sind selbstverständlich geworden, ein fester Bestandteil der Wirklichkeit, die mich umgibt.

Ich kenne nicht wenige Leute, die Stress als Wert empfinden. Wer viele Anrufe bekommt, ist wichtig, beliebt und begehrt. Wer etwas auf sich hält, hat so viel zu tun, dass es ihm schwerfällt, ein Treffen in seinem überladenen Alltag unterzubringen. Stress ist zu einem Statussymbol geworden. Er ist Teil der Identität der Erfolgreichen. Gewinner haben keine Zeit.

Erik hat keine Zeit. Sein Arbeitstag endet nie, mit dem Smartphone hat er das Büro immer dabei. Er ist immer erreichbar und nimmt praktisch jeden Anruf an, auch wenn er gerade mit der Familie Abendbrot isst. Er kommt nie zur Ruhe. Für das Einfamilienhaus, das er gerade gekauft hat, hat er einen Kredit über eine halbe Million Euro aufgenommen, den er abbezahlen muss. Seine Frau macht ihm berechtigte Vorwürfe, er nähme sich zu wenig Zeit für die Familie. Eriks Tage, Wochen und Monate fügen sich aus einer Aneinanderreihung kleiner und großer Krisen, Dramen und Stresssituationen zusammen, aus unzähligen Frustrationen und Widrigkeiten des Alltags. Er bewegt sich in einem engen Geflecht aus Stressfaktoren. Die Wirklichkeit eines Gewinners. Man übersieht sie leicht, wenn man sein Leben von außen betrachtet.

»Ich hab keine Zeit für eine Therapie«, sagt Erik unwillig, wenn ich ihn frage, wie er mit den ersten Ausläufern der depressiven Störungen umgeht, die ihn erreicht haben. »Im Gegensatz zu deinem Selbstverwirklichungsleben habe ich eine Frau, ein Kind, eine Firma – und dann hab ich noch das Haus, das mir den letzten Nerv raubt.«

Ich hatte offensichtlich eine Wunde berührt. Indem Erik mir mein »Selbstverwirklichungsleben« vorwarf, warf er mir eigentlich vor, dass ich nicht unter den Stressfaktoren meines Alltags litt. Aber wenn ich unsere Leben verglich, fand ich es tatsächlich bemerkenswert, wie unterschiedlich wir den Stress unseres Alltags erlebten. Ich schrieb seit einem halben Jahr an einem Buch. Während ich daran arbeitete, überraschte mich selbst, wie es mich über Monate täglich frühmorgens aus dem Bett trieb, um daran zu arbeiten. Ohne Wecker. Mich überraschte die Energie, die das Schreiben über so lange Zeit schon imstande ist, in mir zu aktivieren.

Ein Psychologe hat mir mal erklärt, dass es zwei Arten von Stress gibt. »Positiven Stress empfinden wir als angenehm«, sagte er. »Der Mensch wird von Herausforderungen angezogen. Ein Problem zu lösen macht uns Freude, weil es dem menschlichen Wesen entspricht.«

Wenn ich ein Buch schreibe, ist das positiver Stress – die Recherchen, das Schreiben, das Ziel, es irgendwann abzuschließen. Es ist eine Herausforderung, die mir beherrschbar erscheint, auch wenn sie Monate dauert. Was Erik dagegen kultiviert, ist negativer Stress. Im *Spiegel* erfuhr ich, dass negativer Stress als Hauptursache für Depressionen gilt. Er ist eine unbeherrschbare Herausforderung, die nie endet, weil sie zu einem Bestandteil des Alltäglichen geworden ist.

Mit diesem stressdurchtränkten Alltag ist Erik nicht allein.

Seelische Erkrankungen sind zu einem deutschen Thema geworden. In Bestsellerlisten, Talkshows und Magazinen geht es seit Jahren immer psychologischer zu. Wenn ich den Fernseher einschalte, Zeitungen aufschlage oder einen Browser öffne, scheinen wir in einem Land der Gestörten zu leben. Wir sind narzisstisch, haben Angststörungen, die mit Panikattacken verbunden sind, wir sind neurotisch, bipolar oder führen toxische Beziehungen – und vor allem haben wir depressive Störungen. Die Wartezeiten für Therapieplätze ähneln inzwischen den

Zeiträumen, die man für die Wohnungssuche in deutschen Großstädten einplanen muss.

Seit einigen Jahren häufen sich Artikel, Podcast-Folgen und YouTube-Videos, in denen Ratschläge gegeben werden, wie wir mit dem täglichen Stress besser umgehen können. Eine Freundin liest mir gelegentlich solche Artikel vor. Als wir kürzlich telefonierten, sagte sie: »Man soll sich zwingen, mindestens zehn Minuten am Tag laut zu lachen.«

»Durchgehend?«, frage ich.

»Durchgehend«, bekräftigte sie. »Am besten vor dem Spiegel.«

Ich sah das Bild unvermittelt vor mir. Eine endlos erscheinende Szene, in der meine Freundin vor einem Spiegel stand und sich zu lautem, hemmungslosem Gelächter zwang. Die Vorstellung war verstörend und erinnerte mich an den Joker, wie ihn Joaquin Phoenix dargestellt hat. Ein gequälter Soziopath, der verzweifelt trainiert, Gefühle nachzuahmen, weil er sie nicht empfinden kann.

Ich meine, ich verstehe schon, was solche Ratschläge bewirken sollen. Sie sollen ein Ausgleich sein, ein Ventil. In solchen Artikeln wird jedoch eine wichtige Frage gar nicht gestellt: ob man sich an eine gesunde oder krankhafte Lebensweise anpasst. Sie wird als gegeben angenommen. Wenn man etwas Fehlerhaftes als selbstverständlich versteht, wird es unsichtbar gemacht, obwohl die meisten tagtäglich ihre Folgen spüren.

Ich glaube, genau dort liegt der Ansatzpunkt.

Es ist einer dieser trügerischen Fehler, die sich auch hartnäckig durch mein Leben ziehen: der Irrtum, die Folgen für die Ursache zu halten. Das ist ganz natürlich, denn es sind ja die Folgen, die mich in meinem Alltag direkt betreffen. Die Methode, die Belastungen des Alltags als Folge zu sehen und nicht als Ursache, kann den Blick darauf ändern, was man für normal hält. Es ist eine Methode, um das Unsichtbare wieder sichtbar zu machen.

Ich sehe nur ihre Folgen und versuche diese Folgen einzudämmen. Ich übersehe die Ursache.

Man muss es ganz klar sagen: Viele seelische Erkrankungen sind Nebenwirkungen. Sie sind Langzeitfolgen unseres Lebensstils. Sie sind Symptome. Sie entstehen aus Unsicherheit, Selbstzweifeln, Einsamkeit, Angst und Stress. Viele halten diese Folgen allerdings für die Erkrankung selbst. Es ist dieses Missverständnis, das die Frage nach der eigentlichen Krankheit ersetzt hat – durch die Frage, wie man ihre Symptome abmildert. Mit Antistress-Programmen, Achtsamkeits- oder Entschleunigungsseminaren behandeln wir die eigentliche Krankheit ausschließlich mit Schmerzmitteln. Bis die Schmerzmittel nicht mehr wirken.

Wie eine Zimmerpflanze reagiert auch die Psyche auf eine schädliche Umgebung. Wenn eine Pflanze nicht gedeiht, ändert man ihre Lebensumstände, damit sie sich gesund entfalten kann. Man stellt sie an einen helleren Standort oder gibt ihr mehr Wasser. Aber wenn eine Person psychisch erkrankt ist, versucht man sie so zu verändern, dass sie die schädlichen Lebensumstände besser erträgt. Eine groteske Fehleinschätzung. Wenn eine Gesellschaft seit Jahrzehnten immer mehr psychische Erkrankungen produziert, sollten nicht nur ihre Mitglieder therapeutisch behandelt werden – dann sollte man die Gesellschaft einer Psychotherapie unterziehen.

Aber diese Fehleinschätzungen haben natürlich schlüssige Gründe. Es ist ja nicht so, dass der seelisch gesunde Mensch im Mittelpunkt unserer gesellschaftlichen Wirklichkeit steht –

sondern das reibungslose Wachstum unseres Wirtschaftssystems. Wir sollen funktionieren. Denn dieses Funktionieren hat den Wohlstand, in dem wir in den modernen westlichen Gesellschaften leben, erst ermöglicht. Darum werden seelische Erkrankungen nicht als Reaktion der Psyche auf einen krankhaften Lebensstil gesehen, sondern als eine Art Funktionsfehler. Die meisten Therapien beruhen auf diesem Missverständnis. Sie sind darauf ausgerichtet, Funktionsfehler zu beheben, damit eine seelisch erkrankte Person wieder funktionieren kann. Der funktionierende Mensch ist immer Maßstab für das Behandlungsziel. Aber nicht der perfekt funktionierende, sondern der seelisch gesunde sollte eigentlich der Maßstab sein.

Erik funktioniert immer noch. Er plant noch immer keine Therapie. Er macht weiter. Weil er seine Firma so führen muss, damit das Einkommen stimmt. Weil er den Lebensstil seiner Familie finanzieren muss. Weil er sein Haus abbezahlen muss. Es fällt mir schwer, das aufzuschreiben, aber Erik erinnert an ein Auto, das in Zeitlupe auf einen Baum zurast. Zum Therapeuten wird er erst gehen, wenn er dazu gezwungen sein wird. *Nach* dem Aufprall. Wenn sich die Frustrationen des Alltags endgültig über den Sinn geschoben haben, für den es sich lohnt, jeden Morgen aufzustehen.

Ich habe drei Wochen lang alle Artikel zu dem Thema gelesen, die ich finden konnte. »Nicht mit uns stimmt etwas nicht, sondern mit der Gesellschaft, in der wir leben«, las ich. Einer Gesellschaft, in der jeder nur an sich denkt, einer Gemeinschaft aus Einzelkämpfern, in der Arbeitsbelastungen und Konkurrenzdruck zunehmen, in einem immer härteren Wettbewerb aller gegen alle. Einer Gesellschaft, in der Stress, Ängste, Überforderung und Einsamkeit stets weiter zunehmen. Das sind die

Zutaten, aus denen sich das Grundgefühl in unserer Gesellschaft zusammensetzt. Das ist die Atmosphäre, in der wir uns in den westlichen Wohlstandsgesellschaften bewegen.

Das ist die »Normalität«, die uns umgibt. Wenn eine psychische Belastung die Normalität erreicht, wird sie nicht mehr wahrgenommen. Wenn etwas, dass die Psyche schädigt, zu den Voraussetzungen gehört, um in unserer Gesellschaft zu funktionieren, stimmt irgendetwas nicht. Wenn sie notwendig ist, um in dieser Normalität erfolgreich zu sein, kann sie sogar als Tugend missverstanden werden. Dann verteidigt man sie, obwohl man unter ihren Folgen leidet. Und rechtfertigt sie damit, dass alle mitmachen.

»Die Tatsache, dass (Millionen von Menschen) so viele Irrtümer gemeinsam haben, macht diese Irrtümer noch nicht zu Wahrheiten«, schreibt Erich Fromm in seinem klugen und hellsichtigen Buch *Haben oder Sein*. »Und die Tatsache, dass Millionen von Menschen die gleichen Formen psychischer Störungen aufweisen, heißt nicht, dass diese Menschen psychisch gesund seien.« Es liegt eine erschütternde Wahrheit in diesen Sätzen. Wie die meisten brauche ich ein Bewusstsein dafür, dass ich ein ernsthaftes Problem habe, an dem ich arbeiten muss. Um schon den Anfängen entgegenzuwirken. Um zu verhindern, dass aus einer Lifestyle-Störung eine Lifestyle-Depression wird.

Im Gegensatz zu Erik bin ich weder niedergeschlagen noch fühle ich mich von meinem Alltag überfordert. Auf den zweiten Blick sieht das allerdings schon anders aus. Mein Liebesleben ist mit Ängsten durchsetzt, ich wehre mich gegen alle Einflüsse, die meine Arbeit einschränken könnten. Ihr ordne ich alles unter. Auch ich funktioniere. Genauso wie die meisten von uns. Und genauso wie die meisten habe ich es lange nicht registriert.

Es ist meine Form von Glück. Daran messe ich meine Lebensqualität. Indem ich mein Leben so gestalte, dass ich jeden Morgen aufwachen kann und mich auf den neuen Tag freue. Denn es ist dieses Grundgefühl, das für mich jeden Tag zu einem Neuanfang macht. Aber es ist meine Arbeit, auf die ich mich freue. Ich freue mich nicht auf die Dinge, auf die es eigentlich ankommt.

Wenn man so will, habe ich eine Lifestyle-Störung, denn meine Lebensweise ist gestört. Auch ich brauche eine Therapie. Keine Therapie, in der es darum geht, Symptome abzumildern. Ich brauche eine Therapie, die ein anderes Bewusstsein schafft, mit dem ich ins Leben blicke. Ein Bewusstsein, das sich am Wesen des Menschen orientiert – und nicht an den Bedürfnissen, die mir die Marktwirtschaft vorgibt, um weiterhin wachsen zu können.

Eine Therapie machen zu *wollen* ist etwas anderes, als eine Therapie machen zu *müssen*. Etwas vollkommen anderes.

# Die Filtereinstellungen des Lebens

**Obwohl ich es eigentlich besser weiß, halte ich Dinge für bedeutend, die sich am Ende meines Lebens als unwichtig herausstellen werden.**

Die App, die auf meinem Smartphone die Fotos sammelt, die ich über die Jahre gemacht habe, besitzt eine Funktion, die mich immer mal beschäftigt. Das liegt nicht nur daran, dass sie mich mit regelmäßigen Pushmitteilungen daran erinnert, dass es sie gibt. Sie beschäftigt mich eher aus philosophischen Gründen. Unter der Rubrik »Für dich« fasst diese App verschiedene Bilder zu Rückblicken zusammen. Die Zusammenstellung der Bilder ist mir oft klar, es kommt aber auch nicht selten vor, dass sie mir vollkommen willkürlich und undurchsichtig erscheint. Wenn mir Fotos angezeigt werden, die auf den Tag genau vor einem Jahr aufgenommen wurden, kann ich das nachvollziehen, oder wenn diese an einem bestimmten Ort entstanden sind. Wenn ein Rückblick jedoch Fotos, die im August 2023 in Berlin entstanden, mit Bildern, die im Februar 2015 in Dresden aufgenommen wurden, mischt, verliert sich der Zusammenhang. Ein Umstand, der mich gedanklich sofort beschäftigt.

Ich frage mich, inwieweit diese ganz spezielle Zusammenstellung der Bilder einem tieferen Sinn folgt. Ob die Technologie inzwischen schon so weit entwickelt ist, dass Algorithmen und künstliche Intelligenzen die Bilder auf meinem Smartphone in einen universelleren Zusammenhang meines Lebens setzen können, den ich bisher noch nicht verstanden habe. Das ist natürlich absurd – zumindest hoffe ich das –, aber ich mag solche Gedankenspiele. Vielleicht, weil sie mich auf etwas bringen, auf das ich ohne sie nie gekommen wäre.

Ich frage mich, wie diese scheinbar ungeordneten Bilder miteinander verbunden sein könnten. Welche Bedeutung die Momente, in denen diese Fotos entstanden, für mich haben, ohne dass es mir klar ist. Das Leben fügt sich aus einer unübersichtlichen Verkettung von Ursachen und Wirkungen zusammen. Vielleicht wurde in einer Situation ein Satz fallen gelassen, der bei mir Gedanken in Gang setzte, die meinem Leben eine neue Richtung gaben, indem sie mich eine wichtige Entscheidung, vor der ich Monate oder Jahre später stand, anders hatten treffen lassen. Eine unscheinbare Bemerkung, die jemand im Dresden des Jahres 2015 fallen ließ, die mir in diesem ganz speziellen Moment nicht aufgefallen ist, jedoch meinem Leben eine einschneidende Wendung geben sollte, weil sie ihre Wirkung im August 2023 in Berlin entfaltete.

Ich habe die besonderen Momente in ihrer Bedeutung für mein Leben nur sehr selten in ihnen selbst erkannt. Die entscheidenden Ereignisse erkenne ich oft erst im Rückblick, wenn ich sie nach ihren Folgen beurteile. Ein scheinbar harmloser und vollkommen unscheinbarer Vorfall kann eine Folge von Ereignissen in Gang setzen, die ein Leben ändern.

In einem Essay des Schriftstellers W. Somerset Maugham erfuhr ich, dass der Schriftsteller Honoré de Balzac dieses Prinzip als Erster als literarisches Mittel verwendet hat. Ein Satz, der in einem Gespräch fällt, kann für denjenigen, der ihn ausspricht, bedeutungslos sein, aber er kann das Leben seines Gegenübers Tage, Monate oder Jahre darauf vollkommen verändern.

In der buddhistischen Lehre gibt es eine Theorie, dass der Moment, in dem man sich genau jetzt befindet, am Ende einer Folge von Ereignissen steht, die vor 500 Jahren ausgelöst wurde. Ich stelle mir das wie einen Strom vor, der von Person zu Person fließt. Ein unsichtbares Netz unterschiedlichster Zusammenhänge, die sich berühren, ineinandergreifen und übereinanderschieben, die in irgendeiner Form miteinander verbunden sind.

Welche Punkte eines Lebens sind die wesentlichen, die ihm eine neue Richtung gegeben haben? Manchmal frage ich mich, inwieweit es mein Verhalten ändern würde, wenn ich die Bedeutung einer Situation in der Situation selbst erkennen würde? Ob ich sie bewusster wahrgenommen, meine Worte sorgfältiger gewählt hätte oder ob eine Verabschiedung herzlicher gewesen wäre. Aber die Punkte verbinden sich oft erst im Nachhinein. Ich werde die wahre Bedeutung eines Ereignisses nur in den seltensten Fällen in ihm selbst erkennen. Es gibt allerdings zwei Ereignisse in meinem Leben, die ich ganz klar als entscheidende Wendepunkte bestimmen kann. Ohne sie wäre mein Leben vollkommen anders verlaufen.

Als mich die Frau verließ, die den tiefsten Liebeskummer meines Lebens auslöste, war ich 21 Jahre alt. Ich fiel in ein dreimonatiges Loch voller Selbstmitleid. Ich war wie betäubt. Mein Leben erstarrte. Drei Monate lang fühlte ich mich bewegungsunfähig, bis es einem damaligen Freund zu viel wurde. »Du musst dich zusammenreißen!«, rief er schroff. »Bewirb dich doch bei einer Werbeagentur.« Ich kaufte die *w&v*, das Branchenblatt der Werbeindustrie, und wir blätterten in den

Stellenanzeigen nach Agenturen, die nach Grafikdesignern suchten. Ich hatte keine Ahnung. Keiner der Agenturnamen war mir ein Begriff. Ich entschied mich nach dem Prinzip, nach dem ich damals auch Wein kaufte. Nach Etikett. Ich bewarb mich bei der Agentur, deren Anzeige am besten aussah. Ich stellte eine Auswahl der Designs, die ich für ein Plattenlabel entworfen hatte, in einer Mappe zusammen und fuhr nach Zehlendorf, wo in einer weißen Villa unweit des S-Bahnhofs Mexikoplatz das Bewerbungsgespräch stattfand.

Der Creative Director blätterte durch meine Arbeiten und rief plötzlich euphorisch: »Ich sehe hier einen ungeschliffenen Diamanten. Wann können Sie anfangen? Montag?« Mit diesen entschiedenen Worten begann ich, in Werbeagenturen zu arbeiten. Ohne die Trennung von meiner Freundin wäre es nie dazu gekommen. So gesehen muss ich ihr dankbar sein.

17 Jahre später, am 1. Februar 2015, zog meine Ex-Freundin Eva aus meiner Wohnung aus. Dieser Tag hat sich tief in mir eingebrannt. Obwohl er so weit zurückliegt, ist er in meinem inneren Kalender immer noch rot markiert. Weil er ein Aufatmen war. Wir hatten uns bereits vier Monate zuvor getrennt, aber ich hatte ihr vorgeschlagen, weiterhin bei mir zu wohnen, bis sie etwas Neues gefunden hatte. Naiv, wie ich war, ging ich davon aus, sie würde sich schnell um eine neue Wohnung bemühen, gerade weil es nach einer Trennung ja immer gesünder ist, sich räumlich nicht nah zu sein. Eva schien das entspannter zu sehen. Sie ließ sich Zeit. Vier Monate lang erstarrte mein Leben, es war ein unerträglicher Schwebezustand. Ich hasste mich dafür, so weich gewesen zu sein, mein Vorschlag war offensichtlich eine Fehlentscheidung gewesen.

Aber am 1. Februar war es dann endlich so weit. Es war ein Sonntag. Der Transporter, den sie für den Umzug gemietet hatte, stand an diesem kalten, klaren Morgen vor dem Hauseingang. Ihr Auszug nahm nicht viel Zeit in Anspruch, und ich war der motivierteste Umzugshelfer. Wir umarmten uns zum Abschied. Es war eine aufrichtige und feste Umarmung, aber mit dieser Herzlichkeit meinte ich nicht sie, sie war Ausdruck einer tiefen Dankbarkeit dafür, dass diese eingefrorenen vier Monate endlich vorbei waren. Sie muss mich mit ähnlichen Empfindungen umarmt haben. Wir haben uns nie wiedergesehen.

Als sich nach unserer Verabschiedung die Fahrstuhltüren hinter mir geschlossen hatten, spürte ich den sanften, erlösenden Druck der Bewegung, die mich nach oben brachte. Anschließend betrat ich nicht nur meine Wohnung. Ich betrat ein neues Leben.

Zweieinhalb Monate darauf, an einem Mittwoch im April, erschien die dritte Kolumne, die ich für das Onlinemagazin *Im Gegenteil* schrieb. Diese Kolumne trug den Titel »Generation Beziehungsunfähig« und wurde innerhalb einer Woche von einer Million Menschen gelesen. Ich hatte bereits zwei Bücher veröffentlicht, aber dieser Text änderte meine Schriftstellerkarriere. Wäre ich mit meiner Ex-Freundin noch zusammen gewesen, hätte ich diesen Text nie geschrieben. Wahrscheinlich wäre er auch nicht entstanden, hätte ich nicht entschieden, sie trotz unserer Trennung übergangsweise bei mir wohnen zu lassen. Rückblickend betrachtet muss ich also auch Eva dankbar sein.

Offensichtlich gibt es ein Muster. Die entscheidenden Momente, die meinem Leben eine neue Richtung geben, scheinen immer mit Trennungen verbunden zu sein. Das habe ich lange Zeit angenommen, und ich konnte gut damit leben. Dann starb der Vater einer Freundin.

Er starb sehr unerwartet, und sie warf sich vor, dass sie sich zu selten gesehen hatten.

»Wir haben auch kaum telefoniert«, sagte sie mit traurigem Blick. »Aber ich hatte mit der Arbeit zu viel zu tun. Ich hatte keine Zeit.«

Ich nickte, denn das sind Sätze, die ich nachvollziehen kann. Sie gehören zu den Argumenten, die auch ich oft benutze.

Plötzlich geschah etwas Unerwartetes. Plötzlich hatte ich das Gefühl, in einen Spiegel zu blicken.

»Das stimmt nicht«, sagte ich. »Du hast dir nicht die Zeit genommen.«

Das ist eine unbarmherzige Formulierung, aber wie gesagt: Ich meinte damit auch mich.

Meine Freundin konnte mit ihrer Ausrede am besten leben, aber letztlich war ihr die Arbeit wichtiger gewesen als die Beziehung zu ihren Eltern. Sie hatte ihre Prioritäten gesetzt. Sie gestand es sich nur nicht ein. Durch den Tod ihres Vaters sah sie mit einem ähnlichen Blick auf ihre vergangenen Jahre, mit dem es auch Menschen am Ende ihres Lebens tun. Wenn alte Menschen ihr Dasein überblicken, wechseln sie oft den Filter, durch den sie ihre Lebensjahre betrachten. Erst wenn sie durch diesen Filter zurückblicken, erkennen sie, worauf sie im Leben hätten Wert legen sollen. Vielleicht weil sie sich in den Konsequenzen des Lebens aufhalten, das sie geführt haben. Der Blick durch diesen Filter setzt die Vergangenheit neu zusammen. Ein Filter, der die Ereignisse ihres Lebens nach anderen Dingen scannt. Dinge, die einem so wichtig erschienen, werden plötzlich bedeutungslos.

Meine Arbeit ist die Priorität, der ich alles unterordne. Mein Blick liegt auf den beruflichen Erfolgen, die privaten Erfolge halte ich auf Distanz. Ich habe Beziehungen zu Frauen abgebrochen, weil ich das Gefühl hatte, die Vertiefung unserer Beziehung würde mich einengen. Je näher sie mir kamen, desto stärker wuchsen meine Befürchtungen, sie würden zu sehr in mein Leben eingreifen. Ich würde einen Teil meiner Identität aufgeben, vielleicht sogar den Teil, der mir am wichtigsten ist. Aber das war ein Missverständnis. Ein Selbstbetrug. Eigentlich hatte ich das Gefühl, sie würden meine Arbeit einengen. Es fällt mir nicht leicht, diese Sätze aufzuschreiben, aber sie sind wahr. Die Arbeit ist meine Besessenheit. Ich bekomme es nur nicht mit, weil sie eine Selbstauseinandersetzung beinhaltet, ein Nachdenken über mich selbst.

Ich habe nie viel Wert darauf gelegt, Privat- und Berufsleben in einem gesunden Verhältnis zu arrangieren. Meine Work-Life-Balance war nie ausgeglichen. Mein privates Glück zeichne ich in Sehnsüchten, die ich nicht umsetze. Ich bin ein Meister darin, Argumente zu finden, die gegen etwas sprechen, von dem ich annehme, dass ich es will. Aber die Frage ist nicht, was ich will, die Frage ist, was ich dafür tue. Ich erkenne das, wenn ich mich in meinen Texten damit befasse, aber in meinem Alltag richte ich mich nicht danach. Der Autor in mir blickt anders auf mein Leben als der Mensch.

Es ist ein aufschlussreiches Gedankenspiel, mein Leben mit einem Filter zu überblicken, durch den andere Dinge wichtig erscheinen. Ich sitze an meinem Schreibtisch und betrachte die Ereignisse meines Lebens durch den Filter eines alten Menschen, der sein Dasein überblickt. In dem die Prioritäten verschoben sind. In dem die Arbeit nicht den Stellenwert hat, den ich ihr gebe. In dem ich die Trennungen von meinen Freundinnen nicht als Befreiung gesehen habe, um mehr Zeit für die Arbeit zu haben, sondern als Aufgeben einer Beziehung, an der man hätte arbeiten können, weil man das nun mal so macht, wenn man eine tiefgehende Beziehung zu einem anderen Menschen pflegt.

Wenn ich meine vergangenen Jahre durch diesen Filter betrachte, ordnen sich auch die Zusammenhänge neu. Ich blicke auf ein unerwartetes Leben. Auf ein entstelltes Leben. Ich sehe einen Menschen, der Entscheidungen auswich, der andere auf Distanz hielt und vor allem sich selbst sah. Der sich gegen alles entschied, das seine Arbeit beeinträchtigte. Würde ich diesen Filter auf mein Leben anwenden, hätte ich gnadenlos versagt.

Einmal war ich in der SWR-Show »Leute« zu Gast. Ich hatte gerade ein neues Buch geschrieben, das ich promoten wollte, aber der Moderator Wolfgang Heim war viel interessierter an meinen ersten 14 Lebensjahren, die ich in Ostberlin verbracht hatte. Wenn man solche Sendungen im Radio hört, verpasst man die besten Teile des Interviews. Diese Teile finden in den Interviewpausen statt, wenn im Radio Musik zu hören ist. Es sind die Momente, in denen das Interview zu einem Gespräch wird.

Ich unterhielt mich gern mit Heim, er schien mir zuzuhören. Er schien wirklich interessiert zu sein. Wahrscheinlich lag es daran, dass wir unser Gespräch nicht als Interview weiterführten, als die Musik ausgeblendet worden war. Jetzt wurde das Gespräch gesendet.

Wenn ich über eine andere Version meines Lebens nachdenke, begreife ich, dass ich ein vollkommen anderer Mensch in einem vollkommen anderen Leben wäre, wenn es den Mauerfall nicht gegeben hätte – im Positiven und im Negativen.

»Manchmal stelle ich mir eine andere Version meines Lebens vor«, sagte ich zu dem Moderator. »Was für ein Mensch ich geworden wäre, wenn es den Mauerfall nicht gegeben und die DDR weiterexistiert hätte.«

»Und was für ein Mensch wären Sie?«, fragte Heim, und in seinen Zügen lag die Sicherheit, in welche Richtung meine Antwort gehen würde.

Ich sagte dann allerdings etwas, das er so nicht erwartet hatte. Ich sagte: »Ich glaube, ich wäre ein besserer.«

Der Moderator sah mich sekundenlang fassungslos an, sein Blick entgleiste, beinahe zumindest. Man kann sich das auf YouTube ansehen. Offen gestanden überraschte mich mein Satz selbst. Es war ein Schlüsselmoment. Ein erster Gedanke in eine ungewohnte Richtung. Ich wandte einen Filter mit den Umständen in der DDR auf mein Leben an.

Wie hätte es sich auf mich und mein Leben ausgewirkt, wenn ich mit Anfang zwanzig eine Familie gegründet hätte? Wie hätte ich es gestaltet, wenn es keine Existenzangst gegeben hätte? Wenn es Wohnungen und Arbeitsstellen nur auf Zuteilung gegeben hätte? Wenn Geld nicht die Bedeutung gehabt hätte, die wir ihm in unserer Gesellschaft geben? Wenn ich mich der Allgegenwart des verhassten Staates entzogen hätte, indem ich meine Idee von Glück vor allem ins Private legte? Wenn ich Erfolg und Reichtum nicht mit finanziellem Gewinn, sondern mit der Pflege zwischenmenschlicher Beziehungen verbunden hätte?

Ich stelle mir die Version meiner selbst vor, die durch andere Umstände geformt worden wäre. Wer wäre ich, wenn andere Züge meines Charakters durch die Gegebenheiten stärker hervorgetreten wären? Was hätte ich aufgegeben, was hätte ich gewonnen, und was wog mehr? Wer wäre ich?

Natürlich könnte ich der Mensch sein, der mehr Wert auf Familie und tiefgehende Beziehungen zu anderen gelegt hätte.

Aber offensichtlich passt dieser Mensch nicht zu dem Filter, mit dem ich aufs Leben blicke. Ein Filter, der jede einzelne meiner Entscheidungen beeinflusst. Änderte ich die Filtereinstellungen, würde ich auch andere Entscheidungen treffen.

Wenn ich den Filter ändere, mit dem ich aufs Leben blicke, würde dieses veränderte Bewusstsein auch mein Verständnis von Erfolg und Reichtum verändern. Wenn man so will, blicke ich mit einer Bewusstseinsstörung aufs Leben. Es fällt nur schwer, sie als Bewusstseinsstörung zu erkennen, weil alle mitmachen. Auch ich begründe meinen Lebensentwurf damit, dass ich mit ihm dem allgemeinen Begriff von Erfolg und Reichtum folge.

Man erkennt die Bedeutung, die ein Ereignis für ein Leben hat, erst an seinen Folgen. Die Frage ist allerdings, wie man diese Folgen einordnet. Wie man sie bewertet. Auch im Rückblick kommt es auf den Filter an, durch den man darauf schaut. Ein Filter, bei dem andere Dinge in den Vordergrund rücken.

Ich habe immer angenommen, die großen Momente aus der Ferne zu erkennen. Sie ragen aus dem Alltäglichen, sie sind nicht zu übersehen. Vielleicht weil ich sie in einem großen symbolischen Zusammenhang stehend erwarte. Aber das ist ein Irrtum. Sie sind leicht zu übersehen. Die kostbarsten Dinge werden übersehen, wenn ihnen der Filter, mit dem man auf sein Leben blickt, keine Bedeutung gibt. Den Sinn bestimmt der Filter, den man in der Rückschau anwendet.

Was wäre, wenn ich die Momente, die mein Leben bestimmen, einfach ändere, indem ich eben andere Entscheidungen treffe?

Ich dachte noch einmal an meine Freundin, deren Vater gestorben war. Sein Tod gab den Blick auf ihre Versäumnisse frei.

Sein Tod änderte den Filter, mit dem sie ihre Beziehung der letzten Jahre betrachtete.

Aber was geschieht, dachte ich, wenn man es umkehrt? Inwieweit würde es meine Zukunft neu ordnen, wenn ich den Filter, mit dem ich irgendwann wehmütig auf meine Nachlässigkeiten der Vergangenheit blicken würde, schon jetzt anwende? Wie würde das Netz aussehen, das ich mit meinen unzähligen großen und kleinen Entscheidungen, den Fehlentscheidungen und Nichtentscheidungen zu knüpfen begonnen habe? Wie würde dieses Netz aussehen, wenn die Verbindungspunkte andere Entscheidungen gewesen wären? Welches Leben würde entstehen, wenn ich die Momente änderte?

Schon während ich mir diese Fragen stellte, spürte ich es. Ich spürte, dass mich nur *eine* Entscheidung von dem Ereignis trennte, das ich irgendwann einmal als dritten Wendepunkt meines Lebens bestimmen könnte. Indem ich die Filtereinstellungen anpasste, mit denen ich aufs Leben blickte.

Vielleicht würden dann auch die so rätselhaft zusammengestellten Fotos auf meinem Smartphone ein schlüssiges Ganzes ergeben. Verbunden durch etwas, das ich jahrelang übersehen hatte. Etwas sehr Kostbares, das ich plötzlich sah.

# Die Bedeutung des Abschiednehmens

**Erst wenn Dinge endgültig zu Ende gehen oder Personen unwiderruflich aus meinem Leben verschwinden, erkenne ich ihren Wert. Über letzte Male und das Selbstverständliche, das gar nicht so selbstverständlich ist.**

Ich mag die Anfänge. Diese Aufbruchstimmung, mit der Neuanfänge verbunden sind. Die Anfänge der Liebe, die Anfänge der Jahreszeiten oder auch der erste Impuls, der den ersten Gedanken löst, aus dem ein Text entsteht, den ich schreibe. Ich habe zum Beispiel noch ganz klar den Moment vor Augen, in dem sich der erste Gedanke bildete, aus dem *dieser* Text entstand. Dieser eine auslösende Gedanke, aus dem sich eine Folge weiterer Gedanken wie selbstverständlich ergab, die allerdings ohne diesen ersten Gedanken nie entstanden wären. Es fehlte nur dieses eine vermeintlich unscheinbare Detail, um sie auszulösen. Solche wertvollen Details habe ich selten am Schreibtisch gefunden. Ich kann stundenlang vor meinem Bildschirm sitzen und mir den Kopf zerbrechen, aber sie tauchen erst auf, wenn ich unter der Dusche stehe und das heiße Wasser auf meinen Körper prasselt, wenn ich seit zwei Stunden Rad fahre oder morgens länger im Bett liegen bleibe, während meine Gedanken sich nicht zwischen Traum und Erwachen entscheiden können. Es sind Momente außerhalb der Strukturen, Rituale und Gewohnheiten, in die ich meinen Alltag gefasst habe. In denen mein Kopf so frei ist, dass sie mir auch klarmachen, dass ich, so sicher ich mich auch in meinen Gewohnheiten fühle, mir mit ihnen auch ein Gefängnis geschaffen habe.

Der auslösende Gedanke, durch den dieser Text entstand, bildete sich an einem Oktoberabend, an dem die goldenen Spätsommertage in die nächste Phase des Herbstes kippten. In die dunkle Phase, die regnerisch, kalt und von Sturmböen durchzogen ist.

Der Spätsommer färbt die Blätter der Linden, die sich auf der Promenade vor dem Gebäude, in dem ich lebe, aneinanderreihen, in unzählige Gelbschattierungen. Wenn ich auf meinem Balkon stehe und das Licht richtig fällt, habe ich den Eindruck, auf eine riesige, golden leuchtende, in der Bewegung erstarrte Welle hinabzublicken, aus der die Gebäude der Karl-Marx-Allee ragen. Es ist ein wundervoller Ausblick. Er nutzt sich nie ab. Er überrascht mich immer wieder, als würde ich ihn zum ersten Mal sehen. Vielleicht weil die Herbststürme mit jedem neuen Blatt, das sie von den Bäumen reißen, dieses Bild ein wenig mehr zerfallen lassen.

Ich genieße diese Herbststürme sehr. Vor allem nach Einbruch der Dunkelheit. Die Geräusche und Bilder verwandeln meine Wohnung dann in einen gemütlichen Ort. In einen Hygge-Ort, der in Kerzenlicht getaucht ist, während draußen das Chaos tobt. Die Sturmböen zerren an dem Gebäude, in dem ich lebe. Der Regen prasselt herab. Der Wind zeichnet wogende Wellen in den fallenden Regen. Ich stehe am Fenster meines in warmes Kerzenlicht getauchten Wohnzimmers, blicke aus dieser geschützten Hygge-Gemütlichkeit in die Dunkelheit. Der Ausblick hat etwas Unwirkliches. Etwas Apokalyptisches, als würde das alles gerade zum letzten Mal passieren. Und dieser Gedanke, aufgeladen mit einem Weltuntergangsstimmungsgefühl, füllt den Moment mit einer so tiefen Bedeutung, dass es mir fast das Herz zerreißt.

Und unvermittelt bildete sich aus der Vorstellung, alles würde genau jetzt zum letzten Mal stattfinden, eine Folge von Gedanken. Fetzen lösten sich aus unterschiedlichsten Erinnerungen, um sich in einem ganz anderen Zusammenhang zu verknüpfen und in diesem wiederum ein plausibles Ganzes zu ergeben.

Der erste dieser Gedankengänge verband sich mit Kiefer Sutherland.

Es gibt Aspekte, die jahrelang in meinem Leben vorkommen können, ohne dass sie mir auffallen. Sobald ich sie allerdings einmal registriert habe, sehe ich sie ständig. In der Serie »24«, in der Kiefer Sutherland sehr viel telefoniert, fällt mir zum Beispiel eine Umgangsform auf, die mich seitdem immer wieder aufs Neue irritiert: Wenn in Filmen oder Serien Telefonate beendet werden, verabschieden sich die Leute nicht voneinander.

Im Internet erfuhr ich, dass das betriebswirtschaftliche Gründe hat. Man hat festgestellt, dass zu viele Abschiede den Handlungsfluss stören. Sie sind nicht gut für die Quote. Aber auch dieses Wissen kann den schalen Beigeschmack nicht verhindern, wenn vor allem Seriencharaktere, die ich mag, wieder mal ein Telefonat beenden, ohne sich zu verabschieden.

Die Vorstellung, ein Gespräch ohne Verabschiedung zu beenden, fühlt sich für mich nicht richtig an. Ich nehme an, dass meine Großmutter da eine Prägung hinterlassen hat, die wohl mein Leben lang in mein Selbstverständnis eingraviert sein wird. Sie fand es ganz schrecklich, wenn Menschen sich nicht voneinander verabschiedeten.

»Man muss sich verabschieden«, sagte sie. »Vielleicht sieht man sich zum letzten Mal.«

Das sind grausame Sätze, vor allem, wenn sie einem Kind gesagt werden, für das der Tod so weit entfernt ist, dass er außerhalb seiner Wirklichkeit liegt. Aber sie hat natürlich recht. Theoretisch könnte jedes Gespräch, das ich mit einem Menschen führe, der mir etwas bedeutet, unser letztes sein. Jede Begegnung könnte unsere letzte sein. Es ist eine dieser Wahrheiten, die im Alltag versinken. Auch ich übersehe sie. Aber was wäre, wenn ich sie nicht übersehen würde? Wenn ich berücksichtigen würde, dass jede Verabschiedung unwiderruflich sein könnte.

Ich habe einen Freund, dessen Familie heillos zerstritten ist. Es ist ein Zerwürfnis, das inzwischen schon seit zehn Jahren wächst. Wenn ich meinen Freund nach den Gründen frage, winkt er müde ab. Auf den Ursprung scheint es nicht mehr anzukommen. Die Konflikte, die sich aus ihrem ursprünglichen Konflikt ergaben, schoben sich darüber, bis nicht mehr erkennbar war, woraus sie eigentlich entstanden sind. Die Streitigkeiten sind irgendwann zum Selbstzweck geworden.

»Wir führen parallele Leben, die sich einmal im Jahr kurz berühren«, sagt mein Freund für gewöhnlich, wenn er über die Familie spricht. »An den Weihnachtstagen. Gezwungenermaßen. Wenn wir uns verabschieden, umarmen wir uns, aber es ist eine leere Umarmung, es fehlt etwas Aufrichtiges, etwas Vertrautes, eine Herzlichkeit.«

»Ja, das ist ganz krass«, nicke ich dann. »Wenn man diese Dinge entfernt, wird eine Umarmung zu einer Konvention, einer Geste ohne Substanz.«

»Stimmt«, sagt er. »Ich spüre immer erst, wenn wir uns in den Armen liegen, wie fremd wir uns geworden sind.«

»Es fühlt sich scheinheilig an.«

»Ist es ja auch.«

Ich frage mich, inwieweit sich das ändern würde, wenn sie wüssten, dass es ihre letzte Begegnung wäre. Wenn ihnen bewusst wäre, dass sie sich nie wiedersehen würden. Wie würde man sich voneinander verabschieden? Wie würde es die Art ändern, mit der man generell miteinander umgeht? Wie viel Bedeutung würden sie ihrem Konflikt geben? Wären sie noch nachtragend?

Ich kann gar nicht sagen, wie viele Dinge ich zum letzten Mal gemacht habe, ohne dass es mir klar war. Aber im November 2020, kurz bevor der zweite Coronashutdown meinen Alltag einfror, habe ich viele Dinge ganz bewusst zum vorerst letzten Mal gemacht. Es war eine Erfahrung, für die ich noch heute dankbar bin.

Ich traf einige gute Freunde. Uns war klar, dass wir uns gerade zum vorerst letzten Mal sahen. Das gab unseren Begegnungen einen besonderen Wert. Ich nahm sie sehr bewusst wahr. Es hatte schon etwas Sentimentales. Ich spürte, wie sehr ich es schätzte, dass diese Menschen Teil meines Lebens sind. Es lud unsere Begegnungen mit der Bedeutung auf, die sie verdienten. Ich begriff, dass unser Verhältnis, das ich für selbstverständlich hielt, gar nicht so selbstverständlich war. Das war einer der Vorteile, der mit den vielen Nachteilen der Coronaeinschränkungen verbunden war. Er half mir, meine Sicht auf die Dinge zu ändern.

Seitdem stelle ich mir gelegentlich vor, etwas, das ich für selbstverständlich halte, würde aus meinem Leben verschwinden. Es ist ein Experiment, das meinen Blick öffnet. Mir geht es wie vielen. Ich bin von Selbstverständlichkeiten umgeben, die gar nicht so selbstverständlich sind. Der Wohlstand, in dem ich lebe. Die Menschen, die Zeit mit mir verbringen wollen. Die Freiheiten, die ich genieße. All das setze ich voraus, anstatt dankbar dafür zu sein.

Ich habe den wahren Wert bestimmter Dinge, Beziehungen oder Menschen oft erst erkannt, wenn sie aus meinem Leben verschwanden. Und zwar unwiderruflich verschwanden.

Es ist erstaunlich, wie sehr sich der Blick ändert, wenn man von verschiedenen Stellen seiner Biografie aus seinen Lebensweg betrachtet. Die Bedeutungen ändern sich. Im Alter bewegt man sich ja praktisch in den Konsequenzen des Lebens, das man geführt hat. Man blickt zurück und sieht die letzten Male. Das Unwiderrufliche.

Es ist ziemlich unfair, aber wir erkennen meist erst im Rückblick, worauf es im Leben wirklich ankommt. Aber genau genommen ist es gar nicht so unfair – es ist ja alles bekannt.

Es gibt doch Berichte von Menschen, die auf einen langen Lebensweg zurückblicken. Die viele Jahre überblicken können und erkennen, worauf sie hätten Wert legen sollen. Es hat sich erwiesen, dass es am Ende vor allem darauf hinausläuft, stabile und erfüllende Beziehungen zu anderen zu pflegen. Es geht um Beziehungen zu Menschen, die einem wichtig sind und denen man wichtig ist. Es geht um Familie, ob man mit ihr verwandt ist oder nicht. Es geht um Menschen, die für einen da sind und für die man selbst da ist. Es geht um Begegnungen mit Freunden, es geht um Liebe, Familie, Reisen. Es geht um Erlebnisse, an die man sich nach 30 Jahren noch erinnert. Die Arbeit tritt in ihrer Bedeutung zurück und auch die Vernunft und die Furcht davor, auch mal ein Risiko einzugehen.

Ich kenne die Berichte, ich kenne die Schlüsse, zu denen viele am Ende ihres Lebens kommen. Ich weiß das. In der Theorie zumindest. Wenn ich allerdings diese Einsichten mit den Konsequenzen abgleiche, in die mich der Lebensentwurf führt, in dem ich mich bewege, muss ich mir eingestehen, dass dieser eher auf das Gegenteil ausgerichtet ist. Ich lerne offensichtlich nicht aus den Schlüssen anderer. Ich lerne nicht aus ihren Erfahrungen.

Einmal gab ich auf dem Dach der Berliner Kulturbrauerei eine meiner wenigen Lesungen, seitdem Corona den Alltag der Welt neu zusammengefügt hatte. Ich las nicht allein. Vor mir las Eric Wrede, der ein Buch über einen gesunden Umgang mit dem Tod geschrieben hat. Während Wrede eine Textpassage vorlas, in der er beschrieb, wie er seine beste Freundin nach dem Tod ihrer Mutter begleitete, spürte ich, wie sich die Bedeutungen änderten.

Wenn ich die Dinge, mit denen ich mich in meinen Büchern beschäftigte, in ein Verhältnis zum Tod setzte, erschienen sie mir in einem vollkommen anderen Licht. Ich gab ihnen so viel Bedeutung, aber gemessen am Tod löste sich diese vollkommen auf.

Womit wir uns tagtäglich beschäftigen – unsere Probleme, unsere Skandale und Krisen, unsere Aufregungen und Gerüchte, Neurosen, Dramen und Egos –, all das rückt plötzlich in den Hintergrund. Ein ganz anderer Zusammenhang wird sichtbar.

Während sich Wredes Lesung ihrem Ende näherte, fiel mir ein, dass ich nach ihm die Bühne betreten würde.

Gott!, dachte ich hilflos. Wie krieg ich jetzt den Übergang zu meinen lächerlichen Luxusproblemen hin?

Ich kann mit dem Tod nicht so gut umgehen. Immer noch nicht. Mir fehlen die angemessenen Worte. In Filmen und Serien sagen sie immer, dass es ihnen leidtut, wenn jemand erwähnt, dass ein naher Verwandter gestorben ist. Ich kann das nicht, es fühlt sich nicht richtig an, irgendwie künstlich, als würde ich etwas verunglückt die Szenen nachspielen, die ich im Kino gesehen habe.

Ich war bisher auf drei Beerdigungen. Es war nicht so wie in den Filmen. Als wäre eine Vorlage so oft kopiert worden, dass sie nur noch eine unscharfe Skizze ist. Ein blasses, oft wiederholtes Ritual, das keine Wärme auslöst. Die Reden waren Folgen zusammengesetzter Versatzstücke, eine Art Baukastensystem, auf jeden anwendbar. Als mein Onkel Dieter starb, war mein emotionalster Moment der Beerdigung, als ich das Foto von ihm sah, das sie in der Kapelle aufgestellt hatten. Da war mir klar, dass etwas abgeschlossen war, das nicht mehr zurückzuholen war. Dass ich nur noch auf Fotos und Erinnerungen zurückgreifen würde. Und dass mit dem Verstorbenen auch seine Erinnerungen unwiderruflich verschwunden waren.

Als der Bruder meines Vaters unerwartet starb, telefonierte meine Mutter einige Tage darauf mit dessen Witwe, mit der sie eigentlich nie viele gemeinsame Themen gehabt hatte.

»So gut haben wir uns noch nie unterhalten«, sagte sie, als sie mir davon berichtete, und diese Feststellung schien sie selbst zu überraschen. Das beste Gespräch führt man oft mit Menschen, nachdem jemand gestorben ist. Der Tod öffnet die Themen. Er macht die Verbindungen sichtbar, weil er die Bedeutungen verschiebt. Er rückt sie zurecht.

Der Tod lässt einen über Dinge nachdenken, über die man in seinem überladenen Alltag kaum nachdenkt. Oder gar nicht. Man nimmt sie wieder wahr. Er macht einem die eigene Sterblichkeit bewusst. Den begrenzten Zeitabschnitt, den ich so falsch nutze. Man lebt *immer auch* in den Konsequenzen des Lebens, das man bisher geführt hat.

Ich kann nicht sagen, dass diese Einsichten immer noch in meinen Alltag strahlen. Ihre Wirkung ließ nach, bis sie wieder im Alltäglichen verschwanden. Ich muss an sie erinnert werden. Ich nehme an, dass es darum geht. Sich Anhaltspunkte zu schaffen, um sich an bestimmte Wahrheiten immer wieder aufs Neue erinnern zu können.

Am Wochenende habe ich meine Eltern besucht. Irgendwann sprachen wir darüber, wie dieser Besuch ablaufen würde, wenn wir wüssten, wir sähen uns an diesem Nachmittag zum letzten Mal. Danach wechselten wir das Thema, aber es hakte sich fest. Als ich mein Fahrrad aus dem Schuppen holte und es über das Grundstück schob, um aufzubrechen, wartete meine Mutter am Gartentor. Wir drehten den Kopf zum Haus, als plötzlich mein Vater in der Haustür stand, von dem ich mich eigentlich schon verabschiedet hatte.

»Ich wollte mich noch mal richtig verabschieden«, sagte er lächelnd. »Vielleicht sehen wir uns ja zum letzten Mal.« Wir gaben uns die Hand. Ein herzlicher, fester Händedruck.

»Und falls wir uns zum letzten Mal sehen …«, sagte meine Mutter. »Ich liebe dich.«

Es ist ein Satz, der zwischen uns viel zu selten fällt, obwohl wir uns wirklich gut verstehen. Im Zusammenhang eines endgültigen Abschieds erscheint er schlüssig.

Es war ein seltsam schöner Moment, der eine Gänsehaut verursachte, der mich aber auch überforderte. Ich begriff, wie selten ich mich anderen öffnete – wirklich öffnete, wie sehr ich auch Menschen, die mir wichtig waren, auswich, wenn sie mir zu nahekamen. Die Situation war so ungewohnt, dass ich einige endlose Sekundenbruchteile gar nicht damit umgehen konnte. Dann sagte ich: »Ich dich auch.«

Seitdem versuche ich mir immer mal wieder vorzustellen, ich würde das, was ich gerade mache, zum letzten Mal machen. Es ist eine wertvolle Methode, die ein sehr bewusstes Gefühl erzeugt. Eine Art Aufbruchstimmung, die eigentlich mit Neuanfängen verbunden ist. Vielleicht weil sie das Außergewöhnliche im Selbstverständlichen so deutlich hervortreten lässt.

Dem nur scheinbar Selbstverständlichen, das gar nicht so selbstverständlich ist.